数字旅游学

李力 等◎著

清华大学出版社

北京

内 容 简 介

本书通过系统总结数字经济与旅游发展的理论和实践成果，在重新界定旅游与数字旅游的核心概念的基础上，以旅游活动数字化与旅游产业发展的关系为研究对象，构建了以数字旅游基础、数字旅游活动和数字旅游管理为核心内容的"数字旅游学"专业基础理论。本书可作为高等院校旅游管理专业的教材使用，也可供相关行业研究人员与从业人员阅读参考。

图书在版编目（CIP）数据

数字旅游学/李力等著. —北京：清华大学出版社，2023.12
ISBN 978-7-302-62717-3

Ⅰ．①数…　Ⅱ．①李…　Ⅲ．①数字技术－应用－旅游业　Ⅳ．①F59-39

中国国家版本馆 CIP 数据核字(2023)第 026924 号

责任编辑：陆浥晨
封面设计：邓传志
责任校对：宋玉莲
责任印制：沈　露
出版发行：清华大学出版社
　　　　　网　　　址：https://www.tup.com.cn，https://www.wqxuetang.com
　　　　　地　　　址：北京清华大学学研大厦 A 座　　　　邮　　编：100084
　　　　　社 总 机：010-83470000　　　　　　　　　　邮　　购：010-62786544
　　　　　投稿与读者服务：010-62776969，c-service@tup.tsinghua.edu.cn
　　　　　质 量 反 馈：010-62772015，zhiliang@tup.tsinghua.edu.cn
　　　　　课 件 下 载：https://www.tup.com.cn，010-83470332
印 装 者：天津鑫丰华印务有限公司
经　　销：全国新华书店
开　　本：185mm×260mm　　印　张：17.75　　插页：2　　字　数：354 千字
版　　次：2023 年 12 月第 1 版　　　　　　　印　次：2023 年 12 月第 1 次印刷
定　　价：59.00 元

产品编号：097448-01

作 者 介 绍

    李力，华南理工大学教授、国际旅游管理博士，先后就读于辽宁财经学院商业经济系（现东北财经大学工商管理学院）和英国思克莱德大学商学院（Business School，University of Strathclyde，UK）。作为现东北财经大学旅游与酒店管理学院的创始院长，李力教授曾长期工作于东北财经大学；自国外学成归国之后，任教于华南理工大学，先后担任经济与贸易学院副院长、旅游与酒店管理学院常务副院长和华南理工大学广州国际旅游发展研究中心主任等。目前，作为华南理工大学广东阳江帮扶队的成员，李力教授还是广东海洋大学商学院、广东海洋大学数字旅游研究中心和广东海洋大学白天鹅酒店管理学院的负责人。

    李力教授主讲的专业课程包括本科生的旅游学、接待服务原理、酒店运营管理、消费者行为学和研究生的国际旅游发展研究等；他的研究领域涉及发展中国家的旅游发展、国际酒店管理教育比较研究、款待原理、共享住宿主客关系及旅游产业数字化转型与发展研究等，先后出版了多部旅游与酒店管理专业的专著、教材和译著，并在国内外重要学术期刊发表学术论文，包括《旅游学刊》《经济管理》《比较教育研究》《旅游论坛》和 *International Journal of Hospitality Management*，*The Journal of Hospitality，Leisure，Sport & Tourism Education*，*Journal of Travel Research*，*Eurasian Journal of Business and Management* 等。近年来，李力教授还致力于中国旅游与酒店管理高等教育的国际化改革与校企合作关系重构的理论研究与实践，为此，他在国内外学术教育机构均有短期的学术研究或工作经历。

序
Preface

　　2007 年我加入华南理工大学，最先为旅游管理专业开设了本科生的"接待服务原理"（principles of hospitality）和研究生的"国际旅游发展研究"（in search of international tourism development）两门双语课程，一开就是十年。这两门课程，特别是前者，每到新学期，我都会收集资料，编写、修改讲义，发给学生。这期间，就旅游管理本科专业的基础理论，我一直想为同学们写一本书，或许是担心著书不能立"说"，或许是犹豫写书在目前的学术研究氛围内并不算"讨好"的事情，所以，有的书写写停停，一直也不能如愿。2019 年，作为华南理工大学广东阳江帮扶队的一员，在筹建广东海洋大学阳江校区商学院的过程中，由于新的旅游管理专业建设的迫切需要，我有机会领导研究团队，结合我近几年数字旅游研究的一些成果，历时两年，有了这本《数字旅游学》。

　　其实，我们为学生写一本书，特别是旅游管理专业基础理论的教科书，首先应该考虑这本书是否有利于启发学生学习的思维和开阔他们的视野。这就要求我们书中阐述的理论或思想及方法是科学的。我们知道，在旅游学的教学与研究领域，应用不同的学科理论解释旅游活动现象的研究成果颇丰，各类著述与教材也不少，但是，从旅游学科建设的角度，基于旅游活动现象研究的特殊性，凝聚形成核心概念，并以此构建科学的理论框架及学习研究内容的著述还是缺乏的。同时，我也注意到，本书作为旅游管理专业基础理论的教科书，应有助于学生进一步学习与发展数字旅游专业领域的其他相关专业知识，并能够将其阐述的内容及逻辑体系与我国经济社会发展的实际相联系，特别是与我国旅游产业发展及人才培养的要求相联系，这也是目前国内旅游学科建设和高等院校旅游管理专业教学的应有之义。

　　基于上述考虑，数字旅游学需要回答下面两个问题。

　　第一，旅游学与数字旅游学的关系。本书强调了旅游学和数字旅游学都应基于旅游现象的本质与事实或经验的关系来界定旅游活动含义的观点，而旅游活动现象的事实是，它首先是一种与世界产生特殊关系的经验。因此，旅游学研究的"旅游"或"旅游活动"的含义应该是可以衡量的，也是可以发展的。也基于此，旅游学或数字旅游学所对应的研究对象、可供研究的领域及知识的基础，一定来自旅游活动这一现象直观的事实及可能的经验性认识的总和。我们追溯旅游学理论发展的起源。从 1982 年开始，英国学者 Mathieson 和 Wall 所著的《旅游：经济、自然与社会的影响》（*Tourism: economic, physical and social impact*）先后再版了 17 次。在这一著名的经典著作中，作者基于现代社会一般的旅游活动要素结构的经验考察，特别针对发展中国家旅游快速增长带来的经济与社会改变的事实，将旅游发展导致的显著的经济、环境与社会影响的特殊性，即旅游与经济社会发展的关系，作为旅游学研究的对象。我们需要特别指出的是，基于旅游与经济社会发展关系的旅游影响效果理论的研究内容，在旅游学科建设与发展的历史中具有开创性的意义，该著作的主要学术观点，也一直都是现在我们旅游学学习与研究的基础。

　　但是，任何基于事物本质的事实或经验现象的特殊性有许多方面，它们在一门学科里不可能全部呈现。因此，就旅游学与数字旅游学的关系而言，如果说旅游学从宏观的角度关注的是旅游活动一般要素之间的联系及与此相适应的旅游与经济社会发展的关系，数字旅游学则选择了旅游活动数字化这一特殊的研究现象，并以这一现象事实或经验的特殊性作为研究内容，形成了自己的理论框架和知识体系。数字旅游学关注的是在数字经济发展的背景下，基于现代信息通信技术的创新应用，旅游活动及过程的数字化与旅游产业发展的关系。显然，受所处时代的局限，在传统旅游学中，现代信息通信技术的变化及其应用对旅游活动与旅游产业发展关系的影响不可能得到充分的关注。

　　第二，数字旅游学的特殊价值与意义。就旅游活动本身来说，尽管数字技术的发展变革及应用并没有改变旅游活动内在要素的基本结构，但传统旅游活动的含义及其相关的概念将在现代信息通信技术与旅游发展的关系日益相互依赖的背景下被重新定义。因此，在数字技术全面应用于旅游者参与旅游活动场景和过程的条件下，旅游活动的内在要素不再是完全独立的，旅游活动主客关系及互动体验的方式也发生了革命性的变化。今天，旅游者应用现代信息通信技术参与旅游活动，并与利益相关者互动的事实是：当今的社会已经是信息通信技术主导的社会，旅游者需要使用智能技术参与旅游活动，旅游活动的场景、互动行为、体验及旅游活动的全过程数字化了。因此，旅游发展的理论与实践，在现代信息通信技术创新应用的条件下，必须面对以旅游产业数字化转型与发展为基础的旅游活动及过程数字化带来的旅游者需求的价值重构、数字旅游商业及智能旅游服务的变化及影响，数字旅游学也将因此有自己独特的研究领域。

　　数字旅游学建设的意义在于，基于数字技术在旅游活动全面应用条件下旅游活动及过程数字化的新事实，在阐述数字旅游核心概念的基础上，考察旅游活动数字化与旅游产业发展的关系，包括：①由于现代信息通信技术及数字产业在全社会的普及发展，旅游者参与旅游活动的方式的改变；②传统的旅游服务在以信息通信技术为基础的数字旅游活动场景下，主客关系的变化及价值共创的新模式；③随着以数据分析及预测为基础的旅游者需求的重构，基于数字技术的旅游交易和智能旅游服务新的范式与管理问题。

　　显然，数字旅游学作为一门相对而言新的学科，其建立和发展仍任重而道远。一方面，数字旅游在我国的发展还处于初期，数字技术创新日新月异，数字旅游理论也仍有待于实践检验；另一方面，尽管目前数字旅游研究已经有了一些成果，但还远远不够，数字旅游学的建设与发展仍然需要更多学者的关注。我非常欣喜地看到，国内已有众多高校开设了与数字旅游管理的相关专业以及数字旅游管理相关的核心专业课程，开始了数字旅游管理人才的培养工作，这都将成为数字旅游学学科专业建设发展的基础。

　　广东海洋大学商学院是国内率先建立以数字旅游管理为主要教学和研究方向的学术教育机构，目前已经初步形成了数字旅游管理专业教学、科学实验、学术研究与创新实践一体化的人才培养体系，其中，数字旅游学是广东海洋大学商学院倾力打造的重点专业基础课程之一，并得到了学校的积极鼓励与支持。本书就是我与广东海洋大学商学院数字旅游研究团队一起合作努力的成果。广东海洋大学商学院为本书提供初稿的老师有：曾泰源（第 2、3、4 章）、彭茂娟（第 5、6、7 章）和钱慧静（第 10、11、12、13 章）。全书由李力做总体内容及大纲的设计，撰写了本书的第 1 章、第 7 章和第 8 章，并对全部书稿统一做了各章节内容的改写和补充工作。在此，对广东海洋大学商学院数字旅游研究团队老师们为此书所做出的努力，我深表感谢。

　　同时，我要感谢我的研究生陈晓琪、苏君仪和潘涛，近些年，她们先后在数字旅游这一领域的研究成果也为本书做出了直接的贡献。我也一直为她们在大学期间的学习研究成果和毕业后的工作成绩而深感自豪。

　　最后，应该说明的是，由于数字旅游理论研究和实践中的一些问题，特别是本书写作所引用的专业研究资料大多来自国外的文献，因此本书的部分内容还有待商榷，且疏漏和遗憾也在所难免。恳请国内的同行不吝赐教。

李　力

广东阳江　罗琴湖畔

2023 年 2 月

目　录
Contents

第一篇

数字旅游基础

第 1 章 导 论

Chapter 1　Introduction

学习目标

- 理解掌握数字经济的概念
- 辨析与界定智慧旅游与数字旅游的区别与联系
- 掌握基于旅游活动的事实或经验的旅游概念
- 通晓数字旅游学的研究对象与研究内容
- 了解数字旅游学的研究方法

任何一门科学都有与之相对应的、可供研究的独特的专业研究领域及学科基础。事实上，数字旅游源于数字经济理论的发展与实践。20 世纪 90 年代中后期，互联网的普及与现代信息通信技术的创新促进了数字经济的发展与繁荣，也为数字旅游的快速发展带来了重要的历史机遇。理论来自实践，数字旅游学作为一门新兴学科，本章将结合当代数字经济发展的实践，通过梳理国内外数字旅游研究的成果，对目前广泛流行的数字经济、智慧旅游与数字旅游等既相互包容又相对独立的概念进行辨析阐述。同时，从基于旅游活动与经济社会发展关系的旅游学建设问题入手，提出数字旅游学的研究对象与研究内容，进而构建数字旅游学的核心专业知识体系、理论框架及研究的方法。

1.1　核心概念的界定

在过去的近十年里，现代信息通信技术的变革及快速发展深刻影响了现代的经济与社会生活。在实践中，"数字经济""智慧旅游"和"数字旅游"等概念也广为人知。在学术研究中，数字旅游核心概念的界定是探索与建设数字旅游学研究领域的基础。一般说来，数字旅游在数字经济发展背景下不是一个完全独立的实践领域。数字旅游的定义源于数字经济，也来自智慧旅游或智能旅游的理论与实践成果。数字旅游学建设的首要任务就是要对数字经济、智慧旅游和数字旅游等数字旅游学的核心概念进行辨析与界定。

1.1.1　数字经济

近年来，全球数字经济发展迅速，其增长动力强劲，这种现象背后的驱动因素不仅来自经济和政治方面，也源于全球数字技术的持续发展与创新。我们不可否认，20 世纪 90 年代后，世界经济的变化与互联网的普及息息相关，进入 21 世纪，一系列新的信息通信技术的出现及变革逐渐支撑起世界经济发展的新格局，并形成了数字经济发展的基础。现代数字技术包括大数据、物联网、人工智能、新的自动化和机器人技术、数据分析与算法决策、云计算、区块链、增强与虚拟现实、新型移动终端设备等，其影响作为一个持续扩散的过程，使现有的世界经济系统、市场商业行为以及商业模式发生了重构和改变。今天，在新一代数字技术快速发展及应用范围不断扩展的趋势下，全球已进入了数字经济时代。根据世界银行统计，截至 2020 年，数字经济占全球经济 GDP 总量的 15.5%，数字经济在过去 15 年间的增长速度是全球 GDP 增速的 2.5 倍。从中国范围看，数字经济在 2005—2020 年短短 15 年间所占 GDP 的比重从 14.2% 上升到 38.6%，数字经济在中国社会经济发展中扮演着越来越重要的角色。

现在，数字经济（digital economy）已成为国际社会经济领域广泛谈论的热点话题。我们如何定义数字经济？早前，全球多位学者及学术机构在不同时期对数字经济的内涵进行了概括，形成了对数字经济定义在不同时期不同的内容表述，这也恰好反映了该经济现象所处时代的具体特征。数字经济概念诠释的历史过程也是数字经济从萌芽、起步到日益成熟发展的过程。数字经济一词的出现最早可追溯到 1995 年，当时美国经济学家 Don Tapscott 在其出版的《数字经济：网络智能时代的承诺与危险》一书中最先提出了数字经济这一术语，并讨论了互联网如何影响传统经济运行的事实。这本著作是最先向全球阐述互联网及现代信息通信技术将如何改变人类现有商业模式，并对未来经济发展方式引发我们思考的书籍之一。Don Tapscott 凭借对数字经济的开创性认识入选全球最具影响力的 50 位前卫思想家。同年，麻省理工学院媒体实验室创始人 Nicholas Negroponte 在其著作《数字化生存》一书中也提及数字经济。1998 年，美国商务部在其发表的《浮现中的数字经济》报告中再次介绍这一概念，并指出数字经济的发展是以信息技术及信息产业的变革为基础的。显然，20 世纪 90 年代中后期对数字经济概念的认识及思考更多是从互联网、信息技术及产业、电子商务专业方向的角度进行的，对数字化的认识也还仅停留在表面。由于当时的数字经济以互联网连接为基础，所以有些学者也称这一时期的数字经济为互联网经济或网络经济，但这也恰恰反映了当时全球信息技术发展的程度及数字商业发展的水平。自那时起，数字经济与新经济的概念紧密联系，许多学者或机构频繁使用数字经济这一名词，并在赋予它不同解释的基础上描述了基于信息通信技术广泛应用的数字经济活动现象的主要特征及趋势。

　　总之，数字经济是在经历了信息技术经济和互联网新经济的发展之后，随着新一代信息通信技术，即数字技术的变革而发展起来的。目前，在全球掀起新一轮产业数字化浪潮的背景下，数字经济随着数字技术的创新及数字产业的发展被赋予了更丰富的内涵。数字经济内涵的界定在不同的历史阶段各有侧重，至今没有统一的标准，但数字经济的定义正逐渐变得清晰起来。表 1-1 总结了部分比较具有代表性的关于数字经济定义的表述。

表 1-1　全球部分机构或学者关于数字经济的定义

时间	学者/机构	定义
2001 年	Thomas L. Mesenbourg（美国人口普查局）	数字经济是由电子商业基础设施（e-business infra-structure）、电子业务（e-business）和电子商务（e-commerce）组成的集合体
2013 年	澳大利亚宽带、通信和数字经济部	数字经济是在互联网和移动网络等数字技术支持下形成的全球经济和社会活动网络
2013 年	欧盟委员会（数字经济税收问题专家组）	数字经济是基于数字技术的经济，有时也称为互联网经济
2014 年	英国计算机协会	数字经济是指基于数字技术的经济，它在互联网或万维网基础上开展市场业务
2016 年	OCED 经济合作与发展组织	数字经济是用于专门描述基于数字技术（互联网、大数据、云计算、物联网等）所支持的所有经济活动的总称
2016 年	《G20 数字经济发展与合作倡议》	数字经济是指以使用数字化的知识和信息作为关键生产要素、以现代信息网络作为重要载体、以信息通信技术的有效使用作为效率提升和经济结构优化的重要推动力的一系列经济活动
2021 年	中国信息通信研究院《中国数字经济发展白皮书》	数字经济是以数字化的知识和信息为关键生产要素，以数字技术为核心驱动力，以现代信息网络为重要载体，通过数字技术与实体经济深度融合，不断提高经济社会的数字化、网络化、智能化水平，加速重构经济发展与治理模式的新型经济形态

　　根据对上述学者或机构关于数字经济定义表述的分析与理解，我们发现它们存在共同点，即强调数字经济是以数字技术为基础，并以信息网络为媒介或平台开展市场业务或经济活动的新型经济形态。就基于数字技术的创新而言，数字经济是信息通信技术发展积累到一定阶段的结果；此外，在信息通信技术发展的条件下，现代社会的资源配置可以建立在信息数据资源、网络平台和产业数字化的基础上。因此，本书对数字经济的定义是：

数字经济是以现代数字技术为基础，以信息网络为重要媒介，以数据资源的知识与信息作为关键生产要素，将其与传统实体经济深度融合的新型经济活动形态的总称。显然，数字经济是在全球数字化浪潮及新一代数字技术产业革命发展背景下孕育兴起的新兴经济模式；数字经济作为全球经济发展的新引擎，其生产方式和生产关系特征有别于传统线下经济。为准确地把握数字经济的结构基础，了解数字经济的底层逻辑，我们需要在界定数字经济核心内涵的基础上，探讨数字经济的主要特征，这涉及多个方面：①数字资源作为经济发展的关键的生产要素；②数字技术创新是经济发展的核心驱动力；③数字产业基础是数字经济建设的基本载体；④数字经济与实体经济融合发展是现代经济发展的内在需求。为此，我们将在本书的第2章结合数字经济的发展历程，围绕上述四个方面，重点阐述和解释数字经济的基本特征。

1.1.2　智慧旅游

智慧旅游或智能旅游（smart tourism）的概念最初是由美国国际商业机器公司（IBM）提出的。在2008年全球金融危机期间，IBM提出了"智能地球"计划，而"智能城市"（smart city）作为其重要的载体，旨在通过信息技术实现城市管理与服务"智能化"的目标。我们总结早期国内外关于智能旅游的研究与实践，除了一些相关的酒店管理软件及部分电子技术应用于用户体验之外，智能旅游更多是服务于智能城市建设的需要。据此，我们知道，事实上的智能旅游概念是作为智能城市建设的一部分应运而生的。2009年，联合国世界旅游组织（UNWTO）在西班牙马德里举行关于全球智能旅游发展问题的重要会议，UNWTO助理秘书长发表讲话，呼吁成员国为实现全球智能旅游发展携手共进，并指出智能旅游发展有助于实现旅游产业服务链各个环节合乎道德、可持续、绿色、高质量发展的要求。2011年，英国智能旅游组织提出智能旅游就是将智能化技术应用于旅游业当中，并认为智能旅游不仅是一种简单的消费形式，更是利用移动数字技术将公民连接在一起，以引导公民参与旅游产业发展的各个环节的过程。这可能是基于智能城市含义的智能旅游概念向以产业数字化为核心内涵的数字旅游概念转变的重要表述。

在学术研究领域，智能旅游概念的界定，我们可以在考察"智能"（smart）和"智能城市"（smart city）含义的基础上进行。英文中，**智能**一词通常作为技术性词汇的前缀，代表特殊的技术能力、智力和链接能力，如我们熟悉的智能手机（smart phone）或智能卡（smart card），它一般是指这种技术的能力或者功能，很少或者根本不受人类行为的干预，即智能技术的出现及创新发展意味着人类通过智能技术的应用，在很多领域拥有了独立行为的可能性。Derzko在2006年定义智能技术包含了六个方面的含义：①适应，模拟人的行为以适应环境；②传感，使每一件事物具有感知性；③推理，通过观察和认识获得结论；④学习，通过经验来改进表现；

⑤预测，通过思考进行决策；⑥自我组织，类似细胞的自我生成与自我运行等。我们运用智能技术建立智能系统，即信息通信技术系统（information and communications technology，ICT），就意味着我们可以在更高水平上拥有对人或事物的感知、传输、控制和沟通能力。因此，**智能城市**是指一个城市的环境，通过全覆盖的信息通信技术系统的支持，能够提供更高水平的创新服务以改进城市居民的生活质量。智能城市的建设既需要包括社会和产业发展的物质基础设施，也需要与物质基础设施相联系的信息通信技术的产业基础，即智能城市的建设需要一个城市的物质环境和全覆盖的信息通信技术系统的支持。显然，在数字经济的背景下，一个城市是智能城市就意味着它能使用更高水平的信息通信技术进行城市生产与消费资源的优化配置。

因此，我们可以认为，智能旅游的概念直接源于智能城市的概念，特别是在智能城市作为智能旅游目的地（smart tourism destination）时，即**智能旅游**是指作为一个创新型的旅游目的地，通过建设与拥有最先进技术的基础设施，整合目的地的旅游资源，以促进游客与其互动，并能够提升旅游者的体验和改进当地居民的生活质量。智能旅游或智能旅游目的地的核心特征有三个。首先，智能旅游需要整合最先进信息通信技术用于一个城市或旅游目的地的基础设施建设，基于一个城市或旅游目的地数字产业的建设基础，智能旅游被视为智能城市信息网络和产业赋能的一个子系统。其次，在实践上，智能旅游通过借助或共享智能城市的建设成果，实现了智能旅游目的地的某些功能，因为智能旅游意味着使用移动数字连接技术建立了更智能化、更有意义和可持续的游客与城市之间的关联。最后，作为一种基于科技创新发展形成的社会现象，智能旅游将信息通信技术基础设施与旅游目的地城市的基础设施集成于城市数字产业基础，以改善旅游者的消费体验。显然，智能旅游意味着旅游者可以利用现代信息通信技术将消费者与旅游目的地及智能化的服务连接起来。

在我国，"智慧"一词用于智能旅游的概念就像旅游学术界的"全域旅游"或"文化旅游"概念一样，均来自我国旅游行政主管部门的工作实践，而作为学术概念，上述概念的含义均有争议。2010 年，江苏省镇江市率先提出"智慧旅游"一词，并在全市开展"智慧旅游"，开辟"感知镇江、智慧旅游"新时空的宣传项目。2013 年 11 月 5 日，原国家旅游局正式发布"2014 美丽中国之旅——智慧旅游年"活动。至此，我国旅游行政主管部门将智慧旅游纳入了国家各级政府全域旅游工作建设与考核的内容。之后，我国学术界对智慧旅游概念的含义的讨论比较有代表性的有：①智慧旅游是物联网、云计算、下一代通信网络、高性能信息处理、智能数据挖掘等技术在旅游中的应用；②智慧旅游也被称作智能旅游，就是利用云计算、物联网等新技术，通过互联网/移动互联网，借助便携的上网终端，主动感知旅游资源、旅游经济、旅游活动等方面的信息，达到及时发布、及时了解安排和调整工作与计划，从而实现对各类旅游信息的智能感知和利用；③智慧旅游是基于新一代的信息通信技术，为满足游客个性化需求，提供高品质、高满意度服务，而实现旅游资源及社会资源的共享与有效利用的系统化、集约化的管理变革。智慧旅游是最具代表性的，它借助以信息通信技术为代表的数据分析技术、互联网、人工智能等工具，创造、管理并提供智慧服务与体验。

总体而言，上述智慧旅游概念事实上均源于智能旅游的概念。但在涉及数字经济与旅游产业发展方面，以及将数据资源作为关键的生产要素和产业核心发展动力上，按照张凌云的观点，无论在理论或实践上都有其缺陷和不足。"一是智慧旅游概念的应用主体不明确或不全面，使智慧旅游应用的受益范围小，且应用价值的论述不充分，使智慧旅游的应用机制难以真正构建；二是作为智慧城市建设体系的一部分，智慧旅游的概念应用不区分公益性和营利性，造成建设主体与运营主体不明，影响与制约智慧旅游的推广应用以及商业模式的变化。"尽管如此，数字旅游学研究一定包含智能旅游或智慧旅游的研究与实践成果，特别是本书提出的智慧旅游者概念，即借助信息通信技术参与旅游活动的旅游者，以及数字旅游管理活动中智能旅游服务的研究内容都是数字旅游学教学与研究的重要组成部分。

1.1.3　数字旅游

数字旅游的核心概念源于数字经济的概念，它与智能旅游概念源于智能城市的概念不同，其一开始就关注现代信息通信技术的应用与现代旅游产业及旅游商业模式的关系，即数字技术的创新与旅游产业及旅游企业运营管理模式的关系，并将这一关系集中于旅游者应用智能技术参与旅游活动的不同场景与活动的主客互动过程中。显然，旅游业作为国民经济的重要组成部分，其发展离不开社会经济与技术的全面进步。其中，社会经济发展是旅游产业发展的基础。但是，随着信息通信技术的不断突破，数字技术的创新应用已成为引领旅游产业发展的关键要素。而在数字革命引领的重大社会与经济变化过程中，旅游业是参与这一变化的主要产业之一。一方面，数字技术创新极大改善了旅游者的消费体验及旅游商业主体的运营方式；另一方面，它重新构筑了游客与旅游商业主体之间或公共部门与旅游商业主体之间的互动渠道及关系，打破了它们之间的障碍，提升了资源配置的效率，减少了交易的成本，从而进一步带动了经济效益和社会效益的提升。显然，在现代信息通信技术已经成为当代经济发展核心动力之一的条件下，数字技术已经渗透到社会生活的各个领域，旅游业也不例外，数字旅游必将成为旅游发展的必然选择。

我们通过对旅游产业发展历程的研究，可以清晰了解不同历史阶段的社会经济与技术领域的变革对旅游产业的重要影响。而近年来数字技术的创新直接影响了旅游产业发展的生态，改变了旅游产业整体的发展进程，甚至重构了现代旅游发展的形式。在传统的旅游业态下，旅游产业的发展以企业线下传统运营管理为主，旅游商业主体主要是基于线下渠道开展业务活动，例如，旅行社曾作为主要的旅游中介代理商为旅游消费者提供旅游预订、线路设计或包价旅游等各类旅游服务，并且主要通过报纸、电视广告等方式开展旅游促销活动。20 世纪 80 年代，随着信息技术对旅游业影响的增强，计算机预订系统和全球分销系统在国际酒店业得到运用，但是其对旅游业态影响的效果甚微。90 年代以后，互联网在全球范围内得到大范围推广，特别是进入 21 世纪以后，旅游业的发展与数字技术的创新应用之间有了不可逆转的、重要的内在联系。如果以现代信息通信技术创新应用的过程作为划分标准，数字技术创新应用与旅游产业发展关系的演变可以划分为三个快速发展的不同阶段。

阶段一（2010 年以前）。该阶段由于信息技术的发展，特别是互联网的普及对旅游业的影响动摇了旅游业态的发展基础。在此期间，旅游电子商务（E-tourism）的发展涉及旅游者、需求决定和旅游商业功能的改变。网络信息技术在游客与旅游组织之间、旅游组织与旅游目的地之间发挥了重要的作用。例如，旅游者在旅游预订中的信息收集、价格比较及成本的减少等方面，均得益于信息技术在传统旅行代理行业的应用，该阶段大量的旅游产品与服务是通过互联网销售的。同时，网络信息技术也改变了旅游者的消费行为。许多旅游代理商将业务范围也从线下扩展至线上，并利用互联网平台及应用程序为旅游消费者提供线上服务。

阶段二（2010—2018 年）。该阶段以智能旅游目的地建设为主要发展模式，围绕如何改善消费者体验这一核心目标，以智慧城市建设为中心，希望通过信息通信技术的应用，提升旅游者的体验满意度。例如，旅游景区的智慧旅游项目建设主要是针对景区局部范围内硬件的建设，包括游客流量监控和安全等管理系统，以满足日常管理和部分智能化服务的需要。值得注意的是，智能旅游或智能旅游目的地作为智能城市建设的一部分，在实践发展中，重点在于信息技术应用的设施设备硬件的建设。从微观视角看，该阶段致力于将一个目的地体系内的旅游服务通过信息通信技术系统地串联起来；从宏观视角看，智能城市的建设客观上为数字产业基础上的旅游产业数字化转型发展提供了一定的物质基础，尽管这一过程在具体实践中仍与旅游产业发展的内在要求存在差距。

阶段三（2018 年至今）。近几年，随着全球数字技术的不断创新及数字经济的快速发展，旅游发展模式产生了极大的变化，正逐渐由原来基于智能旅游目的地项目建设为主的旅游发展模式转变为基于旅游产业数字化转型升级为核心的旅游发展模式。二者的主要区别在于数字旅游关注的是整个旅游业态数字化发展问题，而智慧旅游关注的是游客消费体验改善或行为引导的问题。现在，数字经济对旅游产业的发展模式有重大的影响，数字旅游通过数字技术应用产生的资源配置与价值共创优势，在旅游大数据采集与分析平台构建、数字旅游互动场景打造和旅游企业基于数据信息资源的运营管理流程的数字化再造等方面，开始全面构筑旅游产业发展与竞争优势的新格局。

显然，从上述信息通信技术变化与旅游产业发展关系的角度看，数字旅游有别于之前提出的智慧旅游（互联网＋）的概念。智慧旅游强调的是连接，是互联网对其行业的提升激活；而数字旅游呈现的则是全面连接之后的产出和效益，即"互联网＋"是手段，数字旅游是结果；智慧旅游强调各类旅游组织要连接互联网，目的是增强用户体验；而数字旅游是对各类旅游产业组织的管理流程和组织架构数字化，目的是提高产出和效益。显然，数字旅游更加强调经济结果，即效果、效益和效能，更加注重旅游经济活动中新的增量。智慧旅游和数字旅游两者之间有关联，但实施的重点不同。数字旅游核心概念涵盖了智慧旅游的基本内容，数字旅游学的建设不仅要探索如何为消费者提供现代化、智能化、个性化的高质量产品及服务体验，还要重点研究如何利用数字技术创新实现当下旅游产业数字化的转型升级，并基于数字技术的创新与应用重构旅游产业价值链各个环节，提升旅游业态数字化的价值与效益。因此，我们对数字旅游的研究，既需要从宏观角度整体把控旅游业数字化发展的全局态势，也需要基于微观视角关注旅游消费者、旅游商业主体、旅游公共部门等旅游业重点利益相关者在数字化浪潮下的核心需求及动态情况。

总体而言，在数字经济及数字产业发展的基础下，数字旅游的发展，即旅游产业的数字化转型与发展，是现代旅游产业发展与进步的必然趋势，也昭示着未来该产业发展的重要方向。基于旅游活动系统定义揭示的旅游活动内在要素之间的联系，数字旅游旨在关注在数字技术应用条件下，旅游活动及过程的数字化与旅游产业发展的关系。因此，**数字旅游**是指在数字经济及数字产业发展的条件下，基于现代信息通信技术的创新应用，旅游活动主客关系及旅游交易、服务与管理过程的数字化。数字旅游的主要特征包括：①通过数字技术在旅游活动场景的全场景渗透，实现旅游者应用智能技术参与旅游活动的无缝连接及个性化体验；②数字技术作为旅游产业发展的新动能，全面提升旅游交易与服务的运营效率，催生旅游发展的新业态、新服务与新产品；③基于数字技术在旅游产业的全面应用，在数字旅游基础、工具和应用各个层面实现旅游企业运营管理过程的数字化。数字旅游的上述基本特征是探讨数字旅游学研究对象与研究内容的基础。

1.2　数字旅游学的研究对象与内容

在我国高等院校旅游管理专业核心课程教学中，旅游学是重要的专业基础课程之一。出于学习与教学的目的，数字旅游学最直接的相关课程一定是旅游学。什么是数字旅游学？在某种意义上，首先要回答什么是旅游学。从相当宽泛的科学范畴来讨论，旅游学与数字旅游学关系的讨论要关注三个层面：一是基于旅游现象本质与事实或经验关系的旅游活动的特殊性；二是以旅游活动与经济社会关系为基础的旅游学研究的主要内容；三是数字旅游学的研究对象与研究内容。显然，数字旅游学的研究对象及内容对研究数字旅游学有更直接的重要意义。

1.2.1　什么是旅游：事物现象本质与事实的关系

关于旅游现象本质的界定，即什么是旅游？国内学者的研究有从旅游的起源开始的，也有从不同的学科角度阐述的，但本书试图基于事物现象的本质与事实或经验的关系来界定旅游概念的内涵。德国哲学家艾德蒙特·胡塞尔在其经典著作《现象学》的开篇中指出，对"自然的认识离不开经验。人类是怎样认识自然的？它的源头是什么？我们的回答是：经验。事实证明，我们从头至尾都无法离开这些经验；同时，人们对一个事实认识的态度，也是按照从自然认识中获得理论的态度进行的"。而谈到认识事物现象本质与事实的关系对学科建设的影响，他还指出，"有关这个世界的任何一门科学，只要你的态度是自然的，那么，当你在描述世界的客观事物的存在时，在概念上就不会混淆"。著名旅游学者 Frechling 早在 1976 年就指出，定义旅游的概念除了需要清晰和无争议地确定旅游活动与其他活动的区别外，旅游活动这一现象也必须是可以衡量的，其概念也是可以发展的，并有利于形成完整的知识体系。显然，事物现象的本质与事实或经验是不可分的，而基于事物事实或经验形成的旅游的概念的含义才是旅游学科建设内容的基础。

在旅游研究与实践的发展中，我们都熟悉基于旅游现象本质和基于旅游活动事实或经验角度的旅游概念，也就是说，旅游现象在本质上和事实或经验上的核心概念都是清晰的。

就旅游现象的本质界定来说，1963 年在联合国召开的国际旅行与旅游罗马会议上就将旅游描述为"人们离家在外的一种暂时和短期的流动现象"。这一概念最早解释了旅游作为一种暂时离开自己工作与居住环境，人们前往旅游目的地旅行这一现象的本质。从这一意义来考察，基于旅游现象本质的概念界定，旅游可以是一种人类的"流动现象"，但它与"旅游活动"的事实或经验是密不可分的。在具体的学科专业建设中，无论从某一学科，还是从跨学科研究的角度，我们穷究旅游现象的本质属性，都属于逻辑研究的范畴，它可以产生某种新的概念，甚至可以带来某些理论化的有趣的研究成果，但这些概念是无法衡量的，也无法将其与经济社会发展的事实，特别是旅游产业发展的事实联系起来，更无法形成旅游学作为一门学科完整的知识体系。

就旅游现象本质与事实或经验的关系而言，基于自然的事实或经验的旅游活动概念，对旅游学科建设才具有重要的意义。1981 年，国际旅游专家协会基于旅游活动的事实经验，在相当宽泛的意义上又定义旅游是人们"离家在外选择和从事的一种特定的活动，旅游者可能会，也可能不会过夜旅行"。1991 年联合国世界旅游组织进一步定义**旅游**是"人们为商业、休闲或其他目的离开常住环境在外不超过一年的旅行或逗留活动"。上述定义强化了人们旅游的目的和旅游活动时间界定的事实，在此基础上，也确认了国际旅游和国内旅游以及旅游者和游客等相关概念的含义。在旅游学研究中，基于旅游活动事实或经验的旅游定义，又被国内一些学者称为"技术性定义"，主要是用于产业调查与统计的需要。其实，上述旅游定义中，例如时间界定的事实，不仅是旅游活动中涉及时间的技术性问题，它对工作时间与自由时间、假期与带薪休假时间的界定，特别是对人们自由时间的认识，强调了旅游作为一种人际交往或人际沟通的事实，并成为旅游社会学研究的重要依据。

在相当长的时间里，我国学术界对旅游学建设一直无法达成共识，其主要原因是旅游的核心概念因基于不同学科对旅游现象本质属性的不同阐释已经被泛化了。其实，中文中的"旅游"与"旅游活动"在实践中几乎是同义，因而在旅游学研究中，基于旅游活动事实或经验本身的旅游概念被忽视了。例如，从历史学科的角度，历史上早期的被认为是个人的"旅行"的现象就不能被认为是旅游活动，旅游学科研究需要的旅游或旅游活动的事实是：没有货币对旅游服务包括旅游交通服务的支付，人们离家在外暂时和短暂的流动，就不能被认为是旅游。

今天，在现代信息通信技术与旅游发展的关系日益相互依赖这一新的事实基础上，就旅游活动本身来说，尽管现代数字技术的发展变革及应用并没有改变旅游活动内在要素的基本结构，但旅游活动的内在要素不再是完全独立的，旅游者参与旅游活动的方式及其主客关系之间互动已经数字化了。因此，数字旅游学研究的旅游或旅游活动的含义应该包括以下事实：①旅游是一种基于人的社会活动事实的观光或休闲的有目的活动，它不完全是一种地理"流动"现象；②旅游活动对旅游者来说是一种"奢侈"，需要有闲暇时间以及要有货币支付旅游服务的能力；③旅游作为人们与世界产生特殊关系的经验或体验，现代信息通信技术的创新与应用发挥着重要的作用。

因此，旅游学的研究对象或其对应的、可供研究的领域（数字旅游学也是如此）及知识的基础，一定来自直接观察的旅游活动现象的事实及"可能的经验或经验性认识对象的总和"，即任何一门科学研究的特殊领域或研究对象，尽管都离不开对事物现象本质的解释，但其核心研究内容一定是以对客观事物的事实或经验的认识为基础的，尽管这些事实经验不可能全面地呈现，而是部分地或连续多面地呈现，并同时被我们的经验所感觉到。显然，这也是我们一直在讨论事物现象本质与事实的关系的原因所在，它也是构建旅游学研究的理论框架与研究内容的基础。

1.2.2 旅游学：旅游活动与经济社会的关系

我们追溯旅游学发展的起源，旅游学的研究内容与上述内容的讨论是密切相关的。1982 年英国学者 Mathieson 和 Wall 出版了《旅游：经济、自然与社会的影响》（*Tourism: economic, physical and social impact*）一书。在该书中，作者在对旅游与旅游者核心概念界定的基础上，以旅游影响的效果研究为中心，系统地构建了旅游与经济社会发展关系的理论框架。关于旅游学的研究内容，作者认为旅游学研究尽管包括旅游的历史、旅游目的地发展和旅游在国际贸易上的作用等不同方面的内容，但源于旅游影响的事实研究（impact-oriented research）具有特殊性。旅游的发展，特别是发展中国家旅游产业快速增长及其导致的显著的经济、环境与社会变化，是旅游学研究的主要内容。需要指出的是，基于旅游影响效果理论的旅游发展与经济社会发展关系的研究，在旅游学科建设的历史中具有开创性的意义，该著作如下的主要学术观点，至今也是我们学习与研究旅游学的基础。

第一，旅游活动与经济社会发展的关系基于如下的事实：①旅游是一个无形的出口产业，尽管它是不稳定的；②旅游者访问旅游目的地，需要相关的产品与服务；③旅游产品是综合性的，直接影响经济的其他部门。为此，旅游活动的经济效益与成本、旅游与收支平衡的关系、旅游收入乘数、旅游消费的作用、旅游与就业、旅游与社会经济结构的关系等核心概念和理论为我们今天所熟知。

第二，在旅游活动与环境的关系中，作者最先指出了二者存在共生关系（symbiotic relationship）。一方面，旅游与环境是有矛盾的，旅游发展对环境有负面的影响；另一方面，尽管环境可能会限制旅游的发展，但旅游规划者与政府的作用是要强调环境可以为旅游服务。为此，在实践中，旅游与生态环境的关系以及旅游与人造环境的关系常被区分开来。在具有旅游可竞争资源的地区，在旅游资源保护的条件下，旅游通过"人造"的基础设施的改变，可以促进旅游与当地社会的发展。

第三，旅游的社会影响的基础是"人"的变化，旅游社会文化影响是对"人"的影响。受社会文化影响的"人"包括旅游者（客人）、旅游当地社会（主人），以及二者之间的主客关系，而其主客关系的核心是当地社会、旅游者与社会文化的关系。这种关系受文化的物质因素和非物质因素的影响，前者是将文化作为旅游吸引物，后者涉及旅游活动带来的当地社会价值系统、个人行为、家庭关系及生活方式等的改变。同时，作者也注意到了旅游对当地社会文化的影响将是长期的。

但是，我们注意到，尽管作者在界定旅游者定义基础上阐述了旅游者需求、购买决策及旅游者的经济与行为方面的某些特征，但就旅游活动内在要素之间，即旅游活动本身的一般规律，他们的研究显然是不足的。这一问题的突破，来自 1995 年 Leiper 旅游活动系统概念的提出。旅游活动系统的概念强调了旅游活动中内在要素之间的联系，并通过旅游客源地、旅游目的地和二者之间的联系路径这三个要素解释了旅游者从客源地通过购买旅游服务产品的行为到达旅游目的地的活动过程。在这一旅游活动系统中，旅游者与旅游供应商之间的互动，旅游者的个人因素、旅游交易的因素和旅游目的地的环境因素，包括技术应用的因素，对旅游活动系统内在要素之间的联系发挥着重要的作用。

旅游活动系统概念的提出和旅游影响效果理论的研究对旅游学科的建设具有里程碑式的重要意义。前者的重要性在于，基于系统的分析方法，旅游活动是一个系统内各要素之间相互独立、能量互动和相互作用的复杂现象。而旅游活动和经济社会发展的关系是旅游影响效果研究的重点，其理论是应该在研究旅游活动内在要素相互关系的基础上进行。因此，本书认为现代旅游学的研究对象是旅游活动内在要素相应联系基础上的旅游与经济社会发展的关系。据此，旅游学的研究内容应包括：①旅游活动中旅游者、旅游服务和旅游目的地的内在联系；②旅游活动的衡量，包括旅游市场、旅游产业与旅游发展的形式；③旅游与经济发展、环境和社会文化的关系。目前旅游学教学研究的主要任务是揭示旅游学研究内容各部分之间的内在逻辑，使这一知识体系阐述的知识能够在事实上反映旅游活动和经济社会发展的关系，并适应旅游管理人才培养的内在要求，这也是目前旅游学建设与发展的要求。

显然，在旅游学的研究中，由于时代的因素，我们注意到，尽管 Leiber 在旅游活动系统的分析中引入了部分技术因素对旅游活动内在要素相互联系的影响，但技术变革对旅游活动的影响在旅游学的研究中一直没有得到特别的关注。当今的社会已经是信息通信技术主导的社会，在数字经济与数字产业快速发展的背景下，数字旅游将成为制约旅游发展的关键要素。旅游研究必须面对在信息通信技术创新应用的条件下，以旅游产业数字化转型与发展为基础的、旅游活动的数字化与旅游产业相关的一系列问题。尽管旅游学的核心研究内容仍然是数字旅游学的重要理论基础，但数字旅游学需要基于数字技术在旅游活动中的广泛应用及深刻影响旅游产业发展的新事实，重新定义旅游核心概念的含义，并在考察数字旅游活动现象特殊性的基础上，研究旅游活动及过程的数字化问题。

1.2.3　数字旅游学的研究对象与研究内容

就旅游活动本身来说，现代信息通信技术与经济社会发展关系的新事实，旅游活动的含义将被重新定义，数字旅游也将是一个崭新的概念。如前所述，数字旅游是指在数字经济及数字产业发展的条件下，基于现代信息通信技术的创新应用，旅游活动主客关系及旅游交易、服务与管理过程的数字化。通过现代信息通信技术创新发展与旅游产业发展关系的考察，尽管数字技术的变革并没有改变旅游活动系统内在要素的基本关系，但是在数字技术全面应用于旅游者参与旅游活动场景与过程的条件下，旅游活动系统内在要素不再是完全独立的。旅游活动内在要素之间的联系及互动的方式也发生了革命性的变化，这导致旅游活动的核心概念及相关的衍生概念也都发生了变化。

但是，无论是旅游学还是数字旅游学，都是对旅游活动的研究。如果说旅游学客观上关注的是旅游活动系统内各要素之间的联系及与此相适应的旅游与经济社会发展的关系，数字旅游学的研究对象则是旅游活动主客关系及过程的数字化旅游产业发展的关系。为此，数字旅游学研究内容应符合旅游活动与旅游活动管理数字化的内在逻辑：①由于数字经济及旅游产业数字化的普及发展，旅游和旅游者参与旅游活动的方式发生了改变；②传统的旅游活动在现代信息通信技术应用的条件下，旅游者参与旅游活动的场景、互动过程及体验分享的形式数字化了；③基于旅游者参与旅游活动的数字化，旅游者需求、旅游交易与旅游服务的范式及旅游企业的运营管理流程也得以重塑。基于此，本书的理论框架及主要内容如下。

1. 数字旅游基础

本书关于数字旅游基础的论述是从讨论数字经济的特征及其发展开始的。在回顾数字经济发展的历程后，我们重点强调了旅游产业数字化的重要性。数字产业与产业数字化是数字经济发展的两个方面，前者是后者的基础，而后者是目的。没有现代数字技术的创新，就没有数字产业，也就没有包括旅游产业的产业数字化。其中的重点是数字技术的创新发展和旅游产业数字化转型的动力机制及其路径。因此，数字旅游基础部分的主要内容包括数字旅游的技术基础与数字旅游的转型基础两方面。

2. 数字旅游活动

随着新一代信息通信技术及数字产业的发展，由于旅游者运用现代智能技术参与旅游活动和旅游商业主体及运营过程的数字化，数字旅游学的研究内容必然涉及传统旅游活动内在要素之间的关系发生的重大的改变：①现代信息通信技术的创新应用，旅游者行为的改变出现了能够基于开放地共享数据，使用智能技术与其他利益相关者动态互动的新智慧旅游者；②以数字技术为驱动力打造的数字旅游互动场景及过程，包括数字旅游交通、数字旅游观光和数字旅游住宿等，形成了实时构建与价值共创的新型的旅游活动主客互动关系；③因为数字旅游互动及分享平台商业模式和旅游者个体参与数字旅游活动方式的不同，传统旅游活动方式与服务方式也发生了改变，这给更高水平和更具个性化的旅游体验带来了深刻的影响。

3. 数字旅游管理

数字旅游管理的主要内容是基于旅游活动数字化的旅游交易、服务与管理过程数字化。在旅游产业数字化的背景下，由于数字技术的创新应用，旅游者需求购买旅游产品及服务的行为，不再是旅游者个人的事情，旅游者与旅游供应商之间关系的变化，使旅游者需求得以重构。而数字旅游产品的打造与智能旅游服务的发展，数字旅游商业的交易与服务过程及价值主张正在逐渐发生改变，并形成了企业服务创造和获取价值的新方式。数字旅游学因此需要研究旅游新业态、新产品和新效能的变化，以及旅游企业的服务创新和管理方式的改变。

综上所述，数字旅游学研究的主要内容是：在现代信息通信技术创新应用的条件下，基于旅游产业数字化转型发展的、数字旅游活动主客关系互动、数字交易与服务的价值创造及管理过程。我们确信，数字旅游给旅游产业发展带来了深刻且革命性的变化，因此，数字旅游学的探索具有广泛的学术研究前景及理论发展空间。从学科性质的角度，我们可以将数字旅游活动现象作为数字经济条件下传统旅游发展自我革新衍生出来的新型经济、管理与制度形态，数字旅游学也就具有了自己的学科性质与特点，具体如下。

第一，双重性。旅游活动的数字化实质上是旅游活动系统内各要素之间关系数字化的体现，是数字技术在旅游活动中的全面应用。它是在信息通信技术创新应用的条件下，以旅游产业数字化转型与发展为基础的，旅游者个体参与旅游活动及管理过程的数字化。数字旅游学的研究既有数字旅游活动过程及管理活动规律的研究，也有数字技术在旅游活动全场景与全过程应用的研究，因此，数字旅游学是具有管理科学理论与信息技术科学理论双重性质的学科。

第二，综合性。以旅游学理论为基础，数字旅游学也是一门拥有独特研究领域的综合性学科。在实践中，旅游活动的数字化是旅游活动全场景与全过程的数字化。从旅游者参与数字旅游活动的角度，旅游者面对的是基于数字技术链接的旅游活动内在各要素、旅游者与旅游服务供应者和其他利益相关者之间相互关系的综合系统。因此，数字旅游学被看作一个吸收了多学科知识的，在旅游发展多个领域可以广泛应用的，综合而成的新的知识系统。因此，数字旅游学的研究具有综合性的特征。

第三，实证性。数字旅游学是借助对旅游活动及过程数字化事实的考察研究，揭示旅游活动及过程数字化管理规律的科学。面对数字技术创新应用与旅游产业发展关系日益密切的事实，数字旅游学的研究对象都应该是可以观察、描述和证实的。数字旅游学研究需要通过实地调查的方法，对大量的数字旅游活动的事实进行观察、描述、实验和解释分析。当然，在这一过程中，透过事实，在理论上的审视和思考也是数字旅游学具有重要价值的显著标志。

1.3　数字旅游学的研究方法

任何一门科学的研究方法都是依据学科的性质来选择和决定的。近年来，数字旅游学的研究在全球范围受到越来越多的关注，积累了大量的信息与知识。出于帮助旅游管理专业学生学习与研究，进而更好地掌握数字旅游学知识的目的，必须熟知数字旅游学研究的一般方法。结合上一节对数字旅游学研究对象、研究内容及学科性质的讨论，我们在此节重点介绍三种数字旅游学研究方法，即跨学科研究的方法、系统论的方法和统计学的方法。

1.3.1　跨学科研究的方法

跨学科研究是近几十年在学术界和工业界出现的一种新的研究方法。跨学科研究的概念产生并发展于 1970—1990 年。1970 年，Jean Piaget 首次提出跨学科研究的理念，此后，全球学者对跨学科研究的方法进行了广泛的讨论。1987 年，国际跨学科研究国际中心（the International Center for Transdisciplinary Research，CIRET）在第一届跨学科研究国际会议上通过了《跨学科研究宪章》。作为解决复杂和有争议问题的一种新方法，跨学科研究在应对和解决学术研究棘手问题方面发挥了重要作用。它是指由来自不同学科背景的研究人员共同开展一项科研工作，或者是同一学科背景的研究人员从不同的专业研究领域的角度考虑问题，旨在通过融合多种知识，并在超越特定学科方法界限基础上，创造出新的概念框架、理论体系及研究思路等。跨学科研究的核心思想包括：①基于跨越不同类型专业学科及研究的视角，综合采用多种方法思考及分析问题的本质或现象；②通过整合不同学科理论观点，创造解决实际问题的新框架或新方案；③跨学科研究方法认为，不同专业领域之间的理论知识或问题相互联系，并存在利益共同点，在寻求充分解决复杂难题的方法时需要以多样性、包容性思维去看待各种事物。此外，跨学科研究有着共同的利益诉求，即不同专业领域的跨学科研究学者对某一问题的分析及探讨都是基于共同的学术目标来开展相关的研究项目的，并可以为研究任务的完成贡献自己不同的知识、理论及观点。与此同时，当研究的问题存在争议时，跨学科研究的方法能够帮助寻找并确定与研究问题相关的，但超脱于自身学术研究领域范围的解决思路。

更具体地说，跨学科研究的含义包括三大主要属性。首先，跨学科研究涉及的科研实践，除了涉及本学科范围，还追求通过利用创新性的方法及研究设计，在超越本专业领域学科自身范围限定基础上分析问题。这一理念和方法更适合于不同专业研究领域的研究人员在探讨复杂学术议题过程中就某些颇具争议的学术难题达成共识，并根据客观、科学、合乎伦理道德及美学要求形成具体的解决方案。其次，跨学科研究依赖于不同专业知识生产者和知识接受者之间的深入互动交流，为此，双方在研究及探讨问题过程中形成的交换机制增进了知识和经验，以形成对问题的共同理解。最后，跨学科研究有意整合某专业领域科学以外的知识及理念，并让外部研究人员参与特定专业领域问题的讨论、知识创新和解决问题的过程，以提升决策方案的合理性。总体而言，跨学科研究提供了从不同学科角度考虑同一问题的机会，并鼓励超越某一特定学科本身思考问题，以便解决某些复杂的现实难题。

数字旅游专业领域核心知识的探究涉及经济与社会学科的多个研究

专业领域及不同学科的知识研究范畴，需具备跨学科的视角及思维模式，以便从不同路径和角度探索数字旅游活动的各个方面。数字旅游专业领域核心知识的探究基于该学科涉及的经济与社会学的多个研究领域，例如，从经济学角度研究数字旅游问题，可能更多地从交易成本与效率、资源配置及稀缺性、行业产业链发展等方向探索旅游发展的问题；从管理学角度出发，可以从信息系统控制、公司治理与组织行为过程等方向对数字旅游学进行研究。关于数字旅游方面的研究是开放的、包容的，任何对数字旅游产生影响的学科专业，任何能够给数字旅游实践带来价值的要素，无论来自哪个领域，都值得深入探索研究。因此，这就要求我们在学习研究数字旅游过程中以跨学科的思维模式思考问题，并基于不同的专业角度探寻该领域的知识及应用。

1.3.2　系统论的方法

"系统"一词源于古希腊语，即事物整体由部分构成。系统理论是研究任何事物实体内部各要素之间相互关系一般模式的学说，其致力于探讨自然界与人类社会所有复杂实体的整体与局部关系共有的基本原则与规律。早期的系统理论被普遍认为是由生物学家 Ludwig von Bertalanffy 于 20 世纪 40 年代第一次提出的。该思想经过不断融合发展，形成了不同学派，全球许多学者尝试从不同的研究角度解读系统理论的观点，且不同学科对系统理论的应用及研究的思路也各不相同。之后，Ludwig von Bertalanffy 进一步提出"开放系统理论"的思想，他强调现实世界中的系统在特定环境中的表现是开放的，系统内部各要素之间是相互作用的且可持续进化的。

1968 年，Ludwig von Bertalanffy 出版 *General System Theory：Foundations，Development，Applications* 一书，该书概述了应用于各个学科领域系统论的基本定律，确认复杂系统中的单个部分受系统整体宏观布局的影响，并指出一个复杂系统可以由多个较小的系统组成，这些微观小型系统之间相互作用、共同发展，最终为复杂系统的形成创造了条件。总体而言，系统普遍存在于人类社会及自然界当中，世界万物大至浩瀚的宇宙，小至微观的原子，都可以被视为一个完整的系统。基于系统理论视角探索问题，首先需要将研究的对象视为一个整体，并从宏观视角分析系统的结构、要素和功能；其次需要从微观的角度探究系统内部各部分之间的互动关系及变化规律，并讨论微观因素对整体的影响、价值和意义。

系统论的方法是指将事物实体的各个部分连接成一个整体的具体方式或研究整体内部各要素之间内在关系的方法论。系统论的研究方法要遵循以下几项原则。①整体性，系统作为一个整体，由各个部分构成，系统内部各要素之间的互动及具体行为表现都会对系统整体的正常运转及稳定性带来影响，这种观点既构成系统论的核心思想，也是系统论的基本原则。②关联性，系统内部各个要素虽然以独立个体的身份运转，但相互联系、相互影响，系统内部元素与元素之间、层级与层级之间、模块与模块之间存在深层次的内在联系。③相互制约性，系统内部不同部分、各个要素之间息息相关，却也存在自相矛盾的可能性，在系统整体宏观大环境下，并不是所有要素都是相互协调的，也有部分要素相互制衡及相互约束，并对整体产生重要影响。

数字旅游研究运用系统论的方法具有重要的意义。从系统论的角度，数字旅游作为传统旅游业态的创新发展与延伸，本身就构成了一个基于数字技术应用视角下的系统化旅游生态圈。它在经济社会发展当中，既如同其他行业一样作为独立的产业体系承担着相应的国民经济发展职能，同时，在其产业系统的内部，由于数字技术应用的影响，形成了新的各类商业实体、管理机构或利益相关者的整体与局部关系。我们应用系统论的方法研究数字旅游这一专业领域问题时，需要从两个方向把握该领域的脉络和方向。一方面，我们要从整体、宏观视角分析数字旅游的发展问题，研究数字旅游活动系统与外部其他产业的联系及沟通过程，在此基础上有效分析与解决宏观主体之间的互动及价值创造过程中的具体问题，并识别其潜在机遇及矛盾；另一方面，我们还需要从部分、微观角度出发，深入研究数字旅游活动系统内部各要素之间的关系问题，例如不同数字旅游利益相关者之间的互动及价值共创的过程等。各类微观主体并非单独存于宏观整体内，只要是存在于数字旅游生态系统内的要素，它们之间或多或少都存在着联系，而这种内在的联系恰恰也是数字旅游生态系统内价值共创的关键点。

因此，系统论为我们研究数字旅游提供了重要的方法指导，我们需要把数字旅游活动的宏观与微观的研究探索结合起来，深入研究在现代信息通信技术应用条件下，数字旅游活动系统内微观要素之间的互动及联系的新形式对旅游产业整体发展的影响。总体而言，在系统论研究方法的指导下，我们能更加全面、深入、动态地揭示旅游活动数字化与旅游管理过程数字化的全过程。

1.3.3　统计学的方法

统计学是一门涉及数据的收集、分析、解释及呈现的学科。作为数学学科体系和管理科学的一大分支，统计学在探究及分析经济社会发展领域各类问题上发挥着重要的作用，并为研究人员或管理者在不同环境背景下制定决策提供指引。统计学研究方法是基于概率及统计理论知识研究创新发展而来的重要方法，可以帮助并指导研究人员利用各类量化评估方法来收集、分析及处理数据，并为相关问题寻找客观正确的答案。一般而言，常用的统计学方法有两种。①描述性统计方法，即利用表格、图形和数字等对数据进行处理并展示，进而基于定量视角对数据进行综合概括。描述性统计的目的是促进数据的直观呈现和解释，单变量统计方法侧重于使用数据来增强对单个变量的理解，多元统计方法侧重于使用统计数据来理解两个或多个变量之间的关系。②推断统计方法，即根据样本数据推断总体数量测度的方法。使用这种方法需要收集分析大量数据，并利用一系列数字统计工具对其进行分析、预测，方可得出结论。总体而言，统计学方法广泛应用于各行各业，并承担着各种类型数据的分析任务，如行业或市场发展趋势预测、方案可行性分析、投资回报预测分析、安全与风险评估与分析、质量分析、产品生命周期分析等。

　　数字旅游学是在数字经济发展背景下，由现代数字技术创新应用及旅游活动数字化变革衍生出来的一门新的前沿性学科。数字旅游的研究涉及多个领域和不同学科，并且需要基于不同数字旅游活动场景和旅游活动数字化的发展要素进行单独或综合分析。在这一过程中，无论是定量研究还是定性研究，都需要对各类旅游活动数字化与旅游活动管理数字化相关的社会现象进行数据的收集与分析，同时也要对各种趋势问题进行预测与评估，而统计学方法为有效开展这一方面的工作提供了可靠的手段。依托统计学的方法论，我们一方面能够合理运用数理化思维对数字旅游相关的社会问题与经济问题进行客观分析，并从社会经济范畴的角度识别数字旅游活动内在各要素变量之间的关系；另一方面，在探索数字旅游活动现象问题过程中，因其涉及的企业及利益相关者的范围相对较广，所以在数字旅游研究过程中会产生大量规模化、集群化数据，而统计学的方法则为如何处理好各类数据提供了重要指导。为此，将统计学的方法论纳入数字旅游专业领域研究方法，能够提高数据收集、分析与评估过程的精确性，改善研究结果的合理性、客观性及稳定性。

关键词汇

数字经济　智慧旅游　数字旅游　旅游学的研究对象
数字旅游学的研究对象　数字旅游学的研究内容
跨学科的方法　系统论的方法　统计学的方法

思考题

1. 如何理解智慧旅游与数字旅游核心概念辨析与界定的意义？
2. 基于事实或经验的旅游活动的含义是什么？如何理解它对旅游学学科建设的意义？
3. 结合旅游学的研究对象，比较讨论数字旅游学的研究对象与内容。
4. 如何理解跨学科研究方法对数字旅游学学习研究的重要性？

参考文献

[1] 中国信息通信研究院. 中国数字经济发展白皮书[R]. 2021.

[2] Tapscott, Don. The Digital Economy[M]. New York: Mcgraw-Hill Companies Inc.1996.

[3] Jordan, Tim.The Digital Economy[M]. Cambridge: Medford, Ma, Polity. 2020.

[4] Thomas L. Mesenbourg. U.S. Bureau of the Census[R]. Measuring the Digital Economy. 2001.

[5] Department of Broadband, Communications and the Digital Economy. Australia's Digital Economy: Future Directions[R]. 2013.

[6] British Computer Society. The Digital Economy, British Computer Society, London[R]. 2014.

[7] OCED. New Skills for the Digital Economy[R]. 2016.

[8] G20. Digital Economy Development and Cooperation Initiative[R]. 2016.

[9] Gregory, Mark A. Digital Economy Focus[J]. Journal of Telecommunications and the Digital Economy, 2018(6), 3.

[10] Mkrttchian, Vardan, Yulia Vertakova. Digital Sharing Economy[J]. International Journal of Innovation in the Digital Economy, 2019(10), 2.

[11] Derzko,W. Smart technologies in the new smart economy[R]. In Paper presented at the 1st Technology Futures Forum (TFF)VTT Valimo (Metallimiehenkuja 2). Otaniemi, Espoo.Finland Dec 1. 2006.

[12] Debnath. A. K, Chin. H. C., Haque, M.M., Yuen, B. A methodological framework for benchmarking smart transport cities[J]. Cities, 2014(37): 47-56.

[13] Ulrike Gretzel, Hannes Werthner, Chulmo Koo, Carlos Lamsfus. Conceptual foundations for understanding smart tourism ecosystems[J]. Computers in Human Behavior, 2015(50): 558-563.

[14] Piro, G., Cianci, I., Grieco, I., A., Boggia, G., & Camarda, P[J]. The Journal of Systems and Software, 2014(88): 168-188.

[15] 张凌云, 乔向杰, 黄晓波. 智慧旅游理论与实践[M]. 天津: 南开大学出版社, 2017.

[16] 马勇, 陈慧英. 智慧旅游发展的四大核心价值[N]. 中国旅游报, 2012-04-06.

[17] 马勇, 刘军林, 智慧旅游应用前景巨大[N]. 中国旅游报, 2011-08-24.

[18] 李云鹏.基于旅游信息服务视角的智慧旅游[N]. 中国旅游报, 2013-01-09.

[19] 张凌云, 黎巎, 刘敏. 智慧旅游的基本概念与理论体系[J]. 旅游学刊, 2012, 27(5): 66-72.

[20] 张凌云, 黎巎, 刘敏. 智慧旅游建设的十个问题[N]. 中国旅游报, 2012-03-30.

[21] 邹建琴, 明庆忠, 史鹏飞, 等. 旅游智慧研究: 历程、主题与趋势[J]. 旅游评论, 2022(6): 28.

[22] Dimitrios Buhalis, Rob Law. Progress in information technology and tourism management: 20 years on and 10 years after the Internet — The state of eTourism research[J]. Tourism Management. 2008(29).

[23] Julio Navio-Marco, Luis Manuel Ruiz-Gomez, Claudia Sevilla -Sevilla. Progress in information technology and tourism management:30 years on and 20 years after internet — Revisiting Buhalis & Law's Landmark Study about eTourism[J]. Tourism Management. 2018(69): 460-470.

[24] 杨宏浩. 数字技术赋能旅游业高质量发展[J]. 中国旅游评论, 2020, 3.

[25] 谢春山. 旅游理论的多维研究[M]. 北京: 中国旅游出版社, 2018.

[26] 傅广海. 旅游学概论[M]. 北京: 北京科学出版社, 2019.

[27] 埃德蒙特·胡塞尔. 现象学[M]. 李光荣编译, 重庆: 重庆出版社, 2006.

[28] UN. Recommendations on international travel and tourism, United Nations Conference on International Travel and Tourism[C]. Rome, 21 August-5 September 1963.

[29] Frechtling, D.C. Proposed standard definitions and classifications for travel research[C]. Proceedings of the Travel Research Association, 7th Annual Conference. Boca Raton, Florida, 59-68, 1976.

[30] Abdullah Promise Opute, Bridget Obiageli Irene, Chux Gervase Iwu. Tourism service and digital technologies:A value creation perspective[J]. African Journal of Hospitality, Tourism and Leisure, 2020, 9(2).

[31] Cooper, C. Tourism: Principle and practice[M]. London: Pearson Education, 2008.

[32] Holloway, J. C. Taylor, N. The business of tourism[M]. London: Pearson Education, 2007.

[33] 罗伯特·朗卡尔. 旅游及旅行社会学[M]. 蔡若明译, 北京: 旅游教育出版社, 1989.

[34] David Weaver, Laura Lawton. Tourism Management, third edition. John Wiley & Sons Australia Led.2006.

[35] Alister Mathieson, Geoffrey Wall. Tourism: economic, physical and social impacts[M]. London: Longman Group Limited, 1998.

[36] Leiper Neil. Tourism Management[M]. Melbourner: RMIT Press, 1995.

[37] Loykie Lomine, James Edmunds. 旅游学要义[M]. 李力译. 广州: 广东旅游出版社, 2017.

[38] 保继刚. 旅游研究进展: 第 10 辑[M]. 北京: 商务印书馆, 2020.

[39] 周长城. 经济社会学[M]. 北京: 中国人民大学出版社, 2015.

[40] 马克斯·韦伯. 经济与社会: 第 1 卷[M]. 阎克文译. 上海: 上海人民出版社, 2019.

[41] Nicolescu, B. Methodology of Transdisciplinarity-Levels of Reality, Logic of the Included Middle and Complexity[J]. Transdisciplinary Journal of Engineering &amp, Science, 2010, 1(1).

[42] Collado-Ruano, Javier. Coevolution in the Big History-a transdisciplinary and biomimetic introduction to the Sustainable Development Goals[J]. 2018.

[43] Rapport, David, Margaret A Somerville. Transdisciplinarity : Recreating Integrated Knowledge[M]. London: Mcgill-Queen's University Press, 2003.

[44] Basarab Nicolescu. Transdisciplinarity : Theory and Practice[M]. Cresskill: Hampton Press, 2008.

[45] Hult, F.M. Theme-based research in the transdisciplinary field of educational linguistics. In F.M. Hult (Ed.), Directions and prospects for educational linguistics [J]. New York: Springer, 2010: 19-32.

[46] Jaeger J., Scheringer M. Transdisziplinarität. Problemorientierung ohne Methodenzwang[J]. 1998, GAIA 7(1): 10-25.

[47] Songca, Rushiella. Transdisciplinarity: The Dawn of an Emerging Approach to Acquiring Knowledge[J]. International Journal of African Renaissance Studies-Multi-, Inter- and Transdisciplinarity. 2019.

[48] Von Bertalanffy, Ludwig. General System Theory: Foundations, Development, Applications (rev. ed.)[M]. New York: George Braziller, 1967.

[49] László, Ervin. "Preface" in Perspectives on General System Theory, by L. von Bertalanffy, edited by Edgar Taschdjian[M]. New York: George Braziller. 1974.

[50] Lacko, Branislav. Founder and Pioneer of Systems Theory Ludwig von Bertalanffy: 45th Anniversary of His Death[C]. Acta Informatica Pragensia. 2017, 6(1).

[51] Freeman, Keith, and Certified Accountants Educational Trust. Systems Theory[M]. London: Certified Accountants Educational Trust, 1982.

[52] Mike C. Jackson. Systems Approaches to Management[M]. London: Springer, 2000.

[53] Jerome, Harry. Statistical Method[M]. New York: Harper, 1924.

[54] Brookes, B C, W F L Dick. Introduction to Statistical Method[M]. London: Heinemann, 1976.

[55] Harold James Wheldon, G L Thirkettle. Business Statistics and Statistical Method[M]. Plymouth, Macdonald And Evans, 1985.

第 2 章　数字经济的发展

Chapter 2　Development of digital economy

学习目标

- 了解数字经济的产生与发展历程
- 了解中国数字经济的发展过程
- 理解数字经济的主要特征
- 通晓信息技术、通信技术与数字技术的区别
- 理解数字技术与数字产业发展的内在联系

数字经济的发展源于现代信息通信技术的创新与应用，特别是 20 世纪 90 年代中后期，现代信息通信技术的日新月异为数字经济的兴起带来了重要的发展机遇。近年来，全球数字经济增长动力强劲，这不仅有经济与政治方面的原因，还由于现代数字技术的革新。当前，世界经济正处在新一轮大调整的关键期，挑战与机遇并存。在经济增速放缓的背景下，以数字经济为代表的新经济在全球经济复苏过程中将扮演重要角色。目前，许多国家将大力推动数字经济的发展上升到了国家战略层面，并通过一系列政策推动数字技术革新和本土产业数字化转型与升级，希望通过发展数字经济，激发国内经济增长活力，有效应对经济下行的压力。今天，数字经济正深刻改变着人们经济与社会生活的几乎所有方面。

本章将依据现代信息、通信技术创新应用的过程，阐述世界与中国数字经济的发展。在这一过程中，数字产业的发展成为数字经济的重要基础，也是现代社会最重要的基础设施条件之一。显然，旅游产业的数字化是数字经济及数字产业发展的直接结果。

2.1　数字经济发展溯源

数字经济发展的历程是互联网、大数据、人工智能、云计算、物联网

等一系列现代信息通信技术不断创新和完善的过程，伴随着数字技术的持续革新和大规模应用，数字经济正逐渐走向成熟。根据数字经济在不同时期表现的特点，以及结合现代信息通信技术发展的历史进程，我们将数字经济的发展历程划分为三个主要发展阶段：数字经济的产生、数字经济的兴起和数字经济的蓬勃发展。这三个发展阶段对应的时间分别是 20 世纪40—90 年代、20 世纪最后 10 年以及进入 21 世纪。这三个阶段，从严格意义上讲，并没有具体时间点的划分，但它们呈现出数字经济层层递进及螺旋式上升的发展趋势。

2.1.1　数字经济的产生（20 世纪 40—90 年代）

　　数字经济的起源最早可追溯到 20 世纪中叶，1942 年，约翰·阿塔纳索夫和克利福特·贝瑞发明了世界上第一台电子计算机 Atanasoff-Berry Computer（ABC 计算机），由此奠定了计算机发展的基础。1946 年，世界第一台可编程的电子数字式计算机 ENIAC 由美国宾夕法尼亚大学 Moore 团队研制成功，标志着现代计算机的诞生和信息时代的到来，同时，这也是数字经济最初的起源与开端。

　　20 世纪 40—90 年代，全球 IT 技术和 ITC 产业迅猛发展，计算机硬件和软件的技术开发不断加快。1947 年，美国贝尔实验室由肖克利等人组成的研究小组对外公布世界第一根晶体管研制成功，人类进入微电子革命时代；1958 年，美国得州仪器公司展示了全球第一块集成电路板及技术，人类进入集成电路的时代；1964 年，美国 IBM 公司推出了世界首个指令集可兼容计算机（SYSTEM360）；1971 年 Intel 公司发布第一代微处理器；1973 年，Intel 公司开发出世界第一台个人计算机 SCAMP；1989 年，英国科学家 Timothy John Bemers-Lee 发明了万维网。这都为后来互联网时代的到来及数字经济的高速发展奠定了坚实基础。在这一发展过程中，数字经济虽然没有被正式命名，但逐步开始受到少数学者的关注，而这一时期对于数字经济概念的思考总体而言是模糊的。

2.1.2　数字经济的兴起（20 世纪最后 10 年）

　　20 世纪最后 10 年，互联网的全球普及为数字经济的兴起提供了重要机遇，而此时的互联网正逐步朝商业化方向发展，并对经济发展方式的转变产生了深远影响。特别是随着像谷歌、亚马逊、阿里巴巴、腾讯、雅虎、eBay、百度等一批极具创新力并致力引领全球的互联网企业的出现，改变了传统企业以线下经营为主的商业模式，且全球大多数互联网公司加紧了以线上业务为基础的电子商务平台技术的研发与布局，电子商务迎来了快速发展的上升时期，而电子商务正是数字经济的重要组成部分之一。

　　在这一时期，ITC 技术的广泛应用最终为数字经济提供了关键的发展基础。美国就是凭借多年来在 ICT 专业领域的技术积淀，敏锐察觉到未来数字技术的发展将使全球经济发生重大改变，因此，当时的美国政府颁布了一系列促进该领域发展的政策，其中最为众人所熟知的是 1993 年的"国家信息基础设施行动计划"（又称"信息高速公路战略"）。该计划对加快美国本土现代信息技术的研发与相关基础设施的部署，培育一批现代信息产业，推动互联网的普及具有重要意义。这也使美国牢牢抓住了数字革命的新机遇，为日后数字经济的繁荣发展奠定了基础。

美国国家信息基础设施行动计划的颁布和实施，对全球许多发达国家产生了重要影响。欧盟、日本、加拿大等国家和地区纷纷推出属于本国和地区的现代信息基础设施建设方案。20 世纪最后 10 年，数字经济逐渐完成了以现代信息技术为基础的技术原始积累，许多发达国家制订的 ICT 发展计划，不仅从 ICT 行业本身的角度去思考政策的布局，更是将其上升到了国家战略以及未来相关产业或业态的衍生及培育层面。这些决策都极具前瞻性，就当时而言，大多数人都无法意识到 30 年后数字技术的进步会重构整个经济社会的发展格局，引领数字经济时代的到来。

2.1.3　数字经济的蓬勃发展（进入 21 世纪）

进入 21 世纪，全球数字经济发展进入了蓬勃发展的新阶段。由于早期互联网和现代信息通信技术的积累和各国政策的推动，并在以数字经济为增长动力及重点突破口的新经济发展形势的带动及影响下，该时期全球数字经济呈现出欣欣向荣、蓬勃发展的状态。

数字经济的发展离不开数字技术的创新发展。自 21 世纪以来，全球数字技术研发取得了丰硕成果，大数据、云计算、人工智能、物联网、区块链、机器人等一批新兴技术正逐渐走进人们的生活，这一系列创新技术的组合与应用，共同构筑了数字经济发展的技术基础，从数字技术变革的视角看待数字经济的发展历程，我们可以深入把握数字经济发展的技术之间的内在联系。总之，数字经济的腾飞离不开数字技术的更新迭代，数字发展的历程也是数字技术不断革新的过程。

从全球经济发展的政策视角来看待这一时期数字经济的发展历程，我们可以发现，进入 21 世纪，世界各国正不断加紧落实并调整数字经济产业发展的重大布局，纷纷出台了一系列旨在促进数字经济发展的新政策（如表 2-1 所示）。特别是一些发达国家，加紧数字经济相关产业发展谋划与布局，在出台一系列利好政策的同时，投入大量资金构筑数字经济产业生态系统，促进互联网的普及及数字技术的推广与应用。相比之下，发展中国家对数字经济产业布局的节奏相对较慢，究其原因，除受限于 ICT 技术及基础设施的薄弱之外，还与本土专业人才缺乏、经济发展水平滞后，以及政府对数字经济的认识水平和重视程度较低有关。

表 2-1　全球主要经济体数字经济发展政策

国家	数字经济政策
中国	2005 年《国务院办公厅关于加快电子商务发展的若干意见》、2015 年《"互联网＋"行动指导意见》、2015 年《中国制造 2025 国家行动纲领》、2016 年《"十三五"国家战略性新兴产业发展规划》、2019 年《关于促进平台经济规范健康发展的指导意见》、2019 年《国家数字经济创新发展试验区实施方案》、2021 年《中华人民共和国国民经济和社会发展第十四个五年规划和 2035 年远景目标纲要》等
美国	2009 年《国家宽带计划》、2011 年《联邦云计算战略》、2012 年《大数据研究和发展计划》、2015 年《国家创新战略》、2016 年《国家人工智能研发战略计划》、2018 年《数据科学战略计划》、2020 年《美国量子网络战略构想》、2020 年《引领未来计算生态系统：战略计划》等
俄罗斯	2017 年《俄罗斯联邦数字经济规划》等
英国	2009 年《数字英国战略》、2018 年《数字宪章》、2018 年《产业战略：人工智能领域行动》、2018 年《国家计量战略实施计划》等
德国	2010 年《德国 ICT 战略：数字德国 2015》、2013 年《工业 4.0 战略计划》、2016 年《数字化战略 2025》、2018 年《联邦政府人工智能战略要点》、2018 年《高技术战略 2025》、2018 年《人工智能德国制造》等
法国	2012 年《数字法国》、2018 年《法国人工智能发展战略》、2018 年《利用数字技术促进工业转型的方案》等
日本	2001 年《e-Japan 战略》、2018 年《集成创新战略》、2020 年《科学技术创新综合战略 2020》等
韩国	2018 年《人工智能研发战略》、2018 年《数据产业发展战略》、2020 年《基于数字的产业创新发展战略》等
印度	2017 年《数字印度计划》等

　　我国自改革开放以来，不断调整自身的发展战略，在扩大改革与对外开放的同时，敏锐地识别到世界未来数字经济的发展趋势，提前谋划布局相关技术和产业，为数字经济在中国的发展打下了坚实基础。近年来，中国数字经济及其衍生产业井喷式涌现，以数字技术为基础的新型商业模式和创新服务为中国经济的发展做出了重要贡献，数字经济正逐渐成为中国经济增长的新引擎。

　　数字经济的蓬勃发展也极大地改变了人们的生活方式及企业的生产方式。根据 DATAREPORT 发布的《数字 2021，全球概览报告》，截至 2021 年 1 月，全球互联网用户数量突破 46.6 亿人，手机用户达 52.2 亿人；据 Statista 数据显示，2021 年，全球有超过 21.4 亿人在线购买商品和服务，而这一数据在 2016 年仅为 16.6 亿人。人类传统的线下消费模式正逐步朝线上消费模式转变，这也进一步衍生了一大批新的互联网企业或线上消费产品与服务。数字经济重构了传统经济的运作模式，并孕育了多个新产业，例如智能手机、智能家居、智能金融、智能医疗、新能源汽车、直播产业等。与此同时，数字技术的发展也衍生了新业态，例如近年来颇受欢迎的共享经济和平台经济等。此外，数字技术的创新与整合也促使学术界及政商界一系列新概念的提出及新生态的形成，如智慧城市、智慧物流、智慧农业、智慧医疗、工业互联网、元宇宙等。当下，世界各国逐渐开始意识到数字化浪潮已经悄无声息地到来，数字经济的发展是未来的大势所趋，任何国家或个人都无法置身事外。现在，许多国家依托数字技术的进步推动本土数字产业化及产业数字化的发展，以数字技术应用为基础的相关产业正成为全球经济增长的新动能。

2.2　中国数字经济的发展

中国在改革开放之后，在加强现代信息技术创新与研发的同时，牢牢抓住第三次技术革命和互联网发展所带来的新机遇，不断调整市场经济布局，为数字经济的发展打下了良好的基础。现在，中国数字经济在全球占据重要地位，数字产业化与产业数字化在激发中国经济发展活力的同时，也有利地促进了中国国际形象及综合国力的提升。纵观中国数字经济的发展历程，根据不同时期数字技术发展水平、数字经济业态演化以及国家数字经济宏观政策布局，可大致将我国数字经济的发展历程划分为三个主要阶段。

2.2.1　萌芽期（1993—2002 年）

中国数字经济的发展始于互联网的开放与创新。在互联网的推广和现代信息技术革新的带动下，许多中国互联网企业通过探索本土化战略，实现了快速发展。1987 年 9 月 14 日，中国互联网之父钱天白教授发出中国第一封电子邮件，标志着互联网建设正式拉开序幕。1994 年，中国接入互联网，并实现与国际互联网的交互对接，这标志着中国正式进入了以互联网为发展基础的数字时代。此后，随着我国政府的大力支持及众多科技工作者的不懈努力，我国在现代信息技术领域取得快速突破，第一批互联网企业也在这一时期诞生，其中一些企业对中国经济及人民生活方式产生了重要影响，包括已进入国际市场开拓全球业务的知名互联网企业。1995 年，中国第一家互联网接入服务商 InfoHighWay 在具有"中国硅谷"美誉的北京中关村成立；1998 年 4 月 7 日，北京海星凯卓计算机公司与陕西华星进出口公司开展了中国第一笔电子商务交易；此后，早期以新闻门户网站为基础业务的新浪、搜狐、网易这三家集团企业，以电子商务为主营业务的阿里巴巴和京东集团，以社交媒体业务为代表的腾讯集团，以及以搜索引擎业务为代表的百度集团相继成立。

然而，这种看似繁荣的背后，却也存在着大量的投机行为。2000 年，海外互联网泡沫破灭所带来的全球互联网市场崩盘给整个行业造成极大的破坏，我国互联网市场也未能幸免。在接下来的三年左右的时间里，我国数字经济受互联网行业的消极影响进入了低谷期。回顾这一时期我国数字经济的发展情况，我们可以清晰地察觉到该阶段数字经济的发展处于萌芽期，其主要特点是企业的业务范围及商业模式较为单一，互联网企业的主营业务主要包括新闻门户、电子邮箱、搜索引擎增值服务等，电子商务及社交媒体业务则处于发展的初始阶段。

但是，在这一时期，中国政府高度重视现代信息技术及产业的发展，制定了一系列政策扶持相关产业及互联网企业，如旨在打造中国现代信息高速公路的"三金工程"、2000 年《国务院关于鼓励软件产业和集成电路产业发展的若干政策》等。2003 年年初，在国家宏观调控及国际互联网市场逐渐好转的双重作用下，各级政府不断加大数字技术及现代信息产业基础配套设施设备的研发投入，我国数字经济逐步开始复苏，并迎来了快速发展的新阶段。

2.2.2　发展期Ⅰ（2003—2012 年）

中国数字经济在经历因全球互联网泡沫所造成的短暂低迷后，从 2003 年起逐步复苏，并在此后的 10 年间实现高速增长。2000 年，中国移动通信公司启动移动梦网计划，大力推进移动网络平台建设，实现从 PC 互联网到移动互联网的跨越。2003 年，阿里巴巴集团推出了电子商务网站淘宝网和第三方支付平台支付宝，并成功依靠本土化战略，大规模占领中国电子商务市场份额，使 eBay 公司退出中国市场。2005 年，线上社交媒体网络服务平台兴起，"博客""微博"等社交媒体平台进入大众眼帘。同年，QQ 软件用户注册数突破 1 亿大关。2009 年，开心网、QQ 农场等一系列虚拟社区游戏逐渐成为大众时尚。2011 年，腾讯集团推出移动支付服务，互联网企业发展进入快速上升期。2003—2012 年，以网络零售业务为主要代表的电子商务产业将中国数字经济发展推向新高度。2006 年，我国线上市场零售额突破 1000 亿元，2012 年突破 1 万亿元，同时，在这 10 年间，中国网民数量年增速呈两位数增长，截至 2012 年年底，中国网民规模达4.2 亿人，使用移动设备上网的网民数量首次超过使用台式电脑上网的人数。此外，2012 年中国网民数量年增速也从顶峰逐渐回落至个位数（9.92%），结束了近 10 年年增速为两位数的增长态势，这标志着中国数字经济的发展逐渐进入下一个阶段。

纵观这一时期中国数字经济发展，在国家宏观政策的大力支持及数字技术创新发展的推动下，与数字经济相关的新业态不断涌现，并呈现百花齐放的空前盛况。特别是以网络零售为代表的电子商务行业，已经成为这一阶段数字经济发展的典型代表，它不仅重构了以传统线下消费为基础的经济形式，也转变了居民的消费模式。与此同时，数字经济在该阶段的高速发展离不开中国政府对数字经济产业的布局和引导，中国政府多次颁布相关政策及条例，积极引导国内数字经济及数字技术朝积极良好方向发展。例如，2007 年，国家颁布《电子商务发展"十一五"规划》，明确将电子商务服务业归类为国家重要新兴产业；2011 年，国家工业和信息化部印发《物联网"十二五"发展规划》，将信息处理技术纳入创新工程行列；2012 年，《"十二五"国家战略性新兴产业发展规划》印发，明确指出将加强云计算、智能终端软件、信息安全设施设备等新一代数字技术的研发。正是在国家政策大力引导及市场需求推动下，中国数字经济迎来了近 10 年高速发展的黄金期。

2.2.3 发展期Ⅱ（2013 年至今）

在新一代数字技术创新及移动互联网普及的推动下，中国数字经济发展自 2013 年起进入新阶段。以人工智能、量子通信、区块链、大数据、云计算、第五代移动通信技术、物联网、射频识别技术（radio frequency identification，RFID）等为代表的新兴数字技术的革新，使中国数字经济发展迸发出新的活力，中国的数字经济逐渐从量变转向质变。从产业角度来看，这一时期中国数字经济相关产业不断迭代升级，数字经济与传统经济深度融合所衍生出来的新业态与新理念正不断重构传统产业结构和经济模式，改变企业生产流程与商业模式，并在过程中潜移默化地影响人们的工作和生活方式。例如，近年来出现的网红直播、共享单车、共享汽车、社交电商、社区团购、互联网金融、在线流媒体、短视频平台、众筹平台、众创平台等一系列新的经济形式及商业模式，都是在基于数字技术与数字经济创新发展、协同演变的基础上产生的。

与此同时，在这一阶段，数字技术的密集应用、数字经济与传统产业的融合也催生了一些新概念，例如"互联网＋"、智慧城市、智慧旅游、数字农业、数字政府、城市大脑、智慧医疗、数字货币等。数字经济的影响范围已经从以往仅局限于经济领域扩展到了社会综合治理及城市服务的方方面面，在这个过程中，许多闲置的资源被赋予了新的商业价值，信息资源蕴藏的潜力也得到了有效释放，社会资源的配置变得更加高效。此外，数字经济近几年来对其他行业的渗透也促使一批极具创新活力的优秀企业走上社会舞台，如人们熟知的掌控抖音短视频平台的字节跳动公司、经营网络外卖预订业务的美团公司、以线上团购为核心业务的拼多多公司等，数字经济的快速发展所孕育的数字产业正成为中国经济增长的重要引擎。

2013 年以后，中国数字经济的发展主要围绕数字产业化及产业数字化这两方面展开。一方面，中国政府有意识地加快推动数字产业化发展，通过政策引导，积极培育新一代数字技术，特别是高端芯片、人工智能、工业互联网、新一代信息技术等领域的创新与发展，在加快技术突破的同时，着力提升相关产业链、供应链的竞争力，通过数字技术的创新反哺数字经济的发展。另一方面，中国政府也积极促进产业数字化转型，利用数字技术与传统产业的深度融合，改善传统产业的发展模式，增加其产出和效率。总体而言，中国政府依托数字产业化及产业数字化的战略部署，促使本土数字经济展现出强劲的韧性和活力。在全球新冠疫情暴发期间，尽管国内线下实体经济陷入萎缩萧条，数字经济反而在逆境中表现耀眼，各类先进数字技术在不同产业中的应用为许多企业在严峻的疫情期间有序开展复工复产及有效实现疫情防控提供了重要支持。与此同时，数字经济为保障经济正常运转及社会民生稳定发挥了重要作用。但是，我国数字经济的发展也存在一系列矛盾和问题，如大型互联网平台企业的市场垄断行为、数字鸿沟困境、区域发展不平衡、数据安全与监管等，这些都是我国当下及未来数字经济发展过程中亟须解决的难题。

2.3　数字经济的主要特征

数字经济是在全球数字化浪潮及新一代数字技术产业革命发展背景下孕育兴起的新兴经济模式。不可否认，20 世纪 90 年代后，世界经济的变化与互联网的出现息息相关，而一系列新的信息通信技术的出现及发展正在逐渐支撑起世界经济变革，并构成数字经济发展的基础。如大数据、物联网、人工智能、新的自动化和机器人技术、数据分析和算法决策、云计算、区块链、增强和虚拟现实、新型移动终端设备等，这些技术的影响是一个持续扩散的过程，并使现有的经济系统、市场商业行为以及商业模式发生重构和改变。

显然，数字经济作为全球经济发展的新引擎，其生产方式和生产关系特征有别于传统线下经济。数字经济是以现代数字技术为基础，以现代信息网络为重要媒介，以数据资源的知识与信息作为关键生产要素，将其与传统实体经济深度融合的新型经济活动形态的总称。为深入理解数字经济的本质及内涵，准确把握数字经济的结构基础，了解数字经济的底层逻辑，我们将从以下四个方面阐述和解释数字经济的主要特征。

2.3.1　数据资源是数字经济的关键生产要素

在数字经济时代背景下，数字经济的运行依赖于对来自社会各方数据的收集与分析，数据已经成为经济发展最关键的生产要素。数字经济与传统的农业经济和工业经济不同，在农业经济和工业经济时代，土地、劳动力和资本是经济结构中的关键生产要素；而在数字经济时代，数据作为最重要的一种生产要素，可以促进产业创新与升级、激发社会经济活力，其对经济资源整合的提升能力已成为相关行业获取企业竞争优势的关键焦点。现在，全球许多国家将数据比喻为数字经济的"新石油"，并将其作为提升经济效益的战略性资源。同时，数据资源与产业的融合也为社会生产力的发展创造了新的机遇。数据资源相比其他生产要素，具有共享性、非竞争性、可持续增长的天然禀赋，这使数据资源不受稀缺性的限制，并可以不断扩充、反复使用、无限复制，为数字经济可持续创新和发展提供可能。

今天，数字经济的发展日益依赖于对海量数据资源的分析与应用，一方面，在大数据时代背景下，促使全球数据爆发式增长，人类生活在被大规模信息所包围的环境之中，人类既是数据资源的使用者，也是数据资源的创造者；另一方面，数字技术与社会经济的交互融合，对海量数据的分析应用已经成为全球各行业组织及企业进行科学决策的重要依据。例如，政府管理部门通过对公民家庭收入、消费支出比例等大量经济数据的收集与分析，可以为政府制定经济政策提供重要参考。又如，企业通过对消费者购买模式、商业流行趋势、企业内部员工行为相关数据的分析，可以了解社会商机，发现企业管理缺陷，并以此作为细分客户群体、改善企业产品及服务、优化生产流程的决策基础。再如，在旅游管理实践中，旅游景区通过对游客在景区中的消费记录、旅游路线及行为的监测所产生的数据，可以对游客消费行为进行分析，并以此作为景区改善商业模式及服务体验的依据。因此，我们可以发现数据在数字经济时代发挥着重要作用，它已经影响着经济运行及社会管理的方方面面。

2.3.2　数字技术创新是数字经济的核心驱动力

数字经济的兴起是数字技术积累到一定阶段的产物，数字技术在推动数字经济发展、加速全球数字产业化及产业数字化过程中扮演着重要角色，可以说数字技术的创新为数字经济赋予了源源不断的动力。从本质上讲，数字技术是一个宽泛的概念，它指的是一系列能够对数据资源执行计算、加工、处理、存储、传播、还原等程序的数字化技术的总称，如大数据、云计算、区块链、互联网、人工智能、物联网、量子计算、虚拟现实、计算机信息系统等。数字技术的应用大幅提高了经济的生产效率，降低了市场交易成本，实现了资源的有效配置。与此同时，数字技术的创新以及数字技术与产业的深度融合不断催生新业态的形成与发展。例如，二维码技术与传统银行业、金融业的融合促使数字金融和数字货币的诞生；人工智能技术在现代工作场所的创新性运用，使原本依赖人为思考的企业决策行为转向利用机器人设备实现自动化决策。此外，诸如智能家居、无人驾驶电动汽车、数字农业、智能制造、智慧交通、共享平台等的出现都离不开数字技术与传统产业的紧密融合。

随着世界各国对数字技术发展的重视程度日益加深和基于数字经济发展对其智能算法及算力的要求日渐提高，全球许多发达经济体通过政策支持，积极引导和鼓励企业加强在数字技术领域的创新研发，推动数字技术相关产业的技术革新，并完善以数字技术创新为基础的软硬件设施设备和产业链体系，形成具有专业特色且具备竞争优势的数字技术产业生态。

总体而言，数字技术突破创新的溢出效应是数字产业化和产业数字化的前提，数字技术成为当下数字经济持续发展的核心驱动力量，而数字技术+产业也构成数字经济未来发展的新格局。此外，数字经济是典型的创新驱动型经济，在结合全球最新的知识及研究成果基础上对数字技术的创新和应用是数字经济可持续发展的基本要求。基于此，巩固并加强数字技术创新研发，强化数字技术应用与推广对于未来数字经济建设具有极为重要的意义。

2.3.3　数字经济与实体经济深度融合发展

数字经济与传统实体经济的融合发展是未来全球经济发展的大趋势。数字经济的快速发展有利于促进传统产业的转型升级，数字经济与实体经济的深度融合提高了经济发展质量，增加了实体经济发展活力。同时，数字经济与实体产业的结合大幅降低了交易成本，提升了市场效率。数字经济为企业、消费者构建线上虚拟交易平台，企业通过平台大数据分析，充分了解消费者购买需求，并在此基础上改善和调整自身产品及服务的供给策略，一方面，可以有效快速地匹配和对接买卖双方的供给和需求，节省信息传输过程中产生的时间和信息成本；另一方面，企业利用数字经济平台，通过线上途径为消费者提供产品或服务，有效节约店面租金成本、人工成本等。数字经济与实体经济深度融合的意义有以下几点。

（1）数字经济和实体经济的融合催生了众多的新型商业模式，如共享经济、直播经济、社群经济、分享经济、网购经济等。近年来比较热门的经济新模式，都是在充分利用数字经济平台及数字技术，在基于协同分享及价值共创基础上形成的。它通过对消费者心理及行为进行深入分析，实现精准营销、精益生产，从而满足消费者个性化、差异化需求，实现经济效益最大化。

（2）数字经济中的技术要素与传统产业的结合推动了价值链的全面升级和资源的优化配置。企业将大数据及数字技术融入产品制造、流通和交换的各个环节，并利用数字化的设施设备对生产流程的上中下游进行全面监测，确保企业生产流程从原材料采购供应到生产制造，再到销售及售后各个环节都根据标准化流程执行，确保产品生产质量提升，增加企业产品竞争力。

（3）数字经济与传统线下实体经济的融合也有利于政府部门加强对各行业的监管。数字技术在实体经济中的应用可以通过构建市场交易监管平台，有效实现实体产业数字化治理，降低违法、违规行为的发生概率。此外，数字经济与实体经济的融合也有利于数字经济底层技术产业的创新发展；实体经济运行过程中获得的经验、资本、知识等要素也将源源不断地支持数字技术的革新与升级，构成不断循环、可持续发展的科技创新与经济互动发展新格局。

总体而言，推动数字经济与实体经济融合发展是促进区域经济高质量发展和产业优化升级的内在要求。未来，随着数字技术的不断成熟，数字经济与实体经济的边界将会变得更加模糊，数字经济与实体经济将呈现深度交融的状态。

2.3.4   数字产业基础设施是数字经济的基本载体

数字产业基础设施是数字经济背景下各行各业开展业务、创造商业价值或社会价值的重要载体。在全球数字化浪潮的影响下，众多产业都在追求数字化转型，许多商业主体或公共部门依托引进数字化设施设备提升生产或运营管理效率，其目的在于通过数字产业基础设施平台来实现商业价值重构。传统经济商业逻辑一般以线下交易为基础，消费者与商业主体之间的购买关系建立在实体经济大平台之上。但是随着社会的发展及数字经济的崛起，以线下交易为主的传统经济已经逐渐无法满足社会生产运行的实际需要，基于数字技术赋能的线上线下商业模式一体化运营发展在社会商业环境中扮演着重要角色，传统经济与数字经济深度融合成为未来全球商业发展的重要趋势之一。因此，近年来，诸如直播电商、跨境电商、社交电商、共享汽车、共享住宿等新型商业形态如雨后春笋般涌现，并发展成为平台经济的重要组成部分，而背后持续支持平台经济发展的重要基础力量正是数字产业基础设施设备。在数字时代中，承接社会上各类商业模式及经济形态的物理载体是数字产业基础设施设备，同时，数字产业基础设施设备也构成了市场群体之间交互连接的重要纽带。

在数字经济时代，数据信息是关键的生产要素，而数据信息的应用效益需要数据应用分析的基础设施与工具。人类社会在日常运行过程中每时每刻都会产生规模极为庞大的数据信息，这些信息有可能来自人与人之间的沟通、消费者与企业间的联系、企业与企业间或企业与政府间的互动等。但我们对这些数据的处理、信息价值的挖掘都需要功能强大的数字产业基础设施设备作为任务实施的具体工具。例如，企业会基于数字产业基础设施设备对消费者购买行为信息进行深入分析，依据分析结果制定或调整自身的发展战略或方案。数字基础设施设备建设为数字经济的推广提供了重要的平台载体，作为全球社会及经济数字化运营的底层基建基础，它将为数字经济领域各类利益相关者提供协同合作、价值共创、风险共担、信息交流的平台和契机。

2.4   数字技术与数字产业

数字经济的发展主要围绕数字产业化和产业数字化这两方面展开，前者是后者的基础，没有数字产业，就没有包括旅游产业的产业数字化，而后者是目的，产业数字化才是数字经济发展的基本要求。数字产业的发展，对经济与社会各领域的发展意义重大，在当下全球数字产业化及产业数字化的双重背景下，通过数字产业发展，进而推动各级产业链迈向高端化、现代化、智能化是当下及未来社会发展的重要趋势。而数字产业的建设与发展，离不开数字技术的创新与应用。

2.4.1　数字技术的概念

数字技术的创新是数字产业发展的基础，它为当下世界数字经济快速发展及各行业数字化转型升级提供了重要技术支撑。在实践中，数字技术是传统信息通信技术的延伸和发展，它是当下社会新一代信息通信技术的总称。然而，无论是学术界还是业界，对数字技术的概念的表述并没有完全达成一致，对数字技术含义的边界范围也没有进行系统化的界定。本书在对各类学术文献研究以及对新时代数字技术应用观察的基础上，在理论上认为**数字技术**（digital technology）是指生成、传输、储存、处理数字信息，并构成数字产业设施设备技术基础，以及广泛服务于各类数字化应用领域的新一代信息通信技术的总称。

基于上述对数字技术的定义，我们可以清晰了解数字技术具有三层含义。①数字技术承担对数字信息的收集、分析、处理、结果输出等任务。②数字技术为现代数字化设施设备提供技术支撑。目前市场上出现的一系列软、硬件设备，大多嵌入了先进的数字技术。③数字技术应用于各类数字化场景，如数字旅游景区、数字旅游交通、移动支付、电子商务、电子政务等，影响社会经济及人类生活的各个方面。

数字技术一词作为集成多种现代信息通信技术的总称，其起源可追溯到 20 世纪 40 年代计算机技术起步发展时期。"二战"时期，"计算机科学之父"及"人工智能之父"艾伦·图灵提出的著名的图灵机模型理论，为现代计算机的发展奠定了基础。此后，美国宾夕法尼亚大学 Moore 团队于 1946 年成功研制出可编程式通用计算机，标志着数字时代的来临。在此后的 40 多年间，经过全球科研团队的共同努力，计算机技术实现快速突破和创新，如晶体管、集成电路、可兼容计算机、微处理器、个人计算机等早期计算机及现代信息通信技术成果都诞生于这一时期，该阶段研发的计算机技术大部分产生于发达国家和地区，并且相当一部分技术主要应用于军事领域。与此同时，在该阶段，学界和业界对计算机技术的研发热情高涨，无论是政府还是资本市场对该领域均给予足够重视，高校及社会上许多业界知名机构扮演着推动计算机技术发展的关键角色，如贝尔实验室、Xerox PARC 研究中心、IBM、Fairchild Semiconductor、得州仪器、Intel、通用电气等。该时期在计算机技术研究领域积累的丰富经验和科研成果，为后来互联网的出现及各类新一代数字技术的发展提供了理论支撑。

基于数字产业发展，人们对数字技术概念的理解是建立在对现代信息通信技术充分认识的基础上的。信息通信技术是在信息技术与通信技术两个概念交叉融合基础上开创出来的新领域。从本质上讲，信息技术与通信技术是两个完全不同的概念，它们既有联系又有区别。"信息技术"一词最早可以追溯到 1958 年发表在《哈佛商业评论》上的一篇文章，其作者Harold J. Leavitt 和 Thomas L. Whisler 将信息技术定义为能够使用统计和数学模型进行决策，且通过计算机程序模拟高阶思维快速处理信息的技术，即所有为管理及处理信息所采用的技术的总称。此后，信息技术定义的范畴随着技术的创新及时代的发展也在不断扩充。通信技术又称通信工程技术，是电子工程专业学科的重要分支，侧重于信息的生产、加工、处理和传播。该学科关注的是通信过程中的信息和信号的传播及传输技术，例如电子线路、光纤通信、无线技术、计算机通信网络等专业领域。进入 21世纪，随着各类数字技术的融合发展，信息技术与通信技术已经变得密不可分，并逐渐融合成为现代信息通信技术。因此，一般来说，现代数字技术与信息通信技术尽管有些时候被认为是同义词，但从严格意义上讲，它对数字技术的研究涉及的范围更为广泛，它通常由多种数字技术组成，承载了多样化的数据和通信类型。

2.4.2　数字产业的重要性

数字产业作为数字经济时代背景下的基础性行业中最重要的经济分支之一，是一种技术密集型产业，它为全球数字经济的发展及各行业数字化转型升级提供了重要的基础。一般而言，从产业发展的角度，数字产业不仅包括电子信息制造业、电信业、软件和信息技术服务业、互联网行业等传统信息通信技术产业，还包括大数据、人工智能、区块链、第五代移动通信技术（5G）、云计算、物联网、虚拟现实、增强现实等新一代数字技术产业。因此，**数字产业**泛指现代信息通信技术产业，它为数字经济的发展提供技术、产品、服务和解决方案等，其主要产业活动涉及各类数字技术及设备的开发、生产、应用、数字基础设施设备建设等方面。

数字产业的发展显然与数字技术提供的基础有关。互联网的出现与普及是 20 世纪 90 年代数字技术发展的一项重大突破，在此期间，以互联网技术为基础的相关产业快速发展，如网络搜索引擎行业等。1990—2010 年，以互联网为代表的数字技术在全球数字化时代及数字经济的发展中扮演了关键角色，也间接为后来其他新兴数字技术的发展与应用构筑了底层技术基础。目前我们熟知的一些国际性大型互联网公司多数成立于 20 世纪90 年代，如亚马逊、阿里巴巴、京东等。显然，数字产业的出现既是时代发展的必然趋势，也是数字技术发展到一定阶段的必然结果。2010 年以后，以大数据、人工智能、云计算、区块链、第五代移动通信技术、物联网、虚拟现实、增强现实等为代表的新一代数字技术正式登上历史舞台，并广泛应用于各行各业，它们在全球数字经济发展及促进传统产业数字化转型中发挥着基础性的主导作用，使以现代信息通信技术及相关服务为代表的数字产业迎来了快速发展的春天。

数字产业的发展对各行业数字化转型升级和高质量发展具有重要的基础性作用。数字产业的发展，直接促进国民经济众多产业的数字化转型发展，带来了一系列数字化新业态的产生，例如移动支付、智慧农业、数字政府、数字旅游等，这些新业态不仅成为构筑数字产业价值链的重要环节，而且也带动了数字产业化的发展。

2.4.3　我国数字产业的发展

在新一代数字技术快速发展及应用范围不断扩展的趋势下，以人工智能、大数据、区块链等为代表的一系列新兴数字技术得到各国政府和资本市场的大力支持，在实现了高速集群式发展的环境条件下，形成了相应的数字产业快速发展的新时代。近年来，全球各国政府加大对各类数字技术及其新业态发展支持力度，数字产业化迎来高速发展的新时期。以 2020年中国数字产业化发展为例，受疫情的影响，全球经济发展陷入低迷，然而，根据对中国数字产业发展情况调查显示，从总量来看，中国数字产业化规模逆势增长，总产值达 7.5 万亿元，占 GDP 总量的 7.3%，同比增长5.3%，占数字经济总产值的 19.1%。从区域角度来看，广东、江苏作为现代信息通信技术产业发展强省，2020 年的数字产业化产值规模均超过1.5 万亿元，发展势头继续领跑全国，北京、上海、浙江、山东、四川、福建、湖北、河南、重庆、安徽、天津、陕西等地区数字产业化规模均超过 1000 亿元。

从数字产业化在中国内地各省（市、自治区）GDP 所占比重的角度来看，北京、广东、江苏的数字产业化规模占比均超过当地 GDP 的 15%，天津、上海占比超过 10%，浙江、重庆、四川、山东、湖北、福建、陕西等地区数字产业化规模占地区 GDP 总量的 5%～10%，其余地区数字产业化发展水平相对较低，占 GDP 比重不足 5%，如图 2-1 所示。可以看出，

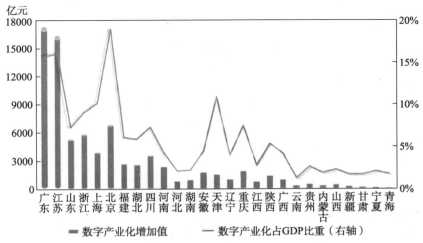

图 2-1　2020 年中国部分省市数字产业化规模及占 GDP 比重

资料来源：中国信息通信研究院

近年来，中国数字产业化快速发展，总量稳中有升，特别是在新冠肺炎疫情期间，社会经济低迷，各行业都面临外部需求不足、增长动力偏弱的情况。在这种情况下，中国数字产业化还能够保持良好增长，这充分证明数字产业化在应对外部环境不确定性的情况下，具备较强的韧性及良好的自我调节能力，而这一切都得益于近年来全球数字经济的快速增长及国家政府的大力支持，为数字产业化的发展夯实了基础。

以电信业为例，2020 年，中国电信业务收入累计达 1.36 万亿元，较 2019 年同比增长 3.6%，三家基础电信企业的互联网宽带接入用户总数达 4.84 亿户，年度增长 3472 万户。在软件与信息技术服务业中，中国软件业务保持较快增长。截至 2020 年，全国软件与信息服务业规模以上企业超过 4 万家，软件业务收入高达 8.2 万亿元，较 2019 年同比增长 13.3%。2020 年，中国互联网和相关服务业利润继续保持两位数增长，全国规模以上互联网企业收入达 1.3 万亿元，较 2019 年同比增长 12.5%。电子信息制造业在 2020 年营业总收入增长 8.3%，利润总额较 2019 年上升 17.2%。总体而言，我们通过这些信息可以充分了解到，即便在全球新冠肺炎疫情暴发的形势下，数字产业依然获得平稳发展，某些领域还维持高速增长，这充分表明了数字产业是引领数字经济发展的支柱性产业，具有较大的发展前景。预计在未来，数字产业化发展将继续保持良好发展态势，其规模在全球数字化大环境下也将得到持续的拓展。

关键词汇

数字经济的特征　数字技术　信息技术　通信技术　数字产业

思考题

1. 如何理解数字经济发展对世界经济的影响？
2. 怎样看待中国数字经济的发展过程？
3. 结合中国数字经济发展的实践阐述数字经济的主要特征。
4. 信息技术、通信技术与数字技术的联系与区别是什么？
5. 如何理解数字产业基础的重要性？

参考文献

[1] Mkrttchian, Vardan, Yulia Vertakova. Digital Sharing Economy[J]. International Journal of Innovation in the Digital Economy, 2019, 10(2): 40-53.

[2] Malecki, Edward J, Bruno Moriset. The Digital Economy: Business Organization, Production Processes, and Regional Developments[M]. London: New York, Routledge, 2008.

[3] Gutbrod, Max. Digital Transformation in Economy and Law[J]. Digital Law Journal, 2020, 1(1): 12-23.

[4] Gregory, Mark A. Digital Economy Focus[J]. Journal of Telecommunications and the Digital Economy, 2018, (6)3: ii-iv.

[5] Peitz, Martin, Joel Waldfogel. The Oxford Handbook of the Digital Economy[M]. New York: Oxford University Press, 2012.

[6] Delices, Patrick. The Digital Economy[J]. Journal of International Affairs, 2010, 64(1): 225-226.

[7] Carlsson, Bo. The Digital Economy: what is new and what is not?. Structural Change and Economic Dynamics. Contains the special issue New and Old Economy: The Role of ICT in Structural Change and Economic Dynamics[C]. 2004, 15(3): 245-264.

[8] Mannanova, Shokhida Gaybullaevna, Dilyora Pakhritdinovna Khashimova. Trends in the Development of the Digital Economy[J]. The American Journal of Management and Economics Innovations, 2021, 3(6): 104-109.

[9] Kim, Jea Ick. Research on Part and Value Analysis of Design in the IT Industry-Mainly with Analysis on Digital Industry[J]. Journal of Digital Design, 2014, 4(3): 749-758.

[10] Steffi Cavell-Clarke, Thomas Welch. Using Digital Technology[M]. New York: KidhavenPublishing, And Imprint Of Greenhaven Publishing, Llc, 2019.

[11] Whitelaw, Sera, et al. Applications of Digital Technology in COVID-19 Pandemic Planning and Response[J]. The Lancet Digital Health, 2020, 2(8).

[12] Nambisan. Digital Entrepreneurship: Toward a Digital Technology Perspective of Entrepreneurship[J]. Entrepreneurship Theory and Practice, 2016, 41(6): 1029-1055.

[13] Khin, Sabai, Theresa CF Ho. Digital Technology, Digital Capability and OrganizationalPerformance[J]. International Journal of Innovation Science, 2018, 11(2).

[14] Henderson, H. computer science. In H. Henderson, Facts on File science library: Encyclopedia of computer science and technology[C]. 2017.

[15] Cooke-Yarborough, E. H. Some early transistor applications in the UK[C]. Engineering Science & Education Journal, 1998, 7(3): 100-106.

[16] Stewart, C.M. Computers. In S. Bronner (Ed.), Encyclopedia of American studies[M]. [Online]. Johns Hopkins University Press, 2018.

[17] Northrup, C.C. Computers. In C. Clark Northrup (Ed.), Encyclopedia of world trade: from ancient times to the present[M]. [Online]. London: Routledge, 2013.

第 3 章　数字旅游技术基础

Chapter 3　Foundation of digital tourism technology

学习目标

- 掌握主要数字技术的定义
- 了解主要数字技术发展与创新的历程
- 理解数字技术的应用前景与影响
- 了解主要数字技术在旅游产业中的应用价值

数字经济的发展是全球数字产业领域数字技术创新发展与积累的结果。数字技术发展的历程表明,数字技术的起源与发展有强烈的时代色彩,不同的时代背景下总会出现不同类型的数字技术,而传统的数字技术又为新一代数字技术的迭代发展积累原始技术基础。近年来,在全球数字经济背景下,数字化产业中具有代表性的数字技术有:人工智能、区块链、云计算、大数据、虚拟现实、第五代移动通信技术(5G)、增强现实、物联网等。而从全球范围观察,当今各国政府高度重视数字技术在促进数字产业特别是培育本土数字产业的高质量发展方面的作用,这已经成为许多发达及新兴经济体未来发展规划的重要国策。本章围绕主要数字技术研究进展,阐述主要数字技术的定义、类型和应用,特别是其在现代旅游产业应用的前景。

3.1　人工智能

人工智能(artificial intelligence,AI)是数字技术发展中最为大家熟知及得到广泛应用的数字技术之一。人工智能又称机器智能,我们对人工智能最一般的理解为:它是计算机科学领域的一个分支,指利用计算机或者计算机控制的机器人模仿人类思维及行为方式的技术。近年来，随着数字经济的发展及数字技术应用范围的不断扩大，在经济社会的发展实践中，人工智能对各行业数字化转型产生了重要影响。在学术研究领域，人工智能科学及技术的研究是扩展人类智能的一门新兴的技术研究学科。

3.1.1　人工智能的研究进展

现代意义上关于人工智能的思考是由古典哲学家们提出的，他们试图将人类的思维方式及思考过程解释为用机器处理的符号，这种符号系统形式的假设，在后来成为人工智能领域研究的早期指导思想。根据对自然科学和哲学领域历史发展的研究，人工智能的起源可以追溯到古希腊时期。早在中世纪的神话传说与故事中，工匠大师能够制造出人造人，并赋予其能够像人类一样思考和行动的智能及意识。那时，古人对人工智能的思考及追求往往通过神话、传说、故事、预言以及制作机器人偶的实践来表达。现代人工智能研究的突破创新和迭代发展很大程度上归功于艾伦·图灵。1950 年，他发表了一篇对人工智能领域研究具有里程碑意义的论文 *Computing Machinery and Intelligence*，这是人工智能领域具有开创性意义的学术文章。这篇看似结构简单的理论文章首次掌握了抽象符号处理的本质，推测了创造一个像人类一样会思考的机器的可能性。这一突破性的创新研究为后续科学家们在人工智能领域的研究奠定了基础，艾伦·图灵也因此被称为人工智能之父。

1956 年，在美国达特茅斯学院举行的一次研讨会上，人工智能研究领域被正式确立下来。之后，人工智能领域的研究与实践迎来了快速发展的时期。1957—1973 年，全球一些顶尖高校建立了早期人工智能研究实验室，如麻省理工学院计算机科学与人工智能实验室、卡内基梅隆大学人工智能实验室、斯坦福大学人工智能实验室、爱丁堡大学人工智能实验室等。在这期间，这四间实验室凭借在人工智能领域卓越的研究水平，被世界誉称为全球学术界人工智能的主要研究中心，并取得了一系列重大科研成果。然而，1974—1980 年，人工智能领域研究进入"寒冬"。一方面，相关研究陷入瓶颈期并难以突破，部分学者早期低估了人工智能领域的研究难度，同时，公众对人工智能领域也缺乏正确认知；另一方面，一直以来资助人工智能技术研究的组织机构，如英国政府、美国国防高级研究计划局（DARPA）、美国国家委员会（NRC）由于对人工智能领域未来研究前景缺乏信心，中断了几乎所有关于对人工智能非定向研究项目的资助。

1981—1987 年，计算机研究领域相关技术的突破为人工智能研究带来了积极的影响，例如关于专家系统及神经网络研究取得的重大突破。但是，1988—1993 年，人工智能领域研究再次陷入第二个"寒冬"，由于资本市场对人工智能领域的投机行为产生大量的经济泡沫，导致人们对该技术的期望过高，此时人工智能技术领域的研究也未能达到公众的心理预期，从而导致人工智能资本市场低迷，影响了该技术领域的研究进展。但是，即便如此，自 20 世纪 90 年代中后期以来，各国政府及投资者已经逐渐意识到人工智能技术的应用价值及未来发展前景，并将大量资本及科研经费投入人工智能研究领域，人工智能的技术研究又迎来了快速发展的新阶段。一些在 20 世纪 70 年代被认为不可能解决的难题大部分都已经在该时期获得圆满解决，许多人工智能领域的先进技术也被广泛应用到社会经济发展的各个领域，并对人类生活方式及生产方式产生了重要影响。

3.1.2　人工智能技术的类型

关于人工智能的研究领域，涉及多个技术分支，而每一项分支技术的应用，都对社会经济不同层面产生过重要影响。因此，为了更加深入理解人工智能对数字经济及人类社会的影响，下面简单介绍相关技术的几个分支。

1. 专家系统

它是一种模拟人类专家决策能力的计算机程序。该技术利用人工智能技术，在特定场景，通过自身储备的知识体系来判断、推理和解决复杂的问题，并设计、模拟人类解决问题的行为。专家系统的概念最初由美国斯坦福大学知识系统实验室创始人 Edward Feigenbaum 教授于 20 世纪 70 年代提出。一般情况下，专家系统包含知识库和推理引擎两大子系统，知识库负责积累和储备经验，推理引擎承担在已设定规则的基础上来推断事实。

2. 机器学习

机器学习技术是人工智能技术研究领域的另一个分支，它是一种由自动化分析模型构建的数据分析方法，由 Arthur Samuel 于 1959 年创造。1960年，Nilsson 出版了关于机器学习研究领域的代表作《学习机器》一书，对机器学习技术进行了详细介绍。机器学习是一门专门研究如何模拟及学习人类行为以获取知识和技能，并不断创新原有知识体系结构的人工智能科学技术。它又是一门跨专业的交叉学科，涉及多个领域。机器学习能够在其算法性能不断完善、成熟及数据资源获取数量不断增加的基础上自我升级。

3. 机器人学

机器人学是一门涉及机器人的设计、制造及应用，以协助人类开展工作的学科，又称为机器人技术或机器人工程学。机器人技术被广泛应用于制造业，协助人类执行简单且重复的任务，或者应用于需要在可能对人类身体及生命安全产生危害的环境中开展工作的行业。机器人技术是一门跨学科的人工智能研究分支，涉及多个领域，如机械工程、电子学、计算机工程、软件工程、信息工程等。目前，某些基于机器人技术生产出来的设施设备，可以具备与人类相同的感知，如视觉、触觉、温度感知等，并能够对实际情况做出简单判断。

4. 自然语言理解

自然语言理解技术（自然语言解释），俗称人机对话，是人工智能自然语言处理中的一个重要研究方向，其主要用来模拟现实人际交往之间语言沟通的过程，目的是使计算机能够理解和运用人类自然语言，并允许用户使用自然语言与计算机进行沟通，实现人机之间的信息交流与传递。自然语言理解是一门新兴的边缘技术学科，涉及多个学科领域分支，其主要操作过程是将人类语言（非结构化数据）转换为机器可解读的格式（结构化数据），使计算机能够处理用户发出的语言请求。当下，自然语言理解技术普遍应用于聊天机器人、语音机器人和语音识别助手等设施设备中，为用户实现人机交流提供帮助。

5. 机器视觉

机器视觉技术是指依靠工业相机的内部数字传感器来捕获图像，并通过计算机硬件和软件对图像进行处理，以分析和测量目标对象的具体特征，并据此进行决策。简单来说，机器视觉就是利用机器代替人类肉眼做出视觉判断，它是一门系统工程学科，主要应用于工业领域，如自动检测、过程控制及机器人引导等。许多制造业企业采用机器视觉系统代替人工执行一系列简单、重复、耗时的工作任务，从而提高生产效率并降低运营成本。例如，生产线上的机器视觉系统每分钟可以检查成百上千个零部件，与人工手动执行相类似的任务相比较，机器视觉系统工作速度更快，出错率更低，任务执行效率更高。

6. 语音识别

语音识别技术是一种能够将人类语音处理成书面文本格式的技术。它融合了计算机科学、语言学、信息系统管理、声学及计算机工程学等多学科研究，并广泛应用于各类应用场景，如自动客户服务、机器自动翻译、语音搜索等。

3.1.3 人工智能的应用

人工智能的应用具有广泛的前景：近年来，数字时代背景下人工智能技术的不断突破与创新，人工智能技术与旅游业各类场景的深度融合，为游客带来了全新的体验，同时，该人工智能技术的发展也彻底改变了旅游产业的运营管理模式，极大地提升了该行业的服务效率。结合人工智能技术近年来在旅游发展领域的实践，人工智能技术在旅游业中的应用主要包含以下三种类型。

1. 人工智能在线客服

在旅游业及其相关产业中，基于人工智能技术的智能聊天机器人可以为在线客户提供重要帮助，已逐渐替代旅行社的部分功能。如今，旅游者不再像以前那样必须到旅行社或采取电话沟通方式才能了解、预订住宿服务或交通服务，他们仅需要通过线上渠道登录旅游服务供应商创建的网站、应用程序或社交媒体等，即可在虚拟人工智能助手或智能聊天机器人的互动指引下完成酒店、航班、出租车、景区门票的在线搜索及预订等一系列购买行为。在这种情况下，游客仅需要向线上智能客服机器人提供预期旅程的信息，并告知其具体需求，机器人即可回答游客问题，并为其提供有价值的信息或服务，如距离旅游目的地最近的酒店、人气最旺的景区、最便宜的航班、评价最高的餐厅等一系列与游客息息相关的重要信息。全球众多知名旅游服务供应商在其企业运营管理中积极采用人工智能在线客服机器人，如 Booking.com、Skyscanner、Expedia 等，在为游客提供便利的同时，创造了旅游者的个性化预订体验，提升了企业品牌竞争力与服务质量。

2. 面对面客户服务

人工智能技术开发的面对面聊天机器人正逐渐应用于旅游业各类线下客户服务过程当中。现在越来越多的旅游服务供应商选择采用机器人替代线下人工客服。例如英国伦敦希思罗机场目前利用机器人在航站楼引导乘客；日本的海茵娜酒店（Henn na Hotel）采用具备多语种沟通功能的酒店管理机器人，为客户办理入住和退房手续；美国希尔顿酒店使用一款命名为"Connie"的人工智能礼宾机器人为游客提供旅游咨询服务。这些机器人储存了丰富的旅游专业领域知识，并能够接受咨询回答酒店所在地区各类旅游服务的问题并提供有价值的建议，同时，Connie 也能够利用移动机器手臂为客户指引方向，并通过机器外部的灯光颜色及显示屏面部的表情来表达不同的人类情感。此外，人工智能机器人与游客的互动沟通也是不断学习的过程，机器人利用与游客互动过程中得到的信息，持续完善机器信息系统及知识储备，为未来客户提供更高质量的服务体验奠定基础。

3. 数据处理与分析

人工智能技术在旅游业中的应用不仅局限于客户服务，事实上，它还具备旅游大数据收集与解析功能。旅游业每时每刻都会产生大量数据，这些数据源自旅游者的消费记录、购买行为、社交媒体评论等。而旅游服务供应商以往对旅游市场数据的分析一般采用人工处理的方式，这需要耗费大量的时间和精力，分析出来的数据结果往往也误差较大，并且极有可能带有分析人员的主观意识和偏见，而基于人工智能技术的数据挖掘分析方式能够有效避免这一情况的发生。现在，在智能算法及应用程序的辅助下，各类旅游企业及商业主体能快速地从规模庞大的数据库中准确无误地识别富有价值的信息，并加以充分利用。此外，人工智能技术在旅游业中还广泛应用于国际航空运输智能托运行李业务、酒店及景区智能语音助手识别、航班及酒店价格预测以及个性化旅行计划设计等多类场景，在未来数字旅游发展中发挥着重要的作用。

3.2　区块链技术

区块链（Block Chain）技术是 21 世纪数字技术领域最重要的创新之一，它与金融、证券、零售、银行、保险等专业服务领域息息相关，并被广泛应用于跨境支付、金融资产交易结算、商品溯源、存证防伪等多个场景。

3.2.1　什么是区块链技术

区块链是指计算机网络节点之间共享的分布式数据库。**区块链技术**在整合了密码学和计算机科学等多个学科理论的基础上，通过先进的技术设计，确保已经储存的数据信息虽然可以被共享查看，但无法被随意窃取、修改或删除。与此同时，存储在区块链中的数据信息具有无法伪造、全程留痕、允许追溯、公开透明等特征。

区块链因其在加密货币系统中所发挥的关键保密作用而广为人知，其在维护数据安全及分散交易记录，并确保数据记录的真实性、安全性方面扮演着重要角色。在实践中，区块链技术奠定了在交易行为中坚实的信任基础，并在数字化商业贸易中创造了可靠的合作机制。区块链作为新时代最具信任价值的数据信息储存技术之一，近年来备受社会各界关注。随着各行业数字化转型趋势的发展，区块链在未来将具有广阔的应用前景和发展空间。

3.2.2　区块链技术的演变

区块链技术的出现可追溯到 20 世纪 90 年代初，它是由两位计算机领域的专家 Stuart Haber 和 W. Scott Stornetta 于 1991 年共同提出的。他们最初设想开发一项加密安全的区块链技术，用于储存加盖时间戳的数字文档，以防止文件被篡改。1992 年，二人将 Merkle Tree 技术嵌入区块链设计当中，大幅提升了区块链的安全保密性能及储存空间。这是 20 世纪 90 年代早期的区块链技术设计研究方案。到 2008 年，中本聪（Satoshi Nakamoto）提出了比特币概念，他对分布式区块链技术进行了独特改良，在此基础上将该技术应用到比特币当中，自此，区块链技术被广泛应用于加密货币领域。

区块链技术的历史演进可大致划分为三个阶段。第一阶段（区块链 1.0 时代）为 2008—2013 年，以比特币为代表的虚拟货币成为第一项使用区块链技术的计算机应用程序，该事件后来被视为区块链技术应用于其他领域的历史性开端，并逐渐被社会大众所关注。第二阶段（区块链 2.0 时代）

为 2014—2018 年，在此期间，区块链技术引入了智能合约小程序，从而使区块链能够实现编程功能，极大地提升了区块链技术的可塑性。第三阶段（区块链 3.0 时代）为 2018 年以后，该阶段的特点是区块链技术广泛应用于不同的程序和数字平台，并涌现出一系列基于区块链技术开展的项目，如中国第一个开源、去中心化的区块链程序 NEO 平台等。

区块链技术作为极具吸引力的数字技术创新之一，自 2008 年问世以来备受全球关注。近年来，随着区块链技术的创新发展及其应用范围的不断扩大，该技术也引起旅游业界的极大兴趣。由于该技术从根本上改变了信息或数据的存储和使用方式，影响并改善了当下旅游业的交易行为，同时也提高了生产管理的透明度和安全性，许多旅游公共部门和企业开始思考如何将其纳入产品及服务开发、生产运营管理或商业生态系统维护中，也逐渐认识到区块链的潜在优势及发展前景。

3.2.3   区块链技术的应用

本质上，区块链作为分布式账本技术，它嵌入公共部门管理或企业生产经营的各个环节，以加密共享及去中心化的方式收集数据，并将其储存于无法随意篡改或删除的分布式信息存储数据库中。在数字经济及数字旅游快速发展的背景下，应用区块链技术优化旅游产业价值链生产经营各个环节，促进传统旅游产业数字化转型升级是各类旅游商业主体及公共管理部门重点考虑及探究的方向之一。结合当下旅游业界实际情况，区块链技术在旅游业应用具有巨大的发展潜力，主要有以下几方面。

1. 去中心化支付系统

去中心化支付系统是区块链技术在旅游产业的重要应用之一。由于区块链本身具备独立运营、透明且不可篡改的分布式数据信息储存结构，其在旅游业中的主要应用是构建安全、可追溯的去中心化支付系统，以有效防止欺诈交易行为的发生。与此同时，区块链技术的应用使旅游商业交易变得更加便捷，在确保旅游产品或服务购买流程安全透明的前提下简化了支付程序，节约了交易成本。例如，区块链技术的初创公司 Winding Tree 利用区块链技术构建的去中心化 B2B 旅游分销平台大幅降低了旅游商业交易成本，因为旅游公司利用该平台能够绕开中间商直接获得旅游资源原始报价。旅游景区、酒店、航空公司等旅游服务供应商能够将其产品或服务直接发布在 Winding tree 平台上，而旅游代理商可直接从该平台上找到他们所需的商业信息及符合条件的最优报价，从而避免了因中间商撮合双方交易过程所产生的巨额服务费用，而这也进一步降低了旅游消费者的购买成本。全球知名航空公司德国汉莎集团（Deutsche Lufthansa AG）及新西兰航空（Air New Zealand）已经和 Winding Tree 平台达成战略合作，利用该平台的技术和资源，直接为自己的客户和分销合作伙伴提供业务。据统计资料显示，相较于其他消费者而言，使用区块链技术设施进行票务预订的用户，交易成本下降幅度高达 20%。

在区块链技术的影响下，旅游商业合作模式也逐渐发生了变化，最典型的是以往旅游商业主体之间的合作皆以签订实物合约的形式敲定合作关系。但随着区块链技术的广泛应用，当下旅游商业主体之间的合作以签署数字合同取代实物合约。该方式既节省时间，又能在双方发生纠纷的时候利用区块链技术去中心化分布式信息储存的优势，还原项目合同的真实条款。此外，对于消费者而言，也可以在其与卖家签订产品或服务购买合同或协议之后，使用该文件的数字副本来追溯或了解其产品及服务提供商所声明条款的具体内容。

2. 旅游者身份验证

游客身份识别验证是旅游活动过程的重要环节之一，特别是对跨省、跨国旅行，或需要入住酒店的游客而言，出于安全考虑，其办理酒店入住、登机相关手续或入境签证等环节都需要出示身份证明。而这项工作需要耗费旅行者及身份核验工作人员的大量时间。区块链技术为该问题提供了可行的解决方案，其具体方式是通过构建及利用具备指纹扫描和（或）视网膜扫描等先进功能的区块链平台设备将游客生物信息录进系统，该系统由一个加密共享且去中心化的信息存储数据库构成，游客在办理酒店入住、登机及入境手续的时候不再需要排队向官方或企业部门工作人员出示实物证件或证明即可顺利通行，这有效地节省了因排队办理手续所花费的大量时间。ShoCard 是一家基于区块链技术的身份管理系统公司，其总部位于美国加利福尼亚州，ShoCard 创建了一个区块链身份管理平台，它可将个人身份信息及生物信息存储在分布式账本中，利用移动端加密技术取代密码和用户账号的使用，并将个人身份与各项认证流程结合起来，以更加安全的方式简化游客各类旅游活动场景中身份识别验证的流程，提升游客旅行体验。

3. 商业信息存储及业务评级

旅游商业信息及用户评论是旅游商业主体制定或调整其经营管理策略的重要依据。随着区块链技术在旅游业的广泛应用，许多旅游企业尝试设置专门的区块链分布式账户用于存储与公司业务相关的各类信息，其中既包括竞争对手的商业情报，也包含旅游者产品及服务购买的交易信息或在线评论资讯。

如今的旅行者在旅游出行前普遍利用互联网了解旅游景区、酒店及航空公司的各类信息，并基于第三方平台的各类评价来选择具体旅游项目。然而，在信息大爆炸时代，网络资讯并非完全真实可信，很多时候互联网充斥着形形色色的虚假信息，与此同时，由于商业竞争的日益加剧，部分道德及法律意识缺失的旅游企业在网络散布其竞争对手的虚假评论，这也为旅游消费者正确辨别旅游市场各类信息增加了难度。而区块链技术的出现为解决该问题提供了全新的选择。当下，全球一些官方非营利性部门或第三方旅游商业评价机构将各类旅游企业经营信息纳入其基于区块链技术搭建的数字平台进行统一管理，以确保各类旅游商业信息数据的安全性、可靠性，提高了各类商业主体经营的透明度及可信度。

3.3　云计算

云计算（cloud computing）是一种分布式计算技术，指能够允许用户通过互联网按需进行访问，由云服务供应商提供数据资源远程管理与托管服务的技术。该技术创造了一种基于互联网及云平台开展数据信息访问管理使用的新型商业模式。云计算在当下备受个人和企业青睐，其主要原因在于该技术能够在节约成本及提高生产效率的同时，确保信息安全及系统性能的稳定。云计算服务既可以是公共的，也可以是私有的，公共云服务主要面向社会大众，私有云服务只对部分特定人群开放。

3.3.1　云计算的主要特征

云计算技术及其应用程序具备诸多优点。例如，用户可以通过云计算服务平台访问自己曾上传的所有数据或者下载云服务供应商提供的任何数据，并且能够在任何安装云计算应用程序的电子设备上登录个人账号开展工作。此外，用户还可以将他们的文件通过云计算平台软件远程转发到其他电子设备上，例如用户能够在任何计算机上使用 Dropbox、百度云等云服务应用程序进行文件存储、下载、转发或分享。目前在全球范围内，提供云计算技术及服务的企业主要包括阿里巴巴集团（阿里云）、华为公司（Huawei Cloud）、谷歌公司（Google Cloud）、亚马逊公司（Amazon Web Services，AWS）、微软公司（Microsoft Azure）、IBM 公司（IBM Cloud）等。

云计算技术具有以下特征。①按用户需求提供自助服务：云计算服务提供商为用户提供自助信息服务，无须经过双方沟通互动，用户可根据自身需求，通过线上渠道选择相应的服务类型。②广泛的网络访问：云计算的数据资源可以通过网络（互联网/局域网）获得，并且可以被不同的数字平台共享。③具备弹性及可扩展性：云计算的优点之一是能够根据用户需求在云平台中快速配置资源，如根据使用者实际情况选择扩展或缩减云平台的容量或云平台资源的使用量等。④提供收费服务：云计算平台根据服务供应商设定的条款，可以提供收费功能，用户根据资源使用的数量及购买服务的种类支付相应费用。⑤分享及共享功能：云计算技术允许多个用户在确保其信息安全的情况下，共享其云计算平台的应用程序或数字资源。

云计算技术的发展历史可以追溯到 20 世纪 60 年代。在云计算出现之前，用户在使用客户端服务器过程中，其所有的数据都储存在服务器一端。如果用户想要访问某些数据，首先需要在获得访问权限的基础上连接到特定服务器。这种技术路径有很多缺陷，因此研究人员为解决客户端服务器数据访问技术存在的不足，有针对性地加强对该领域相关问题的改进，云计算应运而生。1961 年，计算机科学界知名学者 John MacCharty 在麻省理工学院发表演讲，并提出"计算力可以像水电一样作为公用事业出售"的假设，虽然这种观点在当时并没有得到社会认可，却成为后来科学界开创云计算概念和构建互联网的指导思想。1969 年，Bob Taylor 和 Larry Roberts 开发了 ARPANET（高级研究计划署网络），该技术成为互联网技术的先驱，并彻底影响了计算学科专业领域的发展，为后来云计算的诞生奠定了基础。

1997 年，南加州大学教授 Ramnath Chellappa 在达拉斯介绍了云计算的概念。2002 年，亚马逊公司开始在云服务领域扩张，并启动了亚马逊网络服务计划（AWS），通过互联网向用户提供数据存储和计算服务。2006 年，亚马逊推出了弹性计算云商业服务，并以开放形式供大众使用。2009 年，Google Play 也开始提供云计算企业应用程序。至此，云计算带来的商业价值逐步显现，许多全球知名企业也逐步开展关于云计算的创新研发及商业布局，并向社会大众提供各类云服务。例如，2009 年，微软推出了 Microsoft Azure 云计算服务平台；随后，阿里巴巴集团、IBM 公司、甲骨文公司、惠普公司等也陆续推出了属于自己的云服务技术平台。

3.3.2　云计算的应用

云计算技术在当今社会中被广泛应用于各种工作场所，具有巨大的发展潜力。根据功能和应用范围的区别，云计算大致可分为三类。①公共云：公众能够基于使用付费的方式使用的云服务，这种云服务的类型被称为"公共云"，例如 Amazon EC2 平台、Windows Azure 服务平台、IBM Blue 云平台等。②私有云：未对公众开放的企业或机构的内部数据中心被称为"私有云"。与公共云相比，私有云更为安全，私有云托管在公司自己专属的服务器上，例如 Eucalyptus 和 VMware 的服务云平台都是私有云服务的典型代表。③混合云：私有云和公共云的组合称为混合云。

全球数字经济的快速发展为云计算技术的创新应用提供了广阔的市场及发展空间。近年来，对云计算系统研发的投资在旅游业中备受欢迎，虽然社会上有部分学者及企业对云计算在旅游业中的普及与应用表示担忧，认为云计算技术存在个人隐私泄露风险等一系列数据安全问题，但是随着云计算技术在旅游业中所发挥的作用越来越明显，逐渐与经济效益及商业价值形成正向关系，越来越多的学者及旅游商业主体开始重新审视云计算在旅游产业的发展前景及商业空间。

1. 旅游数据信息综合管理

旅游业作为服务密集型产业，其在运营过程中会产生大量的数据信息。如果按照信息来源主体划分，这些信息一方面来自旅游消费者的购买活动及行为，另一方面来自旅游商业主体产业链生产经营活动的各个环节。如果按照信息来源渠道划分，一部分信息来自线上网络活动行为，另一部分来自传统线下旅游交易行为。旅游活动过程所形成的海量数据信息在被充分开发利用之前是分散、杂乱和无序的。然而，近年来越来越多旅游商业主体已经意识到数字化时代下数据资源的重要性及商业价值，并逐渐思考如何将旅游活动过程中产生的大规模数据通过综合管理将其转变为能够为企业带来竞争优势的核心资产。

在这一过程中，云计算技术为数据信息资源的整合及有效管理提供了全新视角。云计算是基于分布式计算和网络计算等技术开发的，它能够集成并整合旅游产业链上下游各类资源，并将多方信息储存在云系统数据库中，旅游者、旅游商业主体及政府管理部门能够通过该平台检索、分析并挖掘旅游行业内各种业态信息。与此同时，云平台还可以面向行业内公共部门或企业提供旅游业数据信息管理基础服务，如旅游业态数据信息的获取、查询、交换、处理、分析、利用、存储、发布等。当下的云计算正成为旅游业态信息管理生态系统的重要组成部分。

2. 旅游企业运营管理平台搭建

数字化时代下的旅游产业朝现代化、智能化、信息化方向发展已经成为必然。当下越来越多的旅游企业逐渐意识到数字经济宏观大环境下，依托数字化平台建设实现数字精准营销在日趋激烈的行业角逐中愈发重要，而云计算技术在数字旅游运营平台搭建过程中发挥着重要作用。旅游企业可以通过整合数据信息建立旅游企业运营云平台，旅游消费者或商业主体仅需在平台网站或移动应用程序注册官方认证账号，就能够以自助服务方式使用平台提供的各项服务或浏览相关信息资源。在此类平台中，可以针对某个旅游目的地定期将其旅游产品、服务及景区介绍等宣传信息上传并推广至平台，又或者在云平台上开发旅游产品或服务的在线预订或在线销售等业务。这种基于云计算技术搭建的旅游在线基础服务平台相较于传统的在线旅游商业运营系统而言，其最大的优点是大幅降低旅游企业或公共部门信息化建设投资于经营的成本，即无须相关企业或单位自身购置电脑服务器或研发应用程序，仅需将其组织内部综合运营管理系统整体或局部接入云平台，即可根据自身所需，利用云平台的资源开展相关业务。例如 Instagram、Twitter 和 Facebook 等社交媒体都采用云计算技术，存储了大量有价值的数据，并针对旅游业消费人群，充分利用这些信息优化自身产品及服务体系，或用于辅助开展其他商业活动，如创新商业模式，分析用户心理及行为等，在引导旅游者消费的同时，根据其行为和偏好提供定制化旅游套餐或高质量旅游服务。

3. 旅游行业管理部门科学决策

云平台是开发 Web 或移动应用程序的可靠环境。旅游商业主体或公共部门借助云平台附带的编码模块和工具，能够有效加速应用程序的开发流程，这也为旅游和酒店业线上创新应用的开发和推广提供了极大便利。旅游公共部门数字治理体系搭建离不开云计算技术的支持。旅游业生产经营过程中产生的海量数据的价值在被公共部门充分挖掘及利用的情况下，能够有效辅助相关部门或机构实现科学精准决策的社会目标。例如，某一区域旅游公共部门通过对当地储存在云平台的游客规模、消费能力、投诉量、旅游消费热点等数据的分析，能够有效了解区域旅游业态发展概况，为改善当地旅游公共管理决策水平、制定更加专业的政策或规章制度提供重要的参考及指导。当下，云计算技术已经成为旅游产业数字化转型的重要组成部分，随着该技术的完善与发展，其必将为数字旅游建设提供更灵活、更专业的支持。

3.4　大数据

在数字经济快速发展的背景下，大数据的应用是数字经济时代最主要的特征之一，是驱动各行各业实现数字化转型升级及高质量发展的重要引擎。**大数据**（big data）是一个信息通信技术行业术语，它是指容量大、流通速度快且种类繁多的信息集，同时，大数据也指那些无法在一定时间范围内通过常规软件工具设施设备进行捕捉、管理的高度复杂的数据集。大数据的应用涉及通过系统地采集与分析数据信息或以其他处理数据集的方式为基础，揭示或预测人类行为模式、事物发展趋势及业务活动的内在关联。

3.4.1　大数据的商业价值

在高速发展的信息化时代，大数据被视为一种信息资产，通过与其他数字技术结合，它能够创造出大量的商业价值。大数据的应用范围非常广，例如：通过对企业工作场所大数据的分析，优化其生产及业务流程；通过对市场消费者购买行为大数据的分析，了解客户需求，发掘市场潜力；通过对交通路况等城市大数据的分析，改善城市管理水平及提升综合治理能力；等等。根据 IBM 公司关于大数据特征的总结，一般而言，大数据的特征可以概括为"5V"，即数量大（volume）、速度快（velocity）、种类多（variety）、价值高（value）、真实性（veracity）。

大数据的起源最早可追溯到 1663 年，John Graunt 是第一位使用统计数据分析方法开展研究的学者，他通过数据分析方法研究如何应对困扰欧洲多年的鼠疫。到 1800 年，统计学领域的研究扩展到数据收集和数据分析两个层面。当时美国人口普查局在开展全国人口普查过程中面临如何处理海量数据的难题，据估计如果不采取某些方法的话，处理在人口普查计划中收集到的大规模数据可能需要花费八年以上的时间，浪费大量人力资源。但幸运的是，在 1881 年，一位名为 Herman Hollerith 的年轻人发明了 Hollerith 制表机，该发明帮助美国人口普查局将原本大约需要八年才能完成的人口统计分析工作缩减为三个月，大幅提高了工作效率。1937 年，美国国会通过《社会保障法》，以政府名义与 IBM 公司签订协议，共同开发了一款用于人口统计分析的打孔卡片阅读系统（Card-Reading System）。

1943 年，在第二次世界大战期间，英国人为了破译纳粹密码，发明了名为"Colossus"的数据处理机器，这是世界第一台数据处理设备，具有开创性意义，这台设备通过扫描从德军截获的信息，分析战争情报。该机器能够每秒扫描 5000 个字符，将原本需要几周时间才能完成的数据分析工作量缩减到几个小时。两年后，John Von Neumann 发表了一篇关于电子离散变量计算机研究的论文（EDVAC），对计算机储存程序问题进行讨论，奠定了当今计算机体系结构的基础。到了 1952 年，美国杜鲁门总统创建了美国国家安全局，并承担利用数据分析统计系统解密"冷战"期间所截获信息情报的任务，在这一时期，计算机技术的发展已经能够承担自动独立收集及处理信息数据的任务。1965 年，美国政府建立了世界第一个数据中心，用于储存数百万份纳税人申报表信息及指纹集。该数据中心将每条信息记录传输到磁带上，并储存到系统某个特定的中心位置。然而该举措引发了公众及政府内部部分人员的恐慌，担心收集到的数据信息被违规使用或泄露。后来，该项目在普遍的质疑声中撤销，但是数据中心建设项目这一方案在后来被世界认为是人类大规模数据储存的第一次尝试。

1977 年，个人计算机问世，为后来互联网及大数据的发展奠定了重要基础。1989 年，英国计算机科学家 Tim Berners-Lee 发明了万维网，其最初的目的是利用超文本系统实现数据信息共享功能，让当时的人们没有想到的是，该创新性发明彻底改变了世界。20 世纪 90 年代以后，随着互联网技术的发展与普及，越来越多的设备获得了访问互联网的功能，全球数据创建的数量也以极高的速度在快速增长，人类也因此进入了互联网时代。进入 21 世纪，Roger Mougalas 于 2005 年首次向世界介绍大数据，同年，雅虎公司创建了能够处理大数据的开源软件框架 Hadoop，时至今日，全球数以万计企业仍在使用 Hadoop 框架来处理海量数据。随着各类数字技术的不断创新及各类计算机程序的大量应用，人类社会每天都在创建大量数据，因此，近年来各国政府或企业都开始设立大数据项目，用于储存海量信息。

3.4.2　大数据的应用

大数据在旅游产业数字化转型中扮演着重要角色，当前，在全球数字化发展背景下，大数据在旅游产业的发展应用主要体现在以下方面。

1. 收益管理

基于大数据的分析与应用，旅游业如何开展高效率的收益管理活动是许多旅游企业思考的重要问题之一。为了最大限度地提高企业财务业绩，全球许多酒店和旅游企业都在思考如何能够在正确的时间、以合理的价格、通过有效的渠道向目标客户销售有竞争力的产品。这对全球旅游商业主体而言，是一项极具考验性的任务，大数据在这一过程中扮演着重要角色。全球众多知名旅游企业依托大数据实现了对自身业务的有效管理，例如酒店业中，一些企业将以往的酒店入住率、酒店收入和房间预订情况等内部数据与其他外部数据（如航班信息、消费者评价等）相结合，实现对自身业务经营情况及市场需求的精准预测，从而能够更科学地制定酒店产品及服务价格，有效制定针对旺季和淡季的定价策略，以最大限度地提高企业收入。

2. 营销战略

在旅游产业中，营销策略的好坏直接关系到企业的业绩和发展。在数字经济时代，依据传统的方式开展营销活动，其效果并不突出。然而，大数据的应用可以有效帮助旅游商业主体在开展营销任务过程中采用更具战略性的方法，更精确地锁定潜在客户。具体地说，大数据可以帮助旅游企业有效识别客户需求、差异以及最佳营销时机，以制定有效的个性化营销方案。

3. 企业声誉

旅游业中大数据的应用与企业品牌及声誉管理息息相关。在互联网时代，消费者可以在各种不同的线上平台上发表评论，例如社交媒体、搜索引擎网站、应用小程序等，以此分享他们的观点和经验。这一系列评论对游客的在线购买行为产生了重要影响，因为许多消费者在互联网或移动客户端预订旅游产品或服务时往往会先参考评论信息。因此，旅游企业基于大数据技术，识别市场上对其产品或服务的各类评论，并以此改善自身的经营方式和管理模式，能够在有效改善游客体验的基础上提升其品牌在消费者心目中的存在感及满意度。

4. 市场研究

旅游商业主体利用大数据技术，能够有效收集和分析其主要竞争对手的各类信息，以便更清楚地了解其他酒店或旅游景区为消费者提供的具体产品或服务。最终，这些数据将被用于确定竞争对手的优势、劣势和整体经营管理情况，并有效帮助企业领导者发现与竞争对手的潜在差距，以便制定更有效的企业发展战略及做出准确决策。

3.5　虚拟现实

虚拟现实技术（virtual reality，VR），又称虚拟环境技术、灵境或人工环境技术，它与计算机传统的用户界面不同，通过利用计算机三维视图等技术创建模拟环境，将用户置身于模拟真实环境的体验之中，即虚拟现实技术使用户的感官体验并非来自电子显示屏，而是通过计算机软硬件等技术设施，为使用者构建一个三维立体的动态数字画面，使其沉浸在 3D 世界的影像中，并与里面的情景进行互动。该技术通过尽可能多地模拟现实世界人类各种感官体验，例如视觉、听觉、触觉、嗅觉、力觉等，并在识别人体行为动作，如头部转动、手势摆动、脸部表情等基础上，对人类行为做出准确判断，为用户提供独特且真实的数字环境体验。虚拟现实技术的体验是通过用户使用交互式电子设备实现的，而沉浸式体验感是虚拟现实技术的重要特点之一。利用虚拟现实穿戴设备（如光阀眼镜、智能头盔、数据手套、三维鼠标等），通过虚拟现实应用程序，让用户沉浸式进入由计算机生成的虚拟环境当中，给用户带来身临其境的体验。与此同时，在虚拟空间里面，用户可以给外界或者同样沉浸于同一个虚拟环境系统中的朋友发送信息，并与虚拟环境场景的人或事物进行互动，计算机程序也会在此过程中对用户的行为进行记录和分析，并根据程序设定，对人类行为需求表现进行反馈。

虚拟现实技术是一门跨学科且综合性较强的数字技术，它融合了传感器技术、数字图像处理技术、多媒体技术等多项分支学科信息技术。虚拟现实技术在具体运用中具有如下特征。

1. 交互性

交互性是指用户与虚拟环境中的人或事物互动过程中所能获得反馈的自然程度。在虚拟现实技术打造的数字化场景中，用户通过高灵敏度的传感设备与环境内部事物进行互动，使其感受到自己身处于客观现实世界中，而使用者在虚拟环境中表达的需求和动作，也将得到计算机系统的有效实时反馈。例如，当用户在虚拟环境中用手握住某件物体的时候，对物体质感和重量的感知能否有效传达到用户感官体验当中，这会影响用户对虚拟世界真实性的体验感。

2. 想象性

想象性在虚拟现实中是指，用户沉浸于虚拟现实技术打造的环境中，能够从中获取知识和经验，并拓宽认知范围。这也是当下某些教育或培训行业选择使用虚拟现实技术用于学生日常课堂教学，促进学生学习效率提升的重要原因。目前，虚拟现实技术广泛应用于旅游、电子游戏及电子产业中。

3. 感知性

虚拟现实技术能够给用户带来多层次的体验感，如视觉感知、力觉感知、触觉感知、听觉感知等，满足用户在虚拟世界中对感官体验的需求。例如，旅游者通过佩戴虚拟现实智能头显，即可在视觉上进入一个全新的虚拟世界，智能头显内置的系统会向旅游者展示一个逼真立体的现实场景，让游客产生一种身临其境的感觉。

3.6　5G

数字经济时代下，现代信息通信技术是构建各类数字产业设施设备及数字化应用场景的技术基础，因此，为推动产业数字化转型与高质量发展，现代信息通信技术的不断创新及优化升级，提供速度更快、延时更低、质量更高的网络连接技术具有重要意义。在数字经济高速发展的条件下，第四代移动信息通信技术（4G）很难满足数字产业发展和产业数字化规模日益扩大的需求，而第五代移动信息通信技术（5G）的出现，恰好为当下数字化时代的发展带来了更高水平的重要技术支撑。

3.6.1　5G 技术的概念

5G 的全称为第五代移动通信技术，它表明在全球范围内，移动通信技术已经发展到了第五代。5G 技术是继 4G 网络技术之后的全球新一代无线网络技术标准，也是在结合 4G 网络建设经验与目前最前沿现代信息通信技术理论基础上实现的优化和升级。第五代移动通信技术具有高速率、低延时等诸多优点，是能够满足实现人、机、物互联的网络基础设施技术。它主要提供三种类型的网络连接服务，包括增强型移动宽带连接、任务关键型通信以及大规模物联网。国际电信联盟（ITU）也定义了第五代移动通信技术的三类主要应用领域，即增强型移动宽带（eMBB）、超可靠低延时通信（uRLLC）和大规模机器类通信（mMTC）。

增强型移动宽带是 5G 基于 4G 移动宽带技术服务基础上改进的升级版本，具有更高的数据连接速率、规模更大的信息吞吐量和更低的延时效果等优点，尤其适用于类似体育场、音乐会场地等人流密集的场所。超可靠低时延通信是指将网络应用于对稳定性和可靠性要求极高的关键任务应用程序当中，确保任务顺利执行，例如在工业生产控制、远程医疗操作以及自动驾驶等领域，该技术的应用范围非常广。大规模机器类型通信主要针对需要连接大量设备的应用场景，例如智慧城市、智慧农业、智能家居、环境监测、智慧交通等以传感和数据采集分析为目标的技术设施设备。第五代移动通信技术满足了数字经济社会发展背景下多样化应用场景的需求，因此，国际社会对该技术关键性指标的评判也更加多元化。第五代移动通信技术作为未来数字化时代社会经济发展的重要技术支撑，虽然其具备速度快、延时低、容量大等优点，但就目前技术发展情况而言，它依然存在能耗大、成本高等技术缺陷，但随着新时代数字技术的不断发展，相关技术性问题在未来必将得到有效解决。

3.6.2　5G 技术的形成

要对第五代移动通信技术演化历程进行回顾，我们还需要从它的起源——第一代移动通信技术的出现谈起。1979 年，日本电报电话公司（NTT）在东京推出第一代移动网络（1G），这是 1G 移动通信技术的起源和开端，该技术得到日本政府和社会的大力认可和推广。到 1984 年，第一代移动网络已覆盖整个日本。美国于 1983 年引进第一代移动通信技术，并批准该技术正式用于商业运营；同年，摩托罗拉公司也向全球推出世界第一款 1G 商用手机 DynaTAC；随后，加拿大、英国也陆续推出了本土的第一代移动通信网络。第一代移动通信网络的运营成本非常昂贵，由于技术限制，其覆盖范围及隐私安全性能一般，通信音质也较差。但即便如此，到 1990 年，1G 仍然成功吸引了全球 2000 万名用户，并显示出巨大的市场潜力。

继 1G 在全球市场获得成功之后，1991 年，芬兰基于全球移动通信系统标准（GSM）推出第二代移动通信网络技术（2G），该技术相较于 1G 而言，技术上有了较大改进，并实现了通话可加密的功能，其下载速度及通话语音清晰度也相较 1G 而言有了大幅提升。与此同时，第二代移动通信技术也开创性地开发了短信（SMS）和彩信（MMS）功能及业务，彻底改变了人类的通信方式，也为后来 3G 技术的发展奠定了坚实的基础。

2001 年，日本最大的通信运营商 NTT DoCoMo 在日本推出第三代移动通信网络技术（3G），并为公众提供标准化的网络服务。第三代移动通信技术大幅提升了数据传输能力，其数据传输速度相较于第二代移动通信技术整整高出了四倍。在这种技术条件背景下，全球也开始出现一系列移动通信新兴业务及服务，如视频会议、IP 语音、流媒体等。同时，第三代移动通信技术也使手机使用国际漫游服务的实现成为可能，全球用户可以通过 3G 网络，在世界任何地方访问网络数据。此外，3G 时代的到来也推动了像 Huawei、Blackberry、iPhone 等一系列智能手机的问世，为推动手机行业的变革发展带来重要机遇。

2009 年，第四代移动通信网络（4G）在瑞典斯德哥尔摩和挪威奥斯陆进行商业部署，随后，该技术标准在世界范围内迅速推广。4G 凭借其快速的数据传输速度，使全球用户享受到了高质量的流媒体服务，例如高分辨率网络游戏、手机高清视频应用等，都得益于第四代移动通信技术的创新和支持。虽然以往从 2G 过渡到 3G，只需要简单地更换 SIM 卡即可，但从 3G 升级到 4G，用户需要重新购买选用新一代的移动电话设备，这也间接促进了智能手机行业的发展。

在 4G 之后，第五代信息通信技术也随之到来，人类社会正式进入 5G 时代。总体而言，移动通信网络技术的发展是一个迭代升级的过程，上一代技术的积累为下一代技术的升级和发展带来重要的理论、经验和技术。

第五代移动通信技术作为新一代移动通信技术，代表了全球数字化背景下新一代的无线网络基础架构，并将为通信和数据交换带来许多变化。总体而言，第五代移动通信技术具备高速传输的特点。据统计，相较于以往的第一至第四代移动通信技术，5G 的延时时间得到大幅改善，数据传输速度更是比 4G 技术提升约十倍，在第五代移动通信技术的加持下，数字基础设施设备之间的通信技术的连接时间能够缩短至 1 毫秒。此外，第五代移动通信技术的连接密度，即每平方千米可支持设备连接及运转的数量大约为 100 万台，而 4G 仅为 2000 台。这种数字技术的迭代式变化为产业数字化发展带来了重大机遇。

3.6.3　5G 技术的应用

依托 5G 技术，无论是旅游商业企业，还是公共部门，都能够实现运营管理能力的有效提升。5G 为带动其他数字技术互联互通及促进旅游产业可持续发展创造重要基础。本节通过对旅游产业 5G 技术应用及发展情况的考察，总结了第五代移动通信技术在旅游产业中主要的应用场景。

1. 交通运输系统优化

第五代移动通信技术极大提升了交通运输领域的管理效率。由于 5G 技术具备低延时误差及高速率传输的特点，许多大型机场及火车站借助该技术改善了无线网络连接速率。一方面，它使飞机或高铁列车信号传输速度及后台综合控制部门信息处理效率大幅改善，有效提升了交通运输工具出行的安全性及危机应急能力；另一方面，在 5G 技术的加持下，在航站楼或高铁站等候的旅客使用移动数字设备处理信息的速度将会变得更加流畅，进一步提升了消费者体验及满意度。此外，第五代移动通信技术与自动驾驶汽车领域息息相关，在 5G 技术的配合下，自动驾驶系统软硬件设施设备的运行将变得更加流畅，"5G＋无人驾驶技术"使该领域变得更加智能和安全，人类将真正从传统驾驶方式中解放出来，并重构当下交通运输行业未来发展方向，为旅游者出行带来极大便利。

2. 企业综合管理水平提高

第五代移动通信技术的创新应用为旅游企业运营管理的改善提供了技术基础。在全球数字化浪潮中，旅游产业数字化转型发展已经成为大势所趋，近年来，越来越多的酒店、景区、机场、高铁站、博物馆等与旅游业息息相关的商业实体依托数字技术优化业务流程，提升企业竞争力及综合治理能力。Helsinki 是世界第一个 5G 智慧机场，其运营商 Finavia 公司与芬兰电信公司 Telia 合作推出了一款名为 Tellu 的客户代理服务机器人。Tellu 不仅能够指引乘客找到前往候机室搭乘飞机的路线，并能获取有关航班的实时信息，它的机载摄像头还会将机场安保情况传送给机场后台管理人员，协助其对机场安全进行有效监管。在这一环节中，5G 技术扮演着重要角色，它提供了高速率、低延时的网络链接条件，辅助各类数字设施设备实现高质量互联互通。

3.企业的核心竞争能力增强

现在，不断增长的市场需求也为酒店业的宽带网络链接及安全带来压力，高质量、低延时的网络已经成为酒店业重要的竞争优势之一。同时，为迎合在数字经济背景下行业数字化转型发展的要求，许多景区或酒店都布置了大量的数字基础设施设备，如客服机器人、智慧停车系统、一网统管平台等，而这对网络链接的质量要求非常高，第五代移动通信技术的出现则为解决这一问题提供了技术基础。例如，伦敦 Premier Inn Hub 品牌智能酒店利用 5G 及其他数字技术为酒店打造综合管理控制平台，旅客仅需要通过酒店开发的应用程序，即可实现对房间内部设施设备的远程控制。

总体而言，我们探讨第五代移动通信技术在旅游业中的应用，不能只分析 5G 在该行业内扮演的角色，还应采用系统思维，将其与其他数字技术结合，在综合使用基础上看待 5G 发挥的价值。5G 看似只解决网络链接质量及信息流量传播速率的问题，但是"5G + 数字技术"所具备的潜在价值远比单纯利用 5G 技术改善各类经营管理活动所带来的价值要高得多。例如，俄罗斯圣彼得堡的冬宫博物馆基于"5G + 人工智能技术"，利用机器人手臂高精度修复艺术品；又如，当下全球许多旅游景区为游客提供 VR/AR 游览服务，也是在 5G 技术的支持下才能发挥"1 + 1 > 2"的实际价值。

3.7　增强现实

增强现实（augmented reality，AR）是一项将数字信息（如文本、图形、音频、视频等）通过现代信息设施设备（如智能手机、平板电脑、耳机、智能眼镜等）在真实世界中生产感知信息，提升人类在现实环境中交互式感官体验的技术。增强现实技术近年来被广泛应用于各个领域，从工业生产、商业营销、医疗服务，再到公共部门及城市管理等。例如，近年来京东集团、亚马逊公司等世界知名互联网企业对增强现实技术应用进行提前布局，在购物场所中应用增强现实技术来提升消费者购物体验，商店通过该技术能够让消费者直观地看到不同商品在不同环境中所展示的外观，消费者只需要将智能手机摄像头对准某个场景，相关产品就会出现在该场景当中。在工业制造场景中，增强现实技术同样发挥着至关重要的作用。在工厂生产车间的员工只需要将平板电脑或手机等带有摄像头的智能设备对准工业生产产品或机器，显示屏上即可自动生成对应该产品或机器各个部分的数字化信息。

1. 增强现实技术的特征

早期的增强现实技术主要用于将计算机生成的图像及文字等信息，通过数字设备叠加在用户对现实世界的视图上，并将数字信息与用户所处的现实环境进行实时整合。后来，随着该技术的创新与发展，其数字信息承载范围逐渐扩大，现在的增强现实技术已经能够实现将音频、视频等更为复杂的数字化信息叠加到人类现实环境当中，进一步增强使用者立体式、交互式的感官体验。

增强现实是一种将虚拟数字信息与真实世界巧妙融合的技术，但现实中，人们往往混淆增强现实技术与虚拟现实技术的概念，认为增强现实技术就是虚拟现实技术，或者误以为增强现实技术只是虚拟现实技术中的某个环节。然而，事实上增强现实技术与虚拟现实技术无论是从技术展现形式来看，还是从应用场景角度来看，都有着本质的区别。虚拟现实是通过建立一种完全虚拟的环境，让使用者脱离现实，完全沉浸于虚拟世界中的一种数字技术，它侧重于为用户提供置身于虚拟场景中的沉浸式体验。增强现实技术则是建立在现实世界当中，通过数字设施设备，将虚拟信息叠加到现实物理世界，以增强使用者的感官体验。虚拟现实技术与增强现实技术的本质区别在于，前者侧重虚拟环境，后者针对现实世界。在数字经济时代背景下，增强现实技术和虚拟现实技术与传统产业相结合，并在很多应用场景中被混合使用，为用户提供了一种全新的体验，创造出了巨大的商业价值。

2. 增强现实技术的发展

增强现实技术的出现始于 1968 年，美国计算机科学家及互联网先驱 Ivan Sutherland 发明了头戴式显示器，用于进入计算机系统打造的虚拟世界。该设备在发明之初非常沉重，它需要悬挂在房屋天花板上以支撑其重量，同时该设备的应用必须将用户固定在设备上。基于多种原因，这项技术在当时实质上无法大规模使用，但它是增强现实技术领域研究的开端，表明了科学家们对该技术的追求与探索。1974 年，康涅狄格大学计算机研究员 Myron Kruger 创建了一个名为"Videoplace"的实验室，该实验室专注于人工现实技术的研发，并于 1975 年开发了世界第一款计算机虚拟现实界面，用户与用户之间可以通过该界面实时操控虚拟对象，并进行交流互动。1980 年，Steve Mann 开发出一款能够在用户面前显示出虚拟信息的头盔，名为 EyeTap，这是全球第一款具有增强现实功能的可穿戴式 AR 设备。1990 年，来自波音公司的研究员 Thomas P. Caudell 正式向外界公布及介绍"增强现实"这一概念。

1992 年，美国空军阿姆斯特朗研究实验室成员 Louis Rosenburg 成功开发出世界第一台增强现实系统"Virtual Fixtures"，它实现了将感官数据和数据信息叠加到工作场所空间，以此提高人类的生产能力。1994 年，作家兼制片人 Julie Martin 首次将增强现实技术带入娱乐产业,并在她的作品《在网络空间中跳舞》中应用该技术,给观众带来震撼体验。1999 年,美国国家航空航天局(NASA)在其研发的 X-38 航天器中创建了一套混合合成视觉系统,该系统利用 AR 机制覆盖地图数据,通过增强现实技术改善航天器飞行测试期间的视觉导航效果,航天器起飞时的数据可以直接显示在飞行员操作中控台的屏幕上,提升飞行员操作体验。进入 21 世纪,增强现实技术迎来快速发展的新阶段,并被逐渐应用到商业领域,也展现出了极大的商业价值。

3. 增强现实技术的应用

2000 年,Hirokazu Kato 开发了一款名为 ARToolKit 的开源软件包,该软件包给其他开发增强现实应用程序的研究员提供了重要帮助,它能够实现将虚拟图形叠加在现实世界之中。2013 年,谷歌公司发布了基于增强现实技术的谷歌眼镜,这是第一款大规模上市的 AR 产品,也让人类能够切实体验和使用增强现实这项技术。同年,大众汽车公司推出基于增强现实技术的 MARTA 应用程序,将增强现实技术应用于汽车维修领域,汽车修理技术人员通过观看利用增强现实技术制作的汽车维修指导说明视频,提升汽车维修知识学习及工作实践效率。2016 年,微软公司发售名为 HoloLens 的 AR 可穿戴设备,并融合了最新的 AR 技术,体验感比谷歌公司的 AR 眼镜更强。2017 年,宜家公司发布了名为 IKEA Place 的增强现实应用程序,将 AR 技术正式引进销售场景,彻底改变了零售业。进入 21 世纪第二个 10 年,增强现实技术在各类工业及商业领域的应用范围不断扩大,如当下热门的自媒体、社交媒体、电子商务等领域,都或多或少涉及增强现实技术的应用。在未来,随着数字技术的进一步发展,增强现实技术将具备更广阔的发展空间。

在旅游产业中,增强现实技术对游客体验感有着重要影响,特别是对千禧年出生的且对新技术非常敏感的年轻消费群体而言,增强现实技术提升了该部分人群的旅游体验感。我们对增强现实技术在旅游产业中的应用情况进行了调查,了解到该技术在旅游业中的应用及发挥的作用主要体现在增强旅游目的地、酒店的互动体验感方面。

迄今为止,增强现实技术在旅游业中最常见的用途是在旅游目的地或酒店中引入更多的互动元素,并以此为基础提升旅游者整体消费体验。在该技术影响下,旅游者能以一种更直观和立体的方式了解具体信息。例如,英国度假酒店 Premier Inn 旗下品牌 The Hub Hotel 的房间挂图壁画就使用了增强现实技术,旅游者入住房间之后,可以使用智能手机或平板电脑,将摄像头对准挂图壁画,查看当地名胜古迹的具体信息。与此同时,客户也可以将他们的手机摄像头对准餐厅某位置,屏幕上就会即刻显示菜品评论或菜单,有效提升了游客旅游体验。此外,游客在深入景区游览过程中,将手机摄像头对准某一景点,手机显示屏将即刻显示该景点具体信息,帮助游客更好地了解所游览景区的特色文化。

3.8　物联网

物联网（internet of things，IoT）的概念是建立在互联网概念基础上的，它是指将现代数字设施设备与技术连接起来的网络。简单地说，物联网就是利用互联网等数字技术在现实世界中实现物与物之间的连接，并实现数据资源共享的技术。近年来，信息传感器、射频识别技术、全球定位系统及红外感应器等多种数字技术的快速发展，以及从 20 世纪 90 年代开始的互联网在全球范围内的普及，为物联网的发展奠定了坚实的技术基础。从本质上讲，根据物联网技术的思维，小到家用电器，大到航天飞机，任何设施设备都可以构成物联网中的一部分，并通过数字技术将不同的设备连接起来。通过物联网控制程序，可以将不同设施设备的控制权整合到一个系统当中，使原本单独运行的机器设备变得更加灵活智能。物联网实现了数据共享及互联互通，为应用企业在管理设施设备方面提供便利的同时，大幅提升了工作效率。

物联网技术在当前以数字化为发展方向的时代背景下具有广泛的应用前景。例如，近年来，社会上比较热门的智能家居行业，就是物联网技术与传统行业相结合的典型代表，用户可以通过其智能手机控制物联网平台，实现对家庭中各种电子设备及智能家居的远程控制。又如，智慧交通领域，政府公共交通管理部门将物联网技术嵌入城市交通管理信息系统当中，将交通管理领域各个环节（如交通信号灯系统管理、智能停车、电子收费、车辆控制等）串联起来，实现后台智能一体化统一管理，在提升城市交通综合治理效率的同时，大幅降低运营成本。

1. 物联网生态系统的形成

随着世界数字化进程的加快，企业运营的物联网生态系统逐渐形成。像华为、Apple、Google、Microsoft、Facebook、Amazon 等一些全球知名 IT 企业为了在未来数字化商业竞争中获得竞争优势及构筑战略性商业防御体系，都在加强物联网技术设施设备的研发布局，并在物联网生态系统中创建并维护自身的价值标准体系。消费者一旦加入某一企业的生态系统并成为其平台用户的一员，随即就有很大概率成为该企业旗下产品的忠实拥护者和购买者。该部分用户可以通过特定企业内部物联网生态系统管理平台，对特定企业生产的数字化产品进行一体化统一管理和控制，并且在生态系统内实现数据共享及设施设备互联互通。

物联网与互联网在本质上存在较大区别。一方面，这两种技术面向的对象群体不同，互联网的目标对象是人，使用者通过互联网实现数字信息资源的有效获取，或人与人之间通过互联网实现通信联结，而物联网面向的是人和物，主要解决人与物体之间或物体与物体之间的互联互通问题。另一方面，二者起源的技术基础不同，互联网的诞生是基于计算机技术等现代信息通信技术的发展，而物联网出现的技术基础不仅限于计算机技术，还基于人工智能、云计算等新一代数字技术的发展。但是在数字化时代，二者在现实应用场景中经常联系在一起，物联网的使用往往离不开互联网提供的技术支持。

物联网技术正式问世的时间并不长，世界上第一台物联网设备是20世纪80年代初在卡内基梅隆大学发明的。该学校的学生在校内可口可乐自动售货机里安装微型开关及引进早期互联网技术，通过远程网络控制查看售卖机冷藏温度及可乐罐数量等情况。1989年，英国计算机科学家Tim Berners-Lee在欧洲核子研究中心工作期间发明了万维网，该技术为后来物联网系统的运行提供了信息连接技术支持。1990年，John Romkey基于物联网思维创造了一台能够通过互联网开启或关闭的面包烘烤机，并且在1991年通过对该机器的改造升级，使机器中面包烘烤的过程实现全程自动化。1993年，剑桥大学的科学家们提出了一个想法，研发世界上第一个网络摄像头Trojan Room Coffee Pot，将它安装在计算机实验室中，用于监控咖啡壶中咖啡的剩余量。他们将网络摄像头通过计算机编程系统设定每分钟拍3次咖啡壶内部的照片，然后由摄像头通过互联网自动将照片传送回本地计算机，以便实验室每个人都能够查看壶中咖啡的剩余量。

上述均为早期全球学者关于物物连接的实验，对物联网一词并没有形成一套系统化的技术理论观点。1999年，Auto-ID实验室的创始人Kevin Ashton创造性地提出了"物联网"概念，并将物联网描述为借助RFID标签连接多个设备以进行供应链管理的技术。这一年被许多学者认为是物联网技术发展历史上最为关键的一年。进入21世纪，"物联网"一词被全球多家媒体广泛报道，社会公众对物联网技术领域的研究兴趣越来越高。2005年，Violet公司开发了一款名为Nabaztag且外形像兔子的机器人，它能够提醒主人天气情况及股市情况等社会最新消息。2008—2009年，根据思科公司的统计，在这一时期，全球机器联网的数量超过地球人类数量的总和，截至2021年，全球联网设备数量约达215亿台，几乎是地球总人口数量的3倍。

自2010年起，物联网技术逐渐嵌入其他数字技术设施设备发展领域，并出现在多种数字化应用场景当中。设备互联在人类日常生活中变得越来越普遍，华为、苹果、小米、三星、谷歌、思科和通用汽车等全球科技巨头正将精力集中在物联网设备生产研发及生态系统构建当中。如今，物联网技术已进入各个领域，如我们熟知的自动驾驶与车联网、智慧城市、智能家居、智慧交通等。毫无疑问，物联网的快速发展正从根本上改变我们生活的世界，并对数字经济背景下各行业的发展产生重要影响。

2. 物联网应用的前景

作为数字化时代背景下极具应用潜力的数字技术，物联网为现实世界实现万物互联构筑了技术基础。同时，全球旅游产业数字化转型的趋势为物联网技术提供了广阔的应用场景。物联网技术与旅游产业的深度融合进一步提升了传统旅游业的数字化水平，为旅游者提供更多个性化、自动化、现代化的高效率服务体验。物联网技术为打通旅游服务设施设备的连接壁垒提供技术支持，其平台基础程序基于对各类设施设备数据的整合，以及旅游者实际服务需求的分析，可以高效匹配旅游服务资源，降低能源消耗成本，提升游客对旅游活动过程的管理效率。根据目前关于物联网与旅游产业融合发展现状的分析研究，物联网技术可以广泛应用于旅游业当中，并对各类旅游场景带来重要影响。

迄今为止，物联网技术在旅游业中最广泛的应用之一是旅游者对旅游景区、酒店等设施设备可以实施一体化综合控制。旅游者在到达旅游景区或酒店的时候，通过使用计算机或手机下载当地旅游服务供应商提供的旅游物联网平台基础设施控制应用程序，实现对旅游目的地设施设备一体化控制。以应用物联网技术的酒店为例，游客在入住酒店的时候，仅需使用手机下载酒店提供的物联网平台控制程序，即可获取预订房间的电子钥匙卡，并对房间内部的电视、灯光照明亮度、空调设备、自动窗帘、沐浴水温等实现统一控制，以此满足游客自身的个性化需求。此外，酒店内部支持物联网技术的配套传感器可以根据游客使用设施设备以及酒店日常经营过程中所产生的数据，综合分析及感知酒店各类设施的具体使用情况及运行效率，并对设施设备进行自动化管理。

物联网技术在旅游业中的广泛应用还体现在对旅游企业实体的货物供应管理问题上。旅游景区、餐厅、酒店等企业机构在物联网技术的支持下，能够通过传感器实现对其所销售产品的供应链的有效监管，确保产品生产、包装、运输、销售等各个环节都符合相关标准。与此同时，物联网技术的应用也提升了旅游景区、酒店的精细化管理水平，通过为景区或酒店内部各类设施及生产工具粘贴 RIDF 标签，实现对各类资产采购、领用、归还、维修、报废、盘点、查找等的全周期可视化管控，大幅提升了资产利用率。此外，物联网技术在旅游交通领域也扮演着重要角色，航空公司利用物联网技术，在乘客托运行李箱上粘贴 RIDF 标签，方便实现对行李的快速定位及实时追踪，防止游客行李丢失。铁路公司在其高铁列车的各类重要零部件安装物联网传感器，可以对零部件的运行及工作情况进行有效监测，一旦列车发生故障，就能够快速识别引起列车故障发生的具体零部件，并对其进行维护和检修。

关键词汇

人工智能 专家系统 机器学习 机器人学 自然语言理解
机器视觉 语言识别 区块链 云计算 大数据 虚拟现实
5G 增强现实 物联网

思考题

1. 什么是人工智能？人工智能的类型有哪些？
2. 区块链技术的主要特征是什么？讨论区块链技术在旅游业中的应用前景。
3. 什么是云计算？如何理解云计算的主要特征？
4. 虚拟现实和增强现实的区别有哪些？
5. 讨论第五代信息技术的形成及应用价值。
6. 什么是物联网？物联网的应用前景如何？

参考文献

[1] Gregory, M.. Digital Economy Focus[J]. Journal of Telecommunications and the Digital Economy, 2018, 6(3): ii-iv.

[2] Geada, N. Change Management in the Digital Economy[J]. International Journal of Innovation in the Digital Economy, 2020, 11(3): 37-51.

[3] Finland Government. Finnish AI Competences and how to make them stronger[C]. 2019, 3.

[4] Poole, David; Mackworth, Alan. Artificial Intelligence: Foundations of Computational Agents[M]. 2nd. Cambridge University Press.2017.

[5] OECD. Artificial intelligence in society[C]. Paris: OECD Publishing.2019.

[6] Crevier, Daniel. AI: The Tumultuous Search for Artificial Intelligence[M]. New York: 1993.

[7] Berlinski, David. The Advent of the Algorithm[M]. Harcourt Books.2000.

[8] NRC (United States National Research Council). Developments in Artificial Intelligence[R]. 1999.

[9] Lighthill, James. Artificial Intelligence: A General Survey[R]. 1973.

[10] Expert Systems. Expert systems[J]. 2006, 23(5): 370-371.

[11] Choice Reviews Online. Fundamentals of expert systems technology: principles and concepts[J]. 1991, 28(11).

[12] Dym, C. A practical guide to designing expert systems[J]. Artificial Intelligence, 1985, 25(2): 238-239.

[13] Samuel, Arthur. Some Studies in Machine Learning Using the Game of Checkers[J]. IBM Journal of Research and Development, 1959, 3(3): 210-229.

[14] Nilsson N. Learning Machines[M]. McGraw Hill, 1965.

[15] Mitchell, Tom Machine Learning[M]. New York: McGraw Hill, 1997.

[16] Jordan, M. Mitchell, T. Machine learning: Trends, perspectives, and prospects[J]. Science, 2015, 349(6245): 255-260.

[17] Ashrafian, H. Artificial Intelligence and Robot Responsibilities: Innovating Beyond Rights[J]. Science and Engineering Ethics, 2014, 21(2): 317-326.

[18] Ivan Margolius. The Robot of Prague[J]. Newsletter, The Friends of Czech Heritage, 2017, 8(17): 3-6.

[19] Semaan, P. Natural Language Generation: An Overview[J]. Journal of Computer Science & Research, 2012: 50-57.

[20] Pitrat, J. An artificial intelligence approach to understanding natural language[R]. London: North Oxford Academic Publ, 1988.

[21] Winograd, T.Understanding natural language[R]. San Diego: Academic Pr. 1987.

[22] Steger, Carsten, Markus Ulrich, Christian Wiedemann .Machine Vision Algorithms and Applications[M]. 2nd. Weinheim: Wiley-VCH, 2018.

[23] Hornberg, Alexander.Handbook of Machine Vision[M]. Wiley-VCH, 2006.

[24] Zhang, R. Kikui, G. Integration of speech recognition and machine translation: Speech recognition word lattice translation[J]. Speech Communication, 2006. 48(3-4): 321-334.

[25] Treiblmaier, Horst. Toward More Rigorous Blockchain Research: Recommendations for Writing Blockchain Case Studies[J]. Frontiers in Blockchain, 2019(2): 16.

[26] Werbach, Kevin. The Blockchain and the New Architecture of Trust. Cambridge, Massachusetts[M]. The Mit Press, 2018.

[27] Joseph Edward Todaro.Blockchain. Ann Arbor[M]. Cherry Lake Publishing, 2019.

[28] Reed, Jeff.Blockchain. Morrisville[R]. Nc, Lulu.com, 2016.

[29] Laurence, Tiana. Blockchain for Dummies[M]. Hoboken, Nj: John Wiley & Sons, Inc, 2019.

[30] Hill, Tom. Blockchain for Research: Review[J]. Learned Publishing, 2018, 31(4): 421-422.

[31] Wood, David. A Future History of International Blockchain Standards[J]. The Journal of the British Blockchain Association, 2018, 1(1), 2018: 1-10.

[32] Horst Treiblmaier, Roman Beck.Business Transformation through Blockchain[J]. Cham, Switzerland Palgrave Macmillan, 2019(1).

[33] Roth, Matthias, Michael Eitelwein. Funktionsweise Blockchain[J]. Digitale Welt, 2017, 2(1): 35-38.

[34] Dupont, Quinn. Blockchain Identities: Notational Technologies for Control and Management of Abstracted Entities[J]. Metaphilosophy, 2017, 48(5): 634-653.

[35] Ray, Partha Pratim. An Introduction to Dew Computing: Definition, Concept and Implications-IEEE Journals & Magazine[C]. IEEE Access. 2018(6): 723-737.

[36] Kim, Won. Cloud Computing: Today and Tomorrow.[J]. The Journal of Object Technology, 2019, 8(1): 65.

[37] Ruparelia, Nayan B. Cloud Computing[M]. London: The Mit Press, 2016.

[38] Rountree, Derrick, Ileana Castrillo. The Basics of Cloud Computing: Understanding the Fundamentals of Cloud Computing in Theory and Practice[M]. Amsterdam, Boston, Elsevier/Syngress, 2014.

[39] Wang, Lizhe, et al. Cloud Computing: A Perspective Study[J]. New Generation Computing, 2010, 28(2): 137-146.

[40] Abbasi, A., Sarker, S., Chiang, R.H.K. Big data research in information systems:

Toward an inclusive research agenda[J]. J. Assoc. Inform. Syst, 2016, 17(2): I-xxxii.

[41] Alshboul, Y., Wang, Y., Nepali, R.K. Big data lifecycle: threats and security model. In: Proceedings of the Twenty-First Americas Conference on Information Systems. Puerto Rico, 2015(8): 13-15.

[42] Bhimani, A. Exploring big data's strategic consequences[J]. J. Inform. Technol. 2015, 30(1): 66-69.

[43] Davis, C.K. Beyond data and analysis[J]. Commun. ACM. 2014, 57(6): 39-41.

[44] Watson Health Perspectives. The 5 V's of big data[A]. 2021.

[45] Fontichiaro, Kristin.Big Data[M]. Ann Arbor, Michigan, Cherry Lake Publishing, 2018.

[46] Ann Rudinow Saetnan, et al. The Politics and Policies of Big Data[R]. Big Data, Big Brother? Andover, Routledge Ltd, 2018.

[47] Bartella AK, Kamal M, Scholl I, Steegmann J, Ketelsen D, Holzle F, et al. Virtual reality in preoperative imaging in maxillofacial surgery: implementation of "the next level"[J]. Br J Oral Maxillofac Surg, 2019, 57(7): 644-648.

[48] Kim Y, Kim H, Kim YO. Virtual reality and augmented reality in plastic surgery: A review[J]. Arch Plast Surg, 2017,44(3): 179-187.

[49] Henneberg, Susan. Virtual Reality[M]. New York: Greenhaven Publishing, 2017.

[50] Huang T K, Yang H S, Hsieh Y H, Wang J C, Hung C C. Augmented reality (Ar) and virtual reality (VR) applied in dentistry[J]. Kaohusing J Med Scie, 2018, 34(2): 243-248.

[51] Medellin-Castillo H I, Govea-Valladares E H, Perez-Guerroro C N, Gil-Valladares J, Lim T, Richie J M. The evaluation on a novel haptic-enabled virtual reality approach for computer aidded cephalometry[J]. Comput Methods Prog Biomed, 2016(130): 46-53.

[52] Mura, Gianluca.Metaplasticity in Virtual Worlds: Aesthetics and Semantic Concepts[J]. Hershey, Pennsylvania: Information Science Reference, 2011.

[53] Challoner, Jack, et al. Virtual Reality[M]. New York: Dk Publishing, 2017.

[54] Palattella M R, Dohler M, Grieco A, Rizzo G, Torsner J, Engel T, et al. Internet of things in the 5G era: Enablers, architecture, and business models[C]. IEEE J Select Areas Commun Feb. 2016, 34(3): 510-527.

[55] Sunitha, Deepika.G.Krishnan, V. A. Dhanya. Overview of Fifth Generation Networking[J]. International Journal of Computer Trends and Technology (IJCTT), 2017, 43(1).

[56] Dragičević T, Siano P, Prabaharan SR. Future generation 5G wireless networks for smart grid: A comprehensive review[J]. Energies Jan, 2019, 12(11): 2140.

[57] Meese, James, Frith, Jordan, Wilken, Rowan. COVID-19, 5G conspiracies and infrastructural futures[J]. Media International Australia, 2020, 177(1): 30-46.

[58] X. Ge, S. Tu, G. Mao, C. X. Wang and T. Han 5G ultra-dense cellular networks[J]. arXiv preprint, arXiv:1512.03143, Dec. 2015: 1-14.

[59] Wang C X, Haider F, Gao X, et al. Cellular architecture and key technologies for

5G wireless communication networks[C]. IEEE Commun Mag Feb 2014, 52(2): 122-130.

[60] Rappaport TS, Shu S, Mayzus R, et al. Millimeter wave mobile communications for 5G cellular: It will work![C]. IEEE Access May 2013, 1: 335-349.

[61] Yilmaz O N, Wang Y P, Johansson N A, Brahmi N, Ashraf S A, Sachs J. Analysis of ultra-reliable and low-latency 5G communication for a factory automation use case[C]. IEEE Int. Conf. on Commun. Workshop, IEEE. 2015: 1190-1195.

[62] Y. Zhang, J. Zhao, D. Zheng, Efficient and privacy-aware power injection over AMI and smart grid slice in future 5G networks[J]. Mobile Information Systems, Hindawi, 2017:1-11.

[63] Angeliki Alexiou. 5G Wireless Technologies[R]. London, United Kingdom, The Institute Of Engineering And Technology, 2017.

[64] Martin, Brett S. Augmented Reality[M]. Chicago: Illinois, Norwood House Press, 2018.

[65] Huffington Post. The Lengthy History of Augmented Reality[A]. 2016.

[66] Carmigniani, Julie, Furht, Borko, Anisetti, Marco, Ceravolo, Paolo, Damiani, Ernesto, Ivkovic, Misa Augmented reality technologies, systems and applications[J]. Multimedia Tools and Applications, 2011, 51(1): 341-377.

[67] Benko, H.; Ishak, E.W.; Feiner, S. Collaborative Mixed Reality Visualization of an Archaeological Excavation[C]. Third IEEE and ACM International Symposium on Mixed and Augmented Reality, 2004: 132-140.

[68] Ling, Haibin. Augmented Reality in Reality[C]. IEEE MultiMedia, 2017, 24(3): 10-15.

[69] Greengard, Samuel. The Internet of Things[M]. Cambridge, MA: MIT Press, 2015.

[70] I. Lee, K. Lee. The Internet of Things (IoT): Applications, investments and challenges for enterprises[J]. Bus. Horiz, 2015, 58(4):431-440.

[71] O. Mazhelis, E. Luoma, H. Warma. Defifining an Internet-of-Things ecosystem, in: S. Andreev, S. Balandin, Y. Koucheryavy (Eds.), Internet of Things[J]. Smart Spaces, and Next Generation Networking. ruSMART 2012, NEW2AN 2012, Springer, Berlin, Heidelberg, 2012 Lecture Notes in Computer Science, Vol 7469.

[72] Vargas, D.C.Y., Salvador, C.E.P. Smart IoT gateway for heterogeneous devices interoperability[C]. IEEE Lat. Am. Trans, 2016(14): 3900-3906.

[73] Jussi Karlgren, Lennart Fahl é n, Anders Wallberg, Pär Hansson, Olov Ståhl, Jonas Söderberg, Karl-Petter Åkesson. Socially Intelligent Interfaces for Increased Energy Awareness in the Home. The Internet of Things[J]. Lecture Notes in Computer Science. Springer, 2008, 4952: 263-275.

[74] Jacobides, M. G., Cennamo, C., Gawer, A. Towards a Theory of Ecosystems[J]. Strategic Management Journal. 2018, 39(8): 2255-2276.

[75] Bröring, A., Schmid, S., Schindhelm, C.-K., Khelil, A., Käbisch, S., Kramer, D., Le Phuoc, D., Mitic, J., Anicic, D., Teniente, E. Enabling IoT ecosystems through platform interoperability[C]. IEEE Softw. 2017(34): 54-61.

[76] M. Papert, A. Pflflaum, Development of an ecosystem model for the realization of

Internet of Things (IoT) services in supply chain management[J]. Electron. Mark, 2017, 27(2): 175-189.

[77] A. Botta, W. de Donato, V. Persico, A. Pescapé. Integration of cloud computing and Internet of Things: A survey, Future Gener[J]. Comput. Syst, 2016(56): 684-700.

第 4 章　数字旅游转型基础

Chapter 4　Transformation foundation of digital tourism

学习目标

- 掌握产业数字化和数字化转型的概念
- 通晓旅游产业数字化转型的重要性
- 理解数字化转型的动力机制
- 理解数字化转型的价值逻辑与路径
- 通晓旅游产业数字化转型利益相关者的基本范畴

数字化转型或产业数字化转型是近年来数字经济背景下备受关注的理论与实践问题。数字产业与产业数字化是数字经济发展的两个方面，也是不同的阶段，前者是基础，后者是目的。在实践中，产业数字化转型既是数字经济发展的内在要求，也是在数字技术创新应用条件下，一个国家产业实现高质量创新发展的战略方向。在过去几年间，产业数字化转型，包括旅游产业的数字化转型，正在从根本上改变社会经济发展布局及产业的发展模式，并为我国产业发展在传统线下商业模式的基础上创造出新的发展机遇和价值。近年来，学术研究领域对产业数字化转型问题有广泛的讨论，讨论内容及方向主要围绕转型的重要性、路径和策略，当然，也必然涉及产业数字化转型的一些基本理论问题。这些都是数字旅游学的重要理论基础。

4.1　产业数字化的意义

当前，产业数字化在数字经济发展中占据重要地位，它是在数字产业建设基础上，国家产业创新发展的重要组成部分。近年来，社会上广为人知的新兴产业，如共享汽车、数字支付、智能制造、工业互联网等诸多发展领域，都是产业数字化的直接结果。"数字化"最早是计算机学科的概念，是指将信息从物理格式转换成数字格式的过程。通俗地讲，数字化就是将外界接收的信息，通过现代信息通信技术设施设备转换成数字或数据（如计算机显示的图像、声音、文档及模拟信号等），以供计算机系统分析及应用。例如，我们将手写的笔记输入 Word 文档里面，变成计算机储存的数据，那么这个过程就是数字化。

产业数字化是传统产业通过应用数字技术，对其产业链各环节及要素实行数字化转型、升级、业务流程再造的过程，其目的是促进产业优化升级，提高经济发展质量及发展效率。随着数字技术的不断创新及政府或企业数字治理能力的不断成熟，产业数字化将在数字经济发展中发挥更大的作用和价值。近年来，数字技术的创新突破及数字经济的快速发展给产业数字化带来了前所未有的机遇。以中国为例，2016—2020 年，中国产业数字化发展规模不断扩大，根据数据资料统计显示，从全国范围看，2020 年中国产业数字化规模达 31.7 万亿元，占 GDP 比重为 31.2%，同比增长 10.3%，占全国数字经济比重为 80.9%。与此同时，数字经济在中国三大产业中的渗透率逐年上升，2020 年我国农业、工业、服务业的数字经济渗透率分别为 40.7%、21.0%、8.9%，产业数字化转型速度加快。

从地区发展角度看，近年来，产业数字化是中国地方政府大力促进数字经济发展的主要战略方向。全国各地都积极通过政策驱动，引导不同产业朝数字化方向转型，激发产业数字化的创新活力，从而带动地区数字经济发展。从中国主要经济发达地区产业数字化规模总量来看，广东省产业数字化发展情况领先全国其他地区，产业数字化产值规模达 3.5 万亿元。江苏、山东、浙江等地产业数字化规模超过 2 万亿元。此外，从产业数字化在地方 GDP 构成比例的角度观察，上海产业数字化发展情况领先全国其他地区，占地方 GDP 比重的 45.1%，而福建、浙江、天津、北京、山东、湖北、辽宁、重庆、广东、河北等地区产业数字化产值规模占当地 GDP 总量均超过 30%，其余省市的产业数字化产值规模在地方 GDP 中的份额均维持在 20%～30%，如图 4-1、图 4-2 和图 4-3 所示。

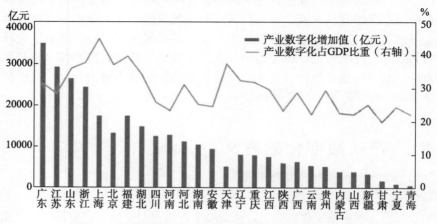

图 4-1　中国部分省市产业数字化增加值及占 GDP 比重
资料来源：中国信息通信研究院

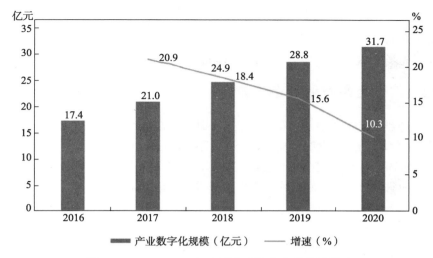

图 4-2　2016—2020 年中国产业数字化规模及增速

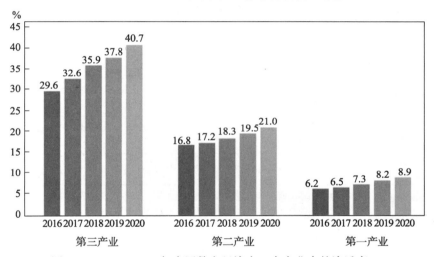

图 4-3　2016—2020 年中国数字经济在三大产业中的渗透率

　　我们可以看出，中国产业数字化正成为国家大力发展数字经济，以数字技术创新赋能产业迭代升级的重要战略。因此，通过产业数字化转型，大力促进产业数字化，对国家数字经济发展战略的实施，促进传统产业结构升级与高质量发展具有重要意义。

4.2　旅游产业数字化转型概述

　　数字经济时代产业数字化转型的主要目标是如何运用数字技术解决产业或企业的发展问题，即产业数字化。回顾以往的研究我们发现，国内外产业数字化转型问题更多的是从工业生产或商业发展的角度去思考的。工业生产的思考方向主要是数字化设施设备创新研发的技术路径，以及利用数字技术解决产业链各环节生产效率问题；而商业发展的思考方向主要集中在如何通过数字化转型促进企业商业模式及管理模式的创新。为此，我们先来看看什么是产业数字化转型。

4.2.1 什么是产业数字化转型

产业数字化转型是指在数字经济条件下，在数字产业建设的基础上，数字技术赋能产业发展形成的新业态。不同的研究视角给予产业数字化转型以不同的含义，在理论上也颇多争议。目前国内外学者涉及数字化转型概念的研究对数字化转型的定义有不同表述，如表 4-1 所示。

表 4-1 国内外部分学者对数字化转型的定义的不同表述

来源	定义
Westerman 等(2011)	数字化转型是指企业利用数字技术从根本上提高企业的绩效和影响力
Fitzgerald 等(2014)	数字化转型是企业使用新兴数字技术（如社交媒体、移动设备、分析或嵌入式设备）改进业务流程、增强客户体验、优化企业运营流程或创建新的商业模式的过程
Matt 等(2015)	数字化转型战略是企业未来发展的蓝图，其在数字技术集成创新基础上支持企业的运营管理
Piccinini 等(2015)	数字化转型涉及利用数字技术实现重大业务改进，如增强客户体验或创建新的商业模式等
Bekkhus (2016)	数字化转型是利用数字技术从根本上提高公司业绩
Berghaus 和 Back (2016)	数字化转型既包括以注重效率提升为目的的企业生产流程数字化，也包括基于增强现有实物产品数字性能的数字化技术的创新
Demirkan 等(2016)	数字化转型是企业充分利用数字技术发展带来的机遇，对商业运营的活动、流程、能力和模式加速转型升级，并以此作为企业的优先发展战略
Haffke 等(2016)	数字化转型包括企业销售和沟通渠道的数字化，它提供了与客户参与互动的新方式，还提供了数字化的产品和服务
Hess 等(2016)	数字化转型指数字技术给公司的商业模式带来的变革，用数字技术引导产品生产流程或组织结构管理朝自动化方向发展
Nwankpa 和 Roumani(2016)	数字化转型是指企业在数字技术的基础上实现变革，通过利用大数据、云平台、移动社交媒体转变组织管理方式，促进业务流程优化和价值创造
Chanias (2017)	数字化转型是扩展高级别现代信息通信技术的使用范围，如大数据分析、移动计算、社交媒体或智能嵌入式设备等，并通过改进传统技术的使用方式，如企业资源规划系统（ERP），以实现企业业务流程升级
Clohessy 等(2017)	数字化转型指的是利用数字技术给企业的商业模式带来变化
Heilig 等(2017)	数字化转型是利用新的信息通信技术或信息系统解决方案来推动组织变革
Li 等(2017)	数字化转型是指企业利用信息通信技术对组织日常事务的管理

续表

来源	定义
Legner 等 (2017)	数字化转型是依托现代信息技术执行自动化任务的一种手段
Morakanyane 等(2017)	数字化转型是指利用数字技术能力，在商业模式、运营流程和客户体验中创造价值
Paavola 等 (2017)	数字化转型是指企业使用新的数字技术，以实现其运营和市场方面的重大业务改进，如增强客户体验、简化运营流程或创建新的商业模式
Remane 等 (2017)	数字化转型是指企业利用云计算、移动通信等数字技术转变现有业务经营模式，或创建新的商业模式
Ebert 和 Duarte (2018)	数字化转型是关于企业采用颠覆性技术来提高生产率、价值创造能力和社会福利
陈劲等(2019)	数字化转型是企业开发数字化技术及支持能力以新建一个富有活力的数字化商业模式
Gregory Vial(2019)	数字化转型是一个通过对信息、计算、通信和连接技术的整合来触发重大变化以改善实体经济的过程
Wren 和 Hannah (2020)	数字化转型是指企业应用数字技术，以实现提高运营效率、创造企业价值及促进创新发展的经营目标

纵观学者们对数字化转型含义的表述，我们可以看到数字化转型主要涉及以下三个基本问题：一是企业实施数字化转型的目的；二是企业对数字技术的应用；三是数字技术对企业价值链各个环节带来的影响。这三个问题反映了不同学者对数字化转型概念所持有的共同观点。本书结合上述学者对数字化转型概念的解读，在社会经济发展对产业数字化转型赋予了更为丰富内涵的情况下，提出产业数字化转型的定义，即**产业数字化转型**是将新一代数字技术嵌入传统产业价值链各个环节，重构其商业模式与管理模式的过程，其目的是提高生产效率、降低运营成本、激发创新活力和实现价值创造。

4.2.2　产业数字化转型的主要特征

当前，全球已经进入工业 4.0 时代，以现代信息通信技术促进产业变革及构筑未来智能化的世界，成为经济社会发展的重要方向。随着新一轮科技革命及产业变革的加速演进，在全球数字技术创新应用引领下，产业数字化作为各行业与未来世界发展接轨的重要战略，产业数字化转型正逐渐成为一个国家和地区未来发展的新基石，其主要特征如下。

1. 数字技术应用是数字化转型的核心要素

数字技术的创新应用为产业数字化转型提供了重要的技术基础。从根本上讲，产业数字化转型得益于数字技术领域的发展突破，因此，数字技术是数字化转型的基础。从 20 世纪 40 年代现代信息技术的初步诞生，到

20世纪90年代互联网的出现，再到21世纪前20年以大数据、人工智能、物联网、云计算、区块链等为代表的高端数字技术的出现，不同的数字技术创新发展，使产业数字化转型的实现成为可能。

数字技术在数字化转型过程中就好比一系列生产工具，通过在各类应用场景对不同工具的使用，能够使不同行业成功实现数字化转型的目标。简单来说，数字化转型就是不同的产业利用数字技术来达到其产业发展的目的。例如，在汽车生产领域，通过在传统汽车制造过程中加入人工智能芯片、激光雷达、影像分析等新兴技术，自动驾驶汽车近年来已走进大众眼帘，并成为众多新生代青年的购车首选。又如，在公共管理领域，政府部门利用基于人工智能、区块链、大数据等数字技术的应用建立电子政务服务平台，在为公民提供便捷服务的同时，也提高了政府的社会管理效率。尽管不同领域数字化转型的目标不同，但数字技术的应用是它们实施数字化转型的共同的基本前提。

2. 数字资产是产业数字化转型的价值源泉

数字资产是数字化转型又一项不可或缺的要素，它是产业数字化转型过程中价值创造的重要源泉。如果将数字技术比喻为生产工具，那么数字资产就是实现数字化转型最重要的生产资料。数字资产是指企业或个人拥有的，以数字格式存储的电子数据，包括文本、音频、视频、图像等。在数字经济时代，电子数据被誉为是继劳动力、土地、技术、资本之后的第五大生产要素，其在产业数字化转型以及构建行业竞争优势中发挥着重要作用。而以数据驱动为中心的产业链转型升级及价值创造是数字化发展的重要特点之一。

我国许多行业将数字资产作为其获取竞争优势的核心要素，并通过对不同类型数据资产的挖掘、整合、共享及创新性应用，来实现产业链各环节的数字化目标。以旅游和酒店业为例，基于数据驱动的新型客户关系管理正成为许多企业了解消费者心理和行为、提升顾客满意度及发掘潜在消费群体的重要经营战略之一。在线上购物中，以数字驱动实现产品或服务个性化推送，从而达到精准营销的销售策略，为企业收获了更多的市场份额。总体而言，数字化转型的过程不仅是利用数字技术改善产业传统生产结构，还强调在转型过程中通过充分应用和积累数字资产促进价值目标创造的实现。

3. 产业数字化转型是一项长期的系统性工程

对于大多数传统行业而言，数字化转型面临来自诸多方面的挑战，它是一个探索性的过程。

第一，数字化转型没有约定俗成的模板，不同产业和不同企业都需要依据其所面临的不同内外因素及环境，在审视自身所掌握资源要素的基础上去探索具体的数字化转型方法、路径及策略。同时，数字化转型还需要根据社会经济发展变化不断调整转型策略，以适应社会经济发展需求。这是一个动态的不断调整的过程。

第二，数字化转型是一项长期且持续性的艰巨任务。一方面，它需要产业或企业管理者从战略层面上做好顶层设计规划，有针对性地分析产业或企业是否具备数字化转型的基础条件，并制定有效策略，将数字化转型的理念及方法渗透到产业链及价值链的各个环节。另一方面，数字化转型是按步骤、分阶段、有计划地实现的。这涉及转型主体的方方面面，是一个从部分到整体的过程，无法通过短期刺激性政策快速显现出效果并实现全局转型。

第三，数字化转型是一项系统性工程，它涉及多个层面，如管理层面、技术层面、产品服务设计开发层面、组织文化层面、产业生态系统构建层面等，其转型过程需要整合产业链中各方的资源，并寻求跨部门通力合作。因此，对数字化转型问题的研究要从整体和局部关系的角度，运用系统论的方法，思考数字化转型的方法及策略。

4.2.3　旅游产业数字化转型的重要性

在过去几年间，"旅游产业数字化转型"被旅游业界反复提及，其主要原因是数字技术的创新发展从根本上改变了旅游活动及企业运营管理的模式，并为旅游产业发展创造了新的机遇和价值。在实践中，由于各类数字技术融合创新及交叉应用，旅游业发展实现了传统旅游产业价值链的重构升级，也在旅游消费者与生产者之间建立起了新型的主客关系。基于数字技术应用与旅游产业发展的关系，**旅游产业数字化转型**是指依托数字技术，赋能旅游产业供应链、价值链、服务链各个环节，以提升旅游资源要素配置效率为目的的旅游企业运营管理及商业经营模式数字化的过程。无论是国外还是国内，近年来旅游产业数字化转型升级已是大势所趋，有相当一部分国家和地区充分利用数字技术来完善旅游产业运营管理过程。例如，通过人工智能机器人提供旅游景区、酒店、机场的智能服务；又如，利用物联网云平台实现对各种旅游活动场景的综合一体化全面管理等。随着数字技术进一步创新发展，旅游产业数字化转型规模将进一步扩大，数字技术在旅游业应用场景的使用范围也将进一步拓宽。

显然，随着人工智能、物联网、区块链、大数据、云计算、虚拟现实、增强现实等数字技术的革新发展，旅游产业数字化转型势必推动传统旅游业的运营管理及商业模式发生革命性变化。一般而言，传统旅游业的企业运营大都以线下运营模式为基础，在此过程中，旅游者的消费体验主要受到旅游商业主体提供的线下服务及实际旅游活动过程的影响。近年来，中国旅游产业依托新一代数字技术的快速进步及国家政策的大力支持，正快速走上数字化转型道路。旅游产业正通过将不同类型的数字技术应用到各种旅游活动场景与过程中，实现了提升游客体验、创新商业模式、改善产品服务及增加经济效益的目的。而依托数字技术赋能产业创新发展，推动传统旅游产业数字化转型，已经成为我国业界和学界的共识。现代企业包括旅游企业更是将数字化转型提升到战略高度，并以此作为激发内生驱动力，在数字时代发展中赢得新优势的重要策略。

目前，我国现代企业包括旅游企业已经将数字化转型提升到产业发展的战略高度，并以数字技术在产业的应用作为激发产业发展的内生驱动力，以赢得产业发展的新优势。在传统产业中实施数字化转型，可以直接为各行业发展带来新活力。旅游产业数字化转型对旅游产业的高质量发展的重要性有以下两点。

第一，旅游产业数字化转型是时代赋予旅游产业发展的内在要求和必然选择。数字技术创新及移动互联网的发展极大地改变了旅游消费者的行为模式，这对传统旅游行业而言是一个巨大的挑战。消费者的购买行为及消费注意力从线下转移到线上，意味着原本以线下运营为基础的产品销售及商业模式必须发生改变。与此同时，当代消费者，特别是 2000 年以后出生的千禧一代，他们从小生活在信息技术高速发展的时代，对数字化产品的需求更加强烈，对数字旅游设施设备使用频率高及适应性更强，对虚拟性产品及服务消费的要求更高。新生代青年消费者在国民消费总体中占比较大，消费潜力和动力强劲，随着社会和时代的发展，这部分人群的规模在总人口中占比将会不断扩大。因此，从满足消费者心理需求的角度出发，以往依靠线下渠道开展业务的传统企业要在新时代潮流中抢占市场份额并创造商业价值，必须适应数字经济发展趋势，才能在激烈的市场竞争中获得可持续的竞争优势。

第二，旅游产业数字化转型是旅游产业自我革新和创新发展的基本动力。旅游产业数字化转型有利于企业利用数字技术实现对企业业务流程及商业模式的再造，同时可以重构企业传统产业链，在提升内部生产管理效率、降低生产交易成本，以及应对外部环境日益增加的不确定性风险的同时，推动企业经营业务绩效正向增长，维持企业可持续发展的良性循环。例如，当下在一些工作场所中，企业利用人工智能及机器人技术实现自动化生产和自动化决策，有些旅游企业也利用大数据挖掘技术识别旅游消费者行为习惯及购买模式。这从本质上讲都是通过数字化转型，利用新一代数字技术来优化生产流程及迎合消费者心理。旅游产业数字化转型就是基于先进数字技术的创新及应用，满足企业发展需求，有效解决市场和效率问题。

4.3　旅游产业数字化转型的动力机制

数字化转型是旅游产业当下及未来发展的重要趋势，也是该行业在数字经济背景下契合经济社会发展潮流，实现可持续高质量发展的重要举措。在数字化浪潮影响下，旅游产业综合管理、各类商业群体、企业各项运营管理机制正以全面开放的态度探索数字技术赋能行业智能化与信息化发展问题。在这个过程当中，我们发现，旅游产业数字化转型不仅是行业内部自我更新升级产生的结果，还是政治、经济、技术等综合因素共同作用的结果。旅游产业逐渐由传统的线下经营模式转移到线上线下融合发展的数字化运营管理新模式，既能满足行业高质量发展及自我更新的内在需求，也符合旅游产业价值链重构带来溢出效应的基本规律。

旅游产业数字化转型的动力机制由政策、需求及技术三大因素构成。首先，中央与地方各级政府对数字经济发展的高度重视及国家宏观政策对产业数字化升级的大力扶持为旅游产业数字化转型提供了重要基础，而国家在社会各行业的数字经济发展规划与布局为数字旅游发展带来重大机遇和上升空间。其次，以消费者市场及旅游商业主体为代表的旅游业态内在发展模式的转变对传统旅游行业的可持续发展提出了新要求，新时代下的消费者对数字旅游产品及服务的庞大需求及旅游商业主体对利用信息化技术改善生产经营模式的诉求促使传统旅游产业积极拥抱数字化，以此满足行业发展内生需要。最后，近年来全球数字技术全方位快速发展为旅游产业数字化转型提供了技术基础，在国家政策、市场及行业的共同作用下，数字技术变化成为旅游业高质量发展的重要驱动因素之一。

4.3.1　国家宏观政策导向

"发展数字经济，建设数字中国，推进产业数字化"，是《中华人民共和国国民经济和社会发展第十四个五年规划和 2035 年远景目标纲要》的重要内容之一，也是我国未来经济发展的重要战略方向。近年来，在大数据时代背景下，随着互联网和现代信息通信技术的不断发展，我国不断通过国家及地方的各项政策制定与实施，推动数字经济的高速发展。

党中央、国务院以及地方各级政府高度重视数字经济的统筹与谋划，出台了一系列政策支持、鼓励和引导数字经济的发展。各行业部门以发展数字经济作为关键支点，将数字经济发展新理念向传统线下实体经济进行多方向、深层次、宽领域、全方位的融合与渗透，带动传统产业的变革与创新，形成了以政策为引导，以市场为导向，通过对传统行业进行数字化改造，推动相关产业链条朝信息化、智能化、现代化方向转型与升级的新格局。

在技术层面上，国家通过宏观政策导向，助力高科技企业精准发力，攻克技术难题，积极引导推动与数字经济密切相关的现代数字技术产业的发展。基于此，随着新一代尖端智能数字技术的突破与创新，我国数字经济的发展将跨越新高度，迎来新机遇。种种迹象都表明，中国对数字技术的创新高度重视并寄予厚望，国家正以坚定的决心推动该领域的发展，以抢占全球数字经济发展制高点，引领数字经济时代发展新潮流。与此同时，数字经济也正以前所未有的速度推动各领域朝数字化方向变革与升级，为各行业未来的高质量发展提供新动能，注入新活力。

　　旅游产业数字化转型是数字经济发展到一定阶段的产物，是旅游业和数字经济融合发展的结果。近年来，中国各级地方政府高度重视旅游产业数字化转型与发展，提出要依托数字技术加快旅游产业数字化，带动区域经济高质量发展，并出台一系列优惠政策，支持、鼓励和引导旅游产业的数字化转型与升级，带动地方消费、就业、民生、收入等方面的全面提升，为区域经济高质量发展注入新动力。

　　显然，国家宏观政策因素是旅游产业数字化转型的重要驱动因素之一，我们从国家宏观政策视角探讨旅游产业数字化转型的动力机制，需要充分把握国家未来产业规划布局及行业发展动态，并从国家层面识别本土资源禀赋及业态竞争优势。从政治经济学视角看，政治与经济往往相互影响，国家宏观政策对经济发展具有重要导向作用。在全球数字化浪潮背景下，大力发展国家数字经济，构筑社会未来数字发展新图景，积极推动数字产业化及产业数字化是中国当下及未来重要发展方向之一，而旅游产业数字化转型作为中国数字经济规划版图的重要环节，对推动国家数字经济发展，提升国家数字化水平起到积极作用，这也是中央和各级地方政府近年来在制定数字经济发展规划过程中高度关注旅游产业数字化转型问题，并出台一系列扶持政策及指导性文件推动国家数字旅游发展的主要原因之一。因此，我们对旅游产业数字化转型动力机制的探讨离不开政府宏观政策驱动这一因素，通过对国家大政方针的深入解读，有助于我们充分把握数字旅游未来发展趋势，识别行业发展机遇。

4.3.2　旅游市场需求的转变

　　近年来，数字经济及数字经济技术的应用，使旅游业的服务方式、商业模式、运营管理及市场结构都发生了巨大转变。旅游企业应用数字技术为消费者提供个性化、智能化服务已经逐渐成为一种新潮流，甚至已经成为吸引消费者及获取竞争优势的重要战略之一。我们考察旅游产业数字化转型的动力机制，需要充分关注旅游商业主体高质量发展的诉求，但基础是数字时代背景下旅游消费市场需求的转变。

　　在数字经济快速发展的今天，旅游者通过应用智能技术对个性化、多样化、现代化服务及旅游体验的需求比以往任何时候都要强烈。特别是千禧年以后出生的"00后"，他们从小生长在数字化高速发展的新时代，对数字技术应用具有敏感性且接受程度较高，随着时间的推移，当这部分青年人群逐渐步入社会，他们将成为社会上极具活力的、运用智能技术工具参与旅游活动的消费群体，并对旅游产业数字化转型与发展带来重要影响。根据中国旅游研究院发布的《2021年国内旅游预约数据调查报告》显示，近年来，旅游线上预约规模及交易体量持续增长，与2019年相比，2021年全国旅游线上预约人次增长47%，旅游预约门票交易总额增长17%。同时，基于调研统计数据，高达93.9%的受访者曾通过线上数字平台预约旅游产品及服务，大概47.8%的受访者表示各类在线应用程序的使用为旅游预订提供极大便利。

与此同时，旅游者消费心理及决策行为也发生了巨大变化。自 20 世纪 90 年代以来，互联网在全球普及与推广，人类获取各类信息的门槛逐渐降低，互联网在拉近世界不同国家及不同地区人与人之间距离的同时，也为全球知识及资讯的共享提供了重要平台。特别是进入 21 世纪以来，随着搜索引擎技术及各类平台经济的发展，人类已经从以往基于电视、报刊、书本等简单途径获取信息逐渐转向依赖于社交媒体、在线评论、网络流媒体等多元化方式获取资讯。今天旅游者的消费决策及行为模式不仅归因于消费者个人的主观意志及旅游产品或服务本身所具备的内在价值，而且很大程度受到外部信息的影响。根据美国 Nielsen 公司的采访研究，全球大约70%的旅游者在做旅游规划决策的时候会受其他游客在线上留下的旅游评论意见影响，并且认为该渠道获取的资讯比旅行社提供的信息更为客观可靠。与此同时，根据调查发现，大约74%的旅游者表示他们在旅行过程中使用社交网络；97%的千禧一代会在旅游度假期间线上分享旅行照片和体验；超过 50%的受访者表示他们通过看朋友、亲戚或其他联系人在社交媒体上所分享的关于旅游的视频或照片，会对旅游目的地产生兴趣，并规划和组织旅行。

虽然，在数字经济条件下，旅游市场需求的转变与游客信息获取渠道的拓展密不可分，游客旅游需求的形成往往是动态发生的，并受多重因素的综合影响。其中，旅游者运用智能技术参与旅游活动，使旅游企业获得差异化竞争优势，实现可持续发展，必将与数字化转型密切相关。而坚定不移地走数字化转型道路，从而满足新时代下旅游消费者对数字化产品及服务的购买需求显得尤为重要。从需求侧角度出发，正是旅游市场对现代化、智能化旅游产品及服务日渐庞大的、规模化的内在需求，构筑了旅游产业数字化转型的动力基础。

4.3.3　旅游产业高质量发展的目标驱动

数字经济的快速发展及数字技术在各领域的广泛应用对旅游业未来可持续创新发展提出了新要求。传统旅游业的线下实体商业运营模式和现今数字化条件下的旅游业态相比存在较大差别。旅游产业数字化趋势为目前众多旅游商业主体注入了新的愿景使命，而产业数字化转型为该核心价值诉求的实现提供了重要的方法路径。推动数字技术与传统业态深度融合，鼓励、支持和引导旅游产业朝数字化方向转型升级，已经成为当下及未来旅游业实现可持续和高质量发展战略目标的必然选择。

旅游产业数字化运营管理的商业模式相较于传统模式而言，在效率提升、成本节约等方面都表现出独特的优势，这在旅游景区及酒店管理过程中体现得最为明显。例如，希尔顿酒店集团建立了一套基于数字技术交叉应用、专注改善旅客个性化服务以及提升集团运营效率的酒店后台综合管理系统。游客入住希尔顿酒店，只需在智能手机或电脑下载酒店的 App，即可通过在线数字管理平台对入住前、中、后各项活动和环节进行统一管理和安排，包括挑选客房、网络预订、办理入住、解锁房门、在线互动、智能客服等。日本长崎的 Nagasaki 酒店被公认为是世界第一家采用机器人为客户提供前台服务的酒店。酒店的机器人基于人工智能技术，通过语音及脸部识别实现与顾客的交流互动，并为游客提供咨询及办理酒店入住服务。早在 2013 年，迪士尼乐园就花费 10 亿美元推出了一项名为"My Magic+"的数字园区管理系统建设计划，其目的是基于现代信息通信技术创建一个数字化综合管理平台，将景区门票及酒店客房预订管理、园区在线访问、线上排队预约等多种业务功能整合到一个数字框架当中。与此同时，该项目还计划为每位访问园区的旅游者提供一条射频识别（RIDF）智能腕带，该设备内置 RIDF 芯片，并基于物联网技术与园区内各类基础设施相连接，实现对旅游者进行精准定位，有效梳理分析游客旅游偏好、购买模式及消费需求，为游客提供个性化服务及情景体验。因此，在数字技术的作用下，无论是旅游景区还是酒店，都极大程度地减少了管理人员的投入，提升了服务效率，在降低人力及运营成本的同时提升了游客旅游体验。

此外，数字化转型能够促使旅游商业主体打造积极的企业形象及充分发挥企业的品牌效应。企业可以利用数字化软硬件基础设施设备，结合科学精准的数字营销策略，快速精准识别市场客户消费行为及模式，并挖掘潜在的商业价值，吸纳更多新游客参与及支持其旅游产品及服务，并强化现存长期客户旅游消费忠诚度。现在，互联网及各类在线社交应用程序在旅游资讯传播及企业品牌构建中扮演着关键角色。游客消费决策过程及行为方式很大程度上受各类在线网络信息所影响，积极的流量信息对行业或企业的发展起正向推动作用，而负面或虚假的资讯却给行业造成消极影响，还可能给旅游企业品牌带来信任危机。这就要求各类旅游产品及服务供应商不断思考，如何在数字化时代中发挥旅游品牌效应并构建行业竞争优势。而旅游产业数字化转型恰好为该问题的解决提供了可行方案，这也是旅游业界近年来实施数字化转型，推动旅游产业线上线下融合发展的主要原因之一。例如，一些旅游企业基于产业数字化思维及数字技术应用开始制定及实施系统的线上数字营销策略和商业模式，也有部分企业设置专门业务部门研究建立以满足消费者心理需求的内部、外部数字治理规则标准及框架体系，其主要目的都是通过不断契合旅游消费者心理、习惯及行为，在线上网络世界中构建积极的评论口碑及品牌优势，以适应数字时代中旅游业生存的基本法则。

可以肯定，旅游产业数字化转型是旅游企业在数字经济时代实现高质量发展的必然选择，也是依托数字技术创新应用实现产业链、供应链、价值链重构升级，推动旅游业态产业数字化及数字产业化协同发展的重要路径。我们从行业供给侧角度出发研究分析旅游产业数字化转型的驱动因素，可以明确的是旅游企业充分利用新一代数字技术，可以有效全面地提升生产服务效率，降低成本消耗，实现经营目标。旅游产业数字化转型已经成为旅游企业未来可持续创新发展的重要战略选择。

4.3.4　数字技术创新要素的驱动

数字产业发展是产业数字化的重要基础。近年来，在数字经济发展及国家宏观政策双重驱动引导下，数字技术在各领域的使用范围及应用场景不断扩大，并为各产业领域数字化转型升级及实现可持续高质量发展提供了重要支撑。进入 21 世纪以来，数字经济的全球推广与数字技术的快速进步及广泛应用息息相关。以人工智能在中国市场发展为例，2020 年，中国人工智能产业规模达 3031 亿元人民币，较 2019 年同比增长 15.1%，增速大幅高于全球平均水平，其主要特点包括基础技术应用范围广，产业链布局较为完善，无论是应用层还是技术层，国内代表性企业都具备良好的技术研发及创新能力。根据调查数据显示，处于应用层的人工智能企业在行业内数量占比达 84.05%，技术层企业数量占比达 15.95%。物联网作为数字技术的另一大分支，也保持了迅猛的发展势头，2020 年产业规模突破1.7 万亿元人民币。与此同时，国家高度重视物联网未来产业创新与布局，国家工信部、网信办等部门联合发布《物联网新型基础设施建设三年行动计划（2021—2023 年）》，为国家物联网短期内重点突破与发展绘制了清晰的蓝图，通过大力推广物联网技术，将物联网嵌入传统行业发展当中，间接带动制造业、旅游业、酒店业、农业、零售业等多领域数字化、智能化、现代化转型升级。此外，还有诸如大数据、云计算、区块链、虚拟现实、增强现实等前沿数字技术的发展，也为旅游产业数字化转型注入源源不断的动力。

产业数字化转型需要强大的后备数字技术力量支持，而在数字经济背景下数字产业化进程的快速发展使数字技术生态系统逐渐成形。所谓数字技术生态系统，是指由不同实体组成的、相互关联、相互依赖，并为产业提供技术创新支持的网络生态体系。它汇聚了来自不同领域的合作伙伴，通过信息与资源的交换，以合作共赢的方式在技术、产品和服务的创新和开发过程中展开合作。一般而言，技术生态系统的形成包括以下几个关键要素。

第一，鼓励创新的外部环境。在数字化时代下新兴数字技术的快速发展需要一个创新及充满活力的技术创新环境，而良好的技术创新环境无论是在国家或社会等宏观层面，还是在企业内部等微观层面，都能够展现出对技术创新研发的鼓励和包容，以及对知识产权保护的支持和理解。在这种积极力量的推动下，各类经济实体及成员组织的创新能力都能够最大限度地被激励和开发，并为技术创新及产业数字化转型提供坚实的平台和基础。

第二，高科技企业研发的动力。以数字技术研发作为持续增长动力的高科技企业能够支持技术生态系统创新发展良性循环，并为各行业数字化转型目标的实现提供底层基础技术支持。一般情况下，这部分企业拥有各类研发资源及专业团队，甚至与某些企业通过联手合作，共同开发各类创新技术。同时，技术创新支持部门（技术创新孵化基地）等对维持技术生态系统稳定及发展至关重要，并为高科技企业（特别是初创公司）提供培训、指导或融资等全方位支持，帮助并加速早期高科技企业的孵化和成长。

第三，高等院校的人才培养机制。高等院校不仅为技术生态系统提供丰富的专业人才，而且在开发前沿科技及创新技术理念等方面具有重要价值。中国近年来正全力推动数字经济创新与发展，出台了一系列政策大力支持数字技术研发及创新，协助企业构建数字技术生态系统，同时也为高校数字技术创新研发搭建平台，鼓励并引导高校与高科技企业建立技术联合开发校企合作关系，这为社会各行业技术创新发展提供了坚实的后备力量，也为旅游产业数字化转型创造了基本条件。

总体而言，旅游产业数字化转型升级与数字技术快速发展紧密联系，技术的突破与创新既是旅游产业数字化目标实现的前提和基础，也是未来数字旅游快速发展的重要驱动力之一。

4.4　旅游产业数字化转型的价值逻辑与主要路径

旅游产业数字化转型是一次由数字技术创新发展引发的行业内系统性变革，是数字经济背景下发展新时代旅游业提出的新要求。产业数字化转型是一项复杂的系统工程，需要以国家政策引导为核心，并在各个部门、各项环节汇聚集体智慧，并利用前沿数字技术对产业价值链进行数字化重构升级。这首先需要明确旅游产业数字化转型任务的核心内容及价值导向究竟涉及哪些方面，转型的出发点和落脚点究竟是什么。在此基础上，我们才能够充分探究和分析数字化转型路径的具体环节。

4.4.1　数字化转型的价值逻辑

旅游产业数字化转型的核心任务就是在数字技术应用的基础上重构、优化、创新旅游产业整套价值逻辑体系。显然，任何一个行业都将围绕一套核心价值体系运行，并且其价值主张也并非一成不变，而是根据社会及时代发展需要而实时调整。但价值体系在行业发展过程中可以起到引领作用，并为各项工作的开展指明方向。在旅游产业数字化转型过程中，不同类型的利益相关者都是价值主体，并在重构（引领）价值主张、价值创造、价值传递、价值支持及价值获取等价值逻辑体系建设核心环节中发挥关键作用。

（1）重构价值主张，即在数字化时代下，旅游产业数字化转型需要明确旅游业各类利益相关者究竟为客户及社会提供什么样的价值，其核心内容究竟包含哪些方面，思考问题的角度需要从物质经济时代卖方市场逻辑转向数字经济时代买方市场逻辑。

（2）重构价值创造，即利益相关者要充分认识旅游产业数字化转型过程的核心价值理念包括哪些方面，不同利益相关者在这一过程中扮演着什么样的角色。研究如何基于互动合作共同促进其价值创造流程的改造，并在此基础上，充分探索旅游产业从传统经济时代基于技术专业分工而形成的相对固定的价值链，向数字经济时代基于数字技术赋能转变，以构建快速响应、动态柔性的旅游产业发展的价值网络和价值生态。

（3）重构价值传递，即探讨旅游产业在数字化转型过程中通过何种载体或方式将价值传递给利益相关者，并研究如何从传统经济时代下基于传统线下渠道通过产品或服务交易实现价值传递，转向数字经济时代下基于数字技术的、通过共享或分享机制实现价值传递。

（4）重构价值支持，即探究旅游产业数字化转型过程中需要利用哪些关键支持条件及整合哪些核心资源等。随着数字经济快速发展，社会及经济发展早已从物质经济时代单一要素驱动，转变为数字经济时代以数据为核心的全要素驱动，数据已经成为旅游产业数字化转型的关键核心资源。

（5）重构价值获取，即在数字旅游发展过程中思考利用何种模式实现社会价值及经济价值效益最大化。在数字经济时代下，旅游产业将基于数字技术创新应用，并通过个性化产品服务按需供给促进其以网络化、生态化方式获取价值。与此同时，旅游业数字化过程也将在经济效益改善及获取的基础上持续影响并促进社会数字治理能力的提升，为国家发展带来重要的社会价值，实现经济效益和社会效益相互促进的新格局。

4.4.2　数字化转型的主要路径

我们知道，在数字经济时代背景下，旅游产业数字化转型的核心任务和本质是利用数字技术创新优化旅游产业价值链各个环节，实现其价值逻辑体系的重构。围绕该核心思路，旅游产业数字化转型涉及战略顶层设计、关键能力构建、治理体系变革、技术研发突破、业务模式创新这五大主要发展路径。

1. 战略顶层设计

实施旅游产业数字化转型，首要任务是制定行业数字化转型战略规划。这一环节需要由政府牵头引导，其他利益相关者积极配合参与，并在结合当下数字经济发展动态及本国旅游产业数字化实际发展情况基础上设计行业数字化转型发展战略。该环节需要利益相关者将数据驱动理念、方法和机制根植于产业数字化转型全过程。无论从公共部门视角出发，还是从私营部门角度出发，制定可持续的数字化转型规划方案，重塑自身价值主张，并在利益相关者之间建立一种开放共享的价值共创生态系统和动态灵活的竞争合作机制都是非常必要的。

2. 关键能力构建

数字化转型要求利益相关者通过数字技术创新应用构建自身新型数字化核心能力，以快速响应市场需求及适应社会数字化发展变化。具体内容包括：①提升数字化产品设计、研发及创新能力；②优化数字旅游运营管理能力，如旅游商业主体智能生产与现场作业能力、一体化经营管理能力等；③改善客户服务能力，如市场评估能力、快速响应能力、增值服务能力等；④强化生态合作能力，即促进数字旅游生态系统内部利益相关者协同合作及价值共创能力；⑤优化数字旅游数据挖掘能力，包括数据管理水平及数字业务能力等。

3. 治理体系变革

旅游产业数字化转型需要建立一套能够灵活应对外部环境动态变化，同时又可以充分调动内部各利益相关者积极性、协调性，让其投入到旅游业数字化发展过程当中的管理机制。具体包括：①全面推进数字化治理，运用数字技术统一协调利益相关者内部管理流程；②调整组织治理结构及创新组织文化，建立与新型能力建设、运行、优化、创新相匹配的利益相关者内部职责及职权架构，提升市场需求快速反应能力及柔性服务能力，并在此基础上打造支持主动创新、鼓励首创精神的组织文化体系；③改革管理模式，以政府为主导，建立一套能够鼓励利益相关者价值共创、共同成长、明确规范的数字旅游统一管理制度。

4. 技术研发突破

数字技术是旅游产业数字化转型的基础，要实现数字旅游持续高质量发展，必须优先解决技术供应问题，这就需要行业内各类利益相关者协同发力，共同推动技术创新和管理变革，强化技术价值支撑。政府可以通过政策引导加强行业内数字技术的研发创新；数字技术供应商通过提高技术研究应用能力，开发质量更高、效率更快、价值更优的数字旅游前沿技术；旅游商业主体则将技术与市场连接起来，提升数字技术的转化效率，开发技术应用场景，挖掘技术商业价值及发展潜力。

5. 业务模式创新

旅游产业数字化转型的目的之一是实现经济效益和社会效益的双重提升，而创新数字旅游业务模式，促进传统旅游业务朝数字旅游业务转型，或推动传统旅游业务与数字旅游业务融合发展，有利于数字旅游价值及效益的持续提升。与此同时，通过大力培育数字旅游新业务，在利益相关者之间构建开放、共享、包容的业务开发合作模式，从而实现快速响应、满足和引领市场需求的目标，能够在数字旅游利益相关者之间建立合作共赢、利益共享的合作范式。

4.5　旅游产业数字化转型的利益相关者

旅游产业数字化转型重构了旅游产业链上的生产、服务与运营管理等各个价值环节，而在这一过程中各方利益相关者发挥着关键作用。我们在探讨旅游产业数字化转型的问题时，首先要对利益相关者的理论体系进行回顾和梳理，深入了解主要利益相关者的构成类型及诉求的成因，并在此基础上结合旅游产业发展实际需要，阐述旅游产业在数字化转型升级过程中涉及的关键利益相关者。

4.5.1　利益相关者理论

利益相关者理论研究的主要内容是对一个产业发展系统，包括企业系统的各个部门或环节与系统内外涉及的利益相关者之间的关系进行分析。1984 年，R. Edward Freeman 首次提出了组织管理和商业道德的利益相关者理论。Freeman 在他的著作《战略管理：利益相关者方法》中识别并确认了企业利益相关者群体的具体类型，并将行业或企业管理的关注焦点从消费者扩展至任何影响组织绩效或组织决策的个人、团体或机构。它强调一个组织与其客户、供应商、员工、投资者、政府、社区及其他与组织有直接或间接利益关系的个人或群体之间相互联系。该理论还认为，企业应该为所有利益相关者创造价值。此后，全球部分学者，如 Mitchell，Agle，Wood，Donaldson，Preston，Phillips 等在其学术论文中对利益相关者理论进行了更深层次的研究和陈述。上述学者也都将利益相关者定义为能够影响组织或受组织目标实现影响的任何群体或个人。如今，利益相关者理论已经逐渐发展成为一套系统化的理论体系，成为行业或企业发展实践的重要指导。

在利益相关者理论视角下，任何组织的各类业务活动的开展都受到一套来自组织外部和内部紧密联系的关系网络的影响。利益相关者基于价值共创、合作共赢的理念，都会在管理活动过程中与任何组织及个体协同互动，从而创造和交换价值。在利益相关者理论中，利益共享、风险共担是一个企业或组织与其利益相关者共同的使命。与此同时，一个企业或组织的价值创造也有利于各方利益相关者效益最大化目标的实现。为了在日趋激烈的商业竞争中保持竞争优势，利益相关者之间的战略合作与伙伴关系的建立对大多数企业而言都至关重要，这种合作关系也构成了一套错综复杂、利益捆绑的价值网络。目前，全球部分学者还利用利益相关者理论研究生态系统学科，探索生态网络中不同利益相关者之间的相互依赖和互动过程。

4.5.2　利益相关者的类型

旅游产业数字化转型涉及多层次、不同环节、不同类型的利益相关者，他们在这一过程中扮演着不同角色，且发挥着特定作用。虽然基于产业发展和企业组织的不同视角探讨利益相关者问题在某些关键领域或环节存在一些差别，但是它们的本质和底层逻辑几乎是相似的。例如，旅游企业利益相关者研究将探讨影响旅游企业绩效及运营管理方式的个人、团体或机构与旅游企业之间的内在关系。而旅游产业数字化转型的利益相关者研究关注的是在旅游企业转型升级过程中涉及的各方利益攸关主体及其互动过程。

旅游产业数字化转型不仅是数字技术在各类旅游实践场景中的具体应用，更是数字技术对旅游产业价值链条各个环节的重构及升级。因此，旅游产业数字化转型需要跨部门的积极参与和配合，而利益相关者在这一过程中扮演着关键角色，他们的互动及合作构成了数字化转型这一系统机制正常运转的前提。旅游产业数字化转型涉及的利益相关者主要包括数字技术开发商、智慧旅游者、政府公共部门、旅游商业主体（景区、住宿酒店、交通运营商、旅行社及其他旅游企业等）、旅游从业人员、投资者/旅游项目融资机构、高等院校等。在不同利益相关者之间的相互合作及互动下，它们共同推动旅游全行业数字化转型升级目标的实现，而各类利益相关者也能够在转型过程中获益并赢得旅游业未来发展的先导权。

4.5.3　利益相关者的角色

旅游产业的不同利益相关者在数字化转型过程中发挥的作用及承担的责任各不相同，这就需要我们对每一类型关键利益相关者的角色进行充分的分析及界定。

1. 数字技术开发商

数字技术的创新与应用是旅游产业数字化转型的前提和基础，没有数字技术的突破，数字化转型就无从谈起。进入 21 世纪以来，全球数字技术创新研发迎来了快速发展的上升期，为各行业的生产、经营和管理流程的改善带来了重大机遇，并较大程度地改善了行业发展效率问题。旅游商业企业通过数字技术的应用，持续优化自身经营管理模式，在提升旅游者消费满意度及品牌忠诚度的同时，降低内部运营成本。公共部门通过数字技术的应用，实现对旅游市场全域范围的有效监管及公共危机的识别，以服务于旅游公共管理的需要，以及快速应对各类突发事件的发生。数字技术开发商根据上述需要，通过与旅游业商业主体或公共部门建立合作伙伴关系，成为其底层数字技术提供方，并利用核心技术为旅游企业及公共部门提供解决运营管理或部门行政管理环节中数字化难题的有效方案。在这一过程中，数字技术开发商也能从合作伙伴中获得源源不断的资金报酬，用于开发更高级别、更具潜力的新一代前沿技术，以持续改善提升旅游产业数字化转型的质量和效益。

2. 智慧旅游者

旅游产业数字化转型的重要目的之一就是为旅游者提供更高质量的旅游产品及服务，并为其创造多样化的体验价值。作为旅游产业数字化转型的关键环节，旅游者是旅游市场的消费主体，其需求水平及消费能力决定了旅游市场规模的大小，也直接决定该行业能否获得强有力的市场资金支持用以推动数字化转型的持续循环发展。然而，随着时代的变化、技术的进步以及教育水平的提升，现今的旅游者相较于以往有了较大变化，我们不能再用以往传统线下旅游业态旅游者的特征来定义当下的旅游者，而是应该用开放的视角结合全球社会发展实际情况来对旅游者的特质进行重新评判。国家经济、社会、技术、教育等综合实力的提升及高质量发展极大地拓宽了旅游消费者思维和能力的广度与深度。在数字化时代背景下的旅游者对全球前沿数字技术有充分的认识和了解，能够灵活使用一系列数字设备及数字化基础设施，参与旅游活动的价值创造。从本质上讲，现代的旅游者是智慧旅游者，他们既是当下及未来数字旅游服务的重点对象，也是旅游产业数字化转型的利益相关者。该群体对数字旅游产品及服务的需求为未来旅游业数字化发展过程中各类公共部门、商业主体及其他机构调整策略方针提供了重要思路。

3. 政府公共部门

无论一个国家的旅游业发展水平到达何种程度，政府永远都是核心利益相关者，并发挥着极为重要的作用。旅游产业数字化转型离不开政府的引导和支持，近年来，中国数字经济的快速崛起及社会各行业数字化转型趋势的浮现，背后都是我国政府对未来数字经济高质量纵深发展的一次深远布局。在政府引导及作用下，旅游产业在推动数字化转型升级过程中获得了大量政策支持，其中包括政府补贴、财政专项资金支持或税收减免等一系列优惠举措。在这样的大环境下，旅游商业实体迎来了数字化转型快速发展的上升期，各类旅游企业依托政府支持大规模创新及应用数字技术以改善商业运营管理模式，为旅游产业数字化转型升级开辟了新道路。

与此同时，政府在旅游产业数字化转型过程中也为产业发展提供大量的数字基础设施，并在不同类型旅游商业主体之间扮演中间人角色，为其携手合作搭建桥梁。此外，政府在旅游产业数字化治理问题上还发挥着行业的监管引导、打破"数据孤岛"及降低数字鸿沟带来的消极影响等作用。因此，旅游产业数字化转型升级需要政府为其提供强劲的支持力量。无论是私营企业，还是非营利机构，其自身资源都是有限的，而数字化转型是一项长期性任务，必须在旅游业中投入大量的资金、技术等社会资本要素，没有政府的牵头引领及统筹协调，是无法大规模汇聚及动员如此大规模的社会力量投入数字化转型建设过程当中的。政府在数字化转型问题上不仅搭建了社会合作平台，还提供信誉基础，并为行业未来发展指明了方向。

4. 旅游商业主体

以旅游景区、酒店住宿、餐厅服务、交通运营、旅行社、旅游代理商等为代表的旅游产业发展的主体，在旅游产业数字化转型中利用数字技术持续改善商业模式及经营管理方式，并基于数字技术打造的数字化共享平台为游客提供智能化的综合服务。例如，目前的旅游景区、酒店、餐厅、旅行社、网约车服务等都通过开发智能应用程序及在线综合管理平台为旅游者提供咨询及预订服务。同时，旅游商业主体也基于对游客在网络留存的大量用户信息进行消费者购买行为的预测分析，从而有针对性地制定企业营销策略。现在，国家及社会对旅游产业数字化转型给予极大期望，其主要原因在于数字化能为旅游产业发展带来新生机。旅游商业主体作为数字旅游产品与服务的供应商，是直接面向消费者并产生经济效益和社会效益的企业，而旅游产业数字化转型的最终目的就是要实现经济和社会效益最大化，所以说旅游商业主体对旅游产业数字旅游转型而言至关重要。旅游商业主体是极其关键的数字化转型利益相关者，它在数字化转型过程中的良好运营及平稳发展将直接对行业内其他上下游利益相关者产生积极影响。

5. 旅游从业人员

旅游产业数字化转型不仅要求行业在顶层设计、商业行为、治理体系、系统逻辑等宏观方面实施全面转型，也要求对旅游从业人员的思维模式及实践能力提升等微观层面加以数字技术应用培训与引导。旅游从业人员是旅游产品生产者、旅游服务提供者、旅游业务经营者、旅游活动及行为治理管理者，它涉及多个层面的不同环节，并对旅游产业价值链的各个部分产生直接影响。在数字经济快速发展的背景下，旅游业对旅游从业人员的要求较以往相比发生较大转变，无论是思维模式还是业务能力等都比过去要求更高。以往的旅游从业人员在开展工作过程中并不一定被要求需要熟练或基本掌握如何使用部分现代信息技术设备，或具备相应的数字技术及管理知识。但是，随着时代的发展，现在的旅游业各项活动环节和过程变得智能化、信息化和现代化，许多工作场所都利用数字技术及设施设备持续改善经营管理质量和效率，这种趋势的转变导致现今旅游业对从业人员素质的要求在逐渐提高。旅游从业人员不仅要思考如何服务好顾客，还要学习如何利用数字技术及设施设备开展好各项经营管理工作。在数字化时代，旅游从业人员的素质能力需要持续提升，他们需要根据行业发展的要求，不断更新自身的知识及技能，展现出良好的学习能力及适应能力，只有这样才能在数字旅游快速发展的社会中有立足之本。

6. 投资者/项目融资机构

旅游产业数字化转型需要持续地投入，这就需要充分调动社会资本来积极参与。投资者/项目融资机构在此扮演着重要角色，它们为不同地区各类旅游产业数字化转型项目提供资金支持，确保旅游产业数字化转型任务的顺利实施。因此，我们探讨旅游业数字化，应充分了解社会或市场上有哪些能够支持产业数字化转型任务融资的正规渠道，并在此基础上基于资金筹措规模大小来规划实施数字旅游发展项目。通过对社会上各类融资方式的研究及结合旅游产业数字化转型实践过程分析，我们发现以下融资渠道在行业转型升级过程中扮演着重要角色。

（1）政府投资。国家高度重视数字经济发展问题，中央及各级地方政府为推动产业数字化建设拨付大量资金。旅游产业数字化转型作为数字经济发展的关键领域和重要环节，政府为数字旅游项目建设提供的资金支持将为产业数字化转型任务目标的成功完成带来重要保障。反之，旅游产业数字化转型的顺利实施也将为各级政府带来巨大社会效益及经济效益，极大限度地改善民生福祉。

（2）企业投资。企业作为市场经济最活跃的商业主体，是国家经济活动及社会建设的主要参与者。企业投资是调节供给端生产规模而有效匹配市场终端需求的一种重要手段，而具有发展前景的投资项目也能够为企业带来巨大的经济效益。旅游业是极具活力的阳光产业，在全球数字化浪潮背景下，数字旅游建设项目，依托数字技术推动旅游产业数字化全面转型升级毫无疑问是最具投资潜力的明星项目之一。这类项目的投资将极有可能在未来带给投资企业丰厚的利润回报，而投资企业对数字旅游项目的支持也将为旅游产业数字化转型顺利实施提供重要的融资渠道，以满足建设过程规模庞大的资金需求。

（3）金融机构投资。银行等金融机构为旅游商业主体在对自身业务实施数字化转型升级过程中解决资金问题提供重要帮助，通过识别并投资市场上优质数字旅游发展项目，能够让金融机构获得丰厚的利润。

7. 高等院校

高等院校在产业数字化转型过程中同样发挥着重要作用。高校是培养人才的地方，而旅游产业数字化发展过程需要社会输送大批高素质且具备数字旅游学科知识的专业人才，这就意味着旅游产业数字化发展必须和高校紧密合作，共同建立一套专业学科人才培养体系。例如在结合时代及社会实际需求基础上，完善当前旅游管理专业教学模式及授课内容，确保高校培养出来的学生能够具备数字旅游专业基础知识，并且熟练使用基本的旅游业数字化设施设备或平台，能够在旅游公共部门或私营部门工作过程中解决具体实际问题。高校不仅承担着人才培养的职责，更是肩负着科研创新的使命，高校是最具创新能力的机构。数字技术是数字化转型的基础，技术的持续创新为行业数字化发展提供源源不断的动力，所以高校作为旅游产业数字化转型的利益相关者，在数字技术研发创新过程中扮演重要角色，也必然为行业数字化发展提供技术及理论支撑。

关键词汇

数字化　产业数字化　产业数字化转型　数字资产

旅游产业数字化转型　旅游产业数字化转型的动力机制　旅游产业数字化转型的价值逻辑　旅游产业数字化转型的利益相关者

思考题

1. 什么是产业数字化转型，数字化转型的基本特征有哪些？
2. 结合旅游产业数字化转型的概念，考察旅游数字化转型的重要性。
3. 讨论数字化转型的动力机制及其影响。
4. 请结合实际讨论数字化转型价值逻辑的理论意义。
5. 数字化转型过程涉及哪些利益相关者？为什么？

参考文献

[1] Runyon, Carolyn F. Revolutionary Digitization: Building a Participatory Archive to Document the January 25th Uprising in Egypt[J]. Microform & Digitization Review, 2012, 41(2).

[2] Verheusen, A. Mass digitization by libraries: Issues concerning organisation, quality and efficiency[J]. Liber Quarterly, 2008, 18(1): 28-38.

[3] Hess T, Matt C, Benlian A, Wiesböck F. Options for Formulating a Digital Transformation Strategy[J]. MIS Quarterly Executive, 2016, 15(2): 123-139.

[4] 中国信息通信研究院. 中国数字经济发展白皮书[R]. 2021.

[5] 前瞻产业研究院. 中国数字经济行业市场前瞻与投资规划分析报告[R]. 2022.

[6] Daigle, B. J. The digital transformation of special collections[J]. Journal of Library Administration, 2012, 52(3-4): 244-254.

[7] Westerman, G., Calméjane, C., Bonnet, D., Ferraris, P., McAfee, A. Digital transformation: A roadmap for billion-dollar organizations[J]. MIT Center for Digital Business and Capgemini Consulting, 2011: 1-68.

[8] Fitzgerald, M. Audi puts its future into high(tech) gear[J]. MIT Sloan Management Review, 2014, 55(4): 1-4.

[9] Matt, C., Hess, T., Benlian, A. Digital transformation strategies[J]. Business & Information Systems Engineering, 2015, 57(5): 339-343.

[10] Piccinini, E., Gregory, R. W., Kolbe, L. M. Changes in the producerconsumer relationship-towards digital transformation[C]. Wirtschaftsinformatik Conference, Osnabrück, Germany: AIS Electronic Library, 2015: 1634-1648.

[11] Bekkhus, R. Do KPIs used by CIOs decelerate digital business transformation? The case of ITIL[C]. Digital Innovation, Technology, and Strategy Conference, Dublin, Ireland, 2016.

[12] Berghaus, S. The fuzzy front-end of digital transformation: Three perspectives on the formulation of organizational change strategies[J]. Bled eConference, Bled, Slovenia, 2016: 129-144.

[13] Demirkan, H., Spohrer, J. C., Welser, J. J. Digital innovation and strategic trans-

formation[J]. IT Professional, 2016, 18(6): 14-18.

[14] Haffke, I., Kalgovas, B. J., Benlian, A. The role of the CIO and the CDO in an organization's digital transformation[J]. International Conference of Information Systems, Dublin, Ireland, 2016.

[15] Hess, T., Matt, C., Benlian, A., et al. Options for formulating a digital transformation strategy[J]. MIS Quarterly Executive, 2016, 15(2): 123-139.

[16] Nwankpa, J. K., Roumani, Y. IT capability and digital transformation: A firm performance perspective[C]. International Conference of Information Systems, Dublin, Ireland. 2016.

[17] Chanias, S. Mastering digital transformation: The path of a financial services provider towards a digital transformation strategy[J]. European Conference of Information Systems, Guimaraes, Portugal, 2017: 16-31.

[18] Clohessy, T., Acton, T., Morgan, L. The impact of cloud-based digital transformation on ICT service providers' strategies[J]. Bled eConference, Bled, Slovenia, 2017: 111-126.

[19] Heilig, L., Schwarze, S., Voss, S. An analysis of digital transformation in the history and future of modern ports[C]. Hawaii International Conference on System Sciences, Waikoloa Beach, HI, 2017: 1341-1350.

[20] Li, L., Su, F., Zhang, W., et al. Digital transformation by SME entrepreneurs: A capability perspective[J]. Information Systems Journal, 2017: 1-29.

[21] Legner, C., Eymann, T., Hess, T., et al. Digitalization: Opportunity and challenge for the business and information systems engineering community[J]. Business & Information Systems Engineering, 2017, 59(4): 301-308.

[22] Morakanyane, R., Grace, A. A., O'Reilly, P. Conceptualizing digital transformation in business organizations: A systematic review of literature[J]. Bled eConference, Bled, Slovenia, 2017: 427-444.

[23] Paavola, R., Hallikainen, P., Elbanna, A. Role of middle managers in modular digital transformation: The case of SERVU[C]. European Conference of Information Systems, Guimaraes, Portugal, 2017.

[24] Remane, G., Hanelt, A., Wiesboeck, F., et al. Digital maturity in traditional industries-an exploratory analysis[C]. European Conference of Information Systems, Guimaraes, Portugal, 2017: 143-157.

[25] Ebert, Christof, Carlos Henrique C. Duarte. "Digital Transformation[C]. IEEE Software, 2018, 135(4): 16-21.

[26] 陈劲, 杨文池, 于飞. 数字化转型中的生态协同创新战略——基于华为企业业务集团(EBG)中国区的战略研讨[J]. 清华管理评论, 2019.

[27] Gregory Vial. Understanding digital transformation: A review and a research agenda[J]. The Journal of Strategic Information Systems, 2019, 28, (2): 118-144.

[28] Jackson, Tom. Digital Technology[M]. London: Franklin Watts.2016.

[29] Genders, Rod. Steen, Adam. Financial and estate planning in the age of digital assets: A challenge for advisers and administrators[J]. Financial Planning Research Journal, 2017,3(1): 6, 75.

[30] Elizabeth Ferguson Keathley, et al. Digital Asset Management : Content Architectures, Project Management, and Creating Order out of Media Chaos[M]. No

Cube Press, 2016.

[31] Horodyski, John. A Digital Asset Management Curriculum: An Information Science Perspective[J]. Journal of Digital Asset Management, 2010, 6(1): 13-21.

[32] Riasanow, T., Galic, G., Böhm, M. Digital transformation in the automotive industry: Towards a generic value network[C]. European Conference of Information Systems, Guimaraes, Portugal, 2017: 3191-3201.

[33] Resca, A., Za, S., Spagnoletti, P. Digital platforms as sources for organizational and strategic transformation: A case study of the Midblue project[J]. Journal of Theoretical & Applied Electronic Commerce Research. 2013, 8(2): 71-84.

[34] Piccinini, E., Hanelt, A., Gregory, R., et al. Transforming industrial business: The impact of digital transformation on automotive organizations[J]. International Conference of Information Systems, Forth Worth, TX. 2015.

[35] Tan, Wenan., Shrestha, Deepanjal., Jeong, Seung Ryul.Digital Tourism Development and Sustainability Model for Nepal[C]. Proceedings of the 2019 IEEE 23rd International Conference on Computer Supported Cooperative Work in Design.2019.

[36] L Caraivan., Quaestus. Digital tourism: A review of trends in promoting tourism activities[J]. Quaestus.ro, 2017.

[37] Fairburn, Christopher G., Vikram Patel. The Impact of Digital Technology on Psychological Treatments and Their Dissemination[J]. FOCUS, 2018, 16(4): 449-455.

[38] Setia, P., Venkatesh, V., Joglekar, S. Leveraging digital technologies: How information quality leads to localized capabilities and customer service performance[J]. MIS Quarterly, 2013, 37(2): 565-590.

[39] Buhalis, D., Law, R. Progress in tourism management: 20 years on and 10 years after the internet - the state of e-Tourism research[J]. Tourism Management, 2008, 29(4): 609-623.

[40] Stiakakis, E., Georgiadis, Ch. K. Drivers of a tourism e-business strategy: The impact of information and communication technologies[J]. Operational Research, 2011, 11(2): 149-169.

[41] Buhalis, D. Strategic use of information technologies in the tourism industry[J]. Tourism Management, 1998, 19(5): 409-421.

[42] Munar, A. M. Social media strategies and destination management[J]. Scandinavian Journal of Hospitality and Tourism, 2012, 12(2): 101-120.

[43] Leung, D., Law, R., van Hoof, H., et al. Social media in tourism and hospitality: A literature review[J]. Journal of Travel and Tourism Marketing, 2013, 30(12): 3-22.

[44] Sion, B., Mihălcescu, C. The Impact and Perspectives of the E-Tourism at a Global Level[J]. Romanian Economic Business Review, Romanian-American University, 2013, 8(4.1): 289-296.

[45] Martins, Henrique. Digital Transformation and Digital Leadership[J]. Healthcare Informatics Research, 2019, 25(4): 350.

[46] Watkins, Mark, et al. Digital Tourism as a Key Factor in the Development of the Economy[J]. Economic Annals- X X I, 2018, 169(1-2): 40-45.

[47] Benyon, D., Quigley, A., O'Keefe, B., et al. Presence and digital tourism[J]. AI

and Society, 2013, 29(4): 521-529.

[48] Buhalis, D., Amaranggana, A. Smart tourism destinations[C]. In Information and Communication Technologies in Tourism. Springer International Publishing, 2014: 553-564.

[49] Xue, Fei. The Development of RuraL Tourism under Digital Economy[J]. Social Values & Society, 2021, 3(2): 51-53.

[50] Buonincontri, Pitera, Roberto Micera. The Experience Co-creation in Smart Tourism Destinations: A Multiple Case Analysis of European Destinations[J]. Information Technology and Tourism, 2016(16): 285.

[51] Herdin, Thomas, Roman Egger. Beyond the Digital Divide: Tourism, ICTs and Culture. International Journal of Digital Culture and Electronic Tourism, 2017 (1): 1.

[52] Çınar, Kevser. The Digital Revolution: Impact on Tourism Education[J]. Journal of Tourism and Gastronomy Studies, 2020, 8(4): 2417-2443.

[53] Suneel Kumar, Shekhar. Digitalization: A Strategic Approach for Development of Tourism Industry in India[J]. Paradigm, 2020, 24(1): 93-108.

[54] Laplume, André, Karan Sonpar, Reginald Litz. Stakeholder Theory: Reviewing a Theory That Moves Us[J]. Journal of Management, 2008, 34(6): 1152-1189.

[55] Mitchell, R. K., Agle, B. R., Wood, D. J. Toward a Theory of Stakeholder Identification and Salience: Defining the Principle of Who and What Really Counts[J]. Academy of Management Review, 1997, 22(4): 853-886.

第二篇

数字旅游活动

第 5 章　智慧旅游者

Chapter 5　Smart Tourists

学习目标

- 掌握智慧旅游者的定义和特征
- 熟悉智慧旅游者在旅游前、旅游中和旅游后的行为模式
- 了解旅游者体验的概念
- 理解顾客体验的价值
- 掌握智慧旅游体验的概念和维度

自 20 世纪 90 年代以来，随着新一代信息通信技术的创新应用及数字产业的发展，特别是智能技术的广泛应用，旅游消费者行为发生了重大的变化。在这之前，旅游者出行前一般需要事先通过旅游经销商来了解旅游目的地信息，并由旅游经销商具体规划旅游行程，旅游消费者只能购买他们的服务项目。互联网出现后，现代旅游者可以自己在线搜索旅游相关信息和在线进行旅游产品与服务的预订，并能够通过直接的网络沟通过程进行旅游产品与服务的交易。显然，这改变了旅游消费者和旅游供应商之间的关系，同时，使旅游者与旅游供应商之间互动交易的方式产生了基于数字互动及分享平台建立的一种新型主客关系，即从简单的旅游消费者与生产者的关系转变为更为复杂和多样的消费者对消费者、消费者对生产者的关系。特别是在网络社交媒体参与后，这种关系通过消费者的在线评论得以广泛传播，而能够运用现代智能技术或信息通信技术工具的新型旅游者的出现，使上述旅游活动系统的各个要素之间的关系发生了革命性的变化。旅游活动的数字化也使旅游企业的口碑和声誉、营销过程以及客户关系的管理面临新的挑战。

5.1　智慧旅游者的概念

智慧旅游者又可以称为智能旅游者，与一般传统意义的旅游者相比，智慧旅游者的出现与现代智能技术的广泛应用有关。为此，旅游者的含义需要重新界定。我们要定义智慧旅游者，就必须先回答与之相关的一系列问题，包括：旅游者如何理解信息通信技术以及与之产生的关联关系？他们如何感知智能信息技术对旅游者体验的提升作用？他们如何与其他利益相关者互动及实现旅游活动体验价值的共同创造？他们对应用现代信息通信技术参与旅游活动的信任水平如何？等等。

5.1.1　什么是智慧旅游者

"智能技术"是目前在旅游消费者行为中应用最为普遍的数字技术之一，它代表了信息通信技术以及互联网的快速发展对经济与社会发展进步的影响。一般而言，智能技术被定义为"通过创造价值的相互连接与同步的智能设备的相互作用使使用者感知环境，并能自主引导和控制其功能的技术"，如传感与定位技术等。智能技术的特征与消费者行为特征的结合会影响消费者在特定环境的感知体验。而智能技术被整合到企业对企业或企业对消费者的关系环境中，会为服务供应商和服务消费者带来显著的交易效益。这些效益包括降低交易成本、增加灵活性、网络访问和节省时间等。

在应用智能技术提供产品及服务的环境中，能使用智能工具并独立扩展应用范围，可直接与他人互动的用户被称为"智能消费者"。CHEN 等人（2018）将智能消费者定义为自愿参与并有能力与他人分享体验的消费者。这里的体验分享行为是指"客户在为其服务的网络中，为其他人的直接利益而做的努力"。因此，智能消费者又被定义为知情、有关联和有意识的消费者，他们分享和参与企业发起的活动，并为其他参与者的利益从事自愿的活动。这些智能消费者在围绕其共同利益保护建立的群体中，与其他人共同分享其创造的个体体验。而从主客关系互动的角度来看，智能消费者通过与服务供应商的直接或间接互动，或参与供应商发起的其产品或服务的价值创造活动来共创价值。

因此，我们可以将上述问题联系起来考察智慧旅游者的定义。本书中，智慧旅游者就是基于开放地共享数据，使用智能技术与其他利益相关者动态互动，以创造更高水平和更个性化体验的旅游者。显然，智慧旅游者或智能旅游者首先是使用智能技术来参与旅游活动的人，这与现代社会已经进入以信息通信技术应用为代表的数字经济社会有关，也与智慧旅游者使用智能技术参与旅游活动过程获得的体验和参与活动的程度有关。我们由此总结出了智慧旅游者的三个主要特征。

5.1.2　智能技术的使用

智慧旅游者首先是通过使用智能技术来参与旅游活动的人。今天，旅游者会使用不同的信息通信技术工具来获得更具个性化的旅游体验。因此，信息通信技术，特别是智能技术工具的应用已经被认为是影响旅游者体验的一个重大影响因素。在旅游活动中，越来越多的年轻游客开始在不同的体验维度中使用智能技术，而智能手机似乎是首选工具。智能技术的使用是智慧旅游者重要的特征之一。

有研究结果显示，20%的千禧一代通过移动设备办理酒店入住，12%的千禧一代使用移动设备预订酒店客房服务，55%的千禧一代希望能够将智能手机连接到客房的媒体设备，享受旅游服务与娱乐消遣。在这方面，现代博物馆已经成为提供智能技术服务环境来提高游客体验的实验场地，并受到用户的欢迎。例如，美国克利夫兰艺术博物馆的 ARTLENS 画廊在利用智能技术使游客获得个性化体验方面取得了巨大成功。该画廊开发了一个智能手机应用程序，该程序具有增强现实、个性化互动和实时地图阅读功能，游客可以利用画廊里的触摸屏和数字墙，通过不同的手势和应用程序与展品进行互动，以获得关于艺术品的信息。另外，沉浸式技术的应用使旅游者通过线上游戏与绘画、雕塑进行直接物理接触，并使用视频展示游客在游戏和学习过程中创造的内容（图片、数字绘画）。自 2013 年该画廊开启这一程序以来，博物馆参观人数增加了 30%，这证明了旅游者有使用智能技术以获得新型旅游个性化体验的偏好。

另外，伴随着网络信息技术的发展，新一代旅游代理网站和在线旅行中间商（OTA）产生了，它们方便了旅游者信息获取和预订服务体验，旅游供应商通过无处不在的 Wi-Fi 或 4/5G 网络支持的移动应用程序、目的地智能卡和可穿戴设备等，为游客构建新的最具个性化增强的或虚拟化的旅游体验。在旅游者与他人的互动关系中，由于游客还可以在社交媒体上实时分享这种体验，从而获得来自家人和朋友积极的情感支持和鼓励，通常这些体验更令旅游者感到愉快和难忘。

5.1.3　利益相关者互动

智慧旅游者是参与旅游活动使用智能技术的活跃用户，他们使用智能技术不仅是为了增强自身的旅游体验，也是为了与数字旅游活动生态系统中的其他利益相关者进行实时互动。旅游者利用智能技术与不同的利益相关者互动，旅游者与其他数字旅游活动的参与者（包括旅游代理商和旅游供应商）在多个维度共同创造了新的旅游体验，并丰富了旅游体验双方共同创造新的旅游产品与服务的核心价值。在这种共同创造价值的过程中，智慧旅游者可以根据自己的个性化需求和偏好，选择性使用智能技术来控制参与旅游活动的程度，也可以为他们的体验增添附加值。

先前的研究也显示了智能技术在支持旅游者和其他利益相关者互动和价值共同创造方面的潜力与好处。马略卡岛第一家 twitter 体验酒店就是一个具有代表性的案例，它证明旅游者是可以使用智能技术与其他利益相关者共同创造体验的。例如，在这家酒店中，客人作为 twitter 社区的成员，可以直接与社区中其他成员互动，还可以使用一个共同的标签（#Social Wave）分享在酒店住宿及旅游观光中的体验，这种互动通常会与目的地的标签（#Mallorca）结合在一起。游客还可以利用 twitter 社区通过 @SolWaveHouse 联系酒店的工作人员（twitter 礼宾），实时要求任何服务，比如点餐或饮料，同时还可以与酒店的其他游客分享社交媒体档案，包括照片、故事和部分个人信息。因此，在旅游活动中，智慧旅游者可以通过使用移动设备和社交媒体，在与旅游供应商的动态互动中，实现价值共同创造，获得独特的智能旅游者体验。

显然，对于更精通智能技术应用的游客来说，他们希望通过社交媒体与他人分享个人旅游活动信息，共同创造旅游体验。例如，游客之间一般会在社交媒体上互动，以加强社会联系并获得认可；同时，他们会使用社交媒体彼此交流并获取新的信息，通常情况下这些信息是由个人用户生成的。他们通过分享自己的旅游体验，又可以帮助其他游客做出旅游购买决定。此外，根据 Buonincontri 和 Micera（2016）的研究，一些先进的 DMO 已经在利用这一趋势，通过使用智能技术与游客共同创造相关旅游产品与服务的新体验，并使之成为数字旅游新产品与服务开发的组成部分。正如 Buhalis 和 Foerste （2015）所述，通过智能技术动态地让所有利益相关者共同参与、共同创造旅游之体验，这是智慧旅游者的关键特征之一。

5.1.4　行为信息的共享

智慧旅游者在参与旅游活动过程中，会产生大量的个人行为方面的数据。这些数据的来源可能是社交媒体或在线旅游代理，也可能是移动应用程序或目的地数据采集的智能卡等。数据的具体内容会包含游客的姓名、年龄、性别、爱好、访问时间、位置与消费支出、页面持续查看时间、点击路径和频率等。一般来说，智慧旅游者会同意或倾向于与利益相关者分享他们的个人数据，以支持旅游供应商或网络旅游代理，获得为旅游者量身定制的信息。一些研究已经发现，游客通常愿意分享他们的个人信息，以交换通过智能技术获取更好的服务。根据联合国世界旅游组织 2017 年发布的一份报告，70%的游客会在社交媒体上发布旅行照片，从而与其他用户分享个人体验。

智慧旅游者是开放的游客，只要他们对这些数据的潜在用途有信心，他们就会与其他利益相关者分享他们的数据。例如，智慧旅游者越来越多地在旅行规划中使用旅游服务的推荐和个性化系统进行定制旅游。又如，旧金山市通过使用 Utrip 推荐系统为游客提供高度个性化的行程，并根据他们的兴趣、动机、预算和首选旅游目的地实时进行调整；游客也会在目的地网站上选择他们个人偏好的旅游景点，并在此过程中与旅游供应商交换他们的旅行相关数据（停留时间、预算、首次或重复访问、个人吸引力等），当然，旅游服务供应商也会知道数据的价值和保护它们的必要性。旅游供应商则通过挖掘这些数据更深入地了解游客需求。

5.2　智慧旅游者行为模式

在数字经济背景下，数字旅游活动主要是指旅游者参与旅游活动的场景、过程和体验数字化，而了解智慧旅游者的角色，探寻智慧旅游者的行为模式，是数字旅游活动研究的起点。本章中，我们研究智慧旅游者的角色行为模式的一般方法是观察他们参与的与数字旅游相关活动的行为规律。从实践的意义考察，我们将智慧旅游者个体参与数字旅游活动的过程分为旅游前、旅游中、旅游后三个阶段，据此，我们将分别讨论这三个阶段的智慧旅游者的行为模式。

5.2.1　旅游前行为模式

旅游购买决策一直都是旅游消费者旅游前行为模式研究的热点。已有研究结论显示，智慧旅游者旅游活动规划设计与购买决策的过程包括以下四个阶段：想法形成、信息搜索、备选方案评估和旅游服务预订。如今，信息通信技术在旅游购买决策的四个阶段中发挥着越来越重要的作用。

显然，互联网在旅游者出行决策方面越来越受欢迎，因为它提供了比以往更高质量的旅游服务信息。早在 20 世纪 90 年代就有学者预测，互联网将成为搜索旅游信息最重要、最有效的工具。还有学者提出了旅游者进行旅游信息搜索和规划的概念框架，这包括：①旅游者对旅游购买决策感知的有用性，如在去哪里旅游、旅行中做什么、住在哪里等方面的有用性都有所增加；②随着社交网络、智能手机等新媒体的出现，旅游购买决策的信息搜索重点逐渐从仅关注初级产品，如航班和住宿等转向改善旅游体验的信息。

旅游信息搜索的感知价值是影响旅游者购买决策的关键因素，会随着旅游者对信息可靠性与趣味性的感知而上升。在实践中，旅游者购买行为首先是从网络信息资源的可访问性开始的，这是信息搜索感知价值的一部分。网络信息资源的可访问性是指智慧旅游者通过使用不同类型的网络信息技术访问与获得旅游活动场景信息资源的容易程度。高水平的可访问性可以提高旅游者通过使用数字技术感知信息资源的易用性，高水平的数字信息设备也可以支持向旅游者提供更多适用和相关的有效信息。

此外，智能技术的应用还能使旅游者在网络旅游服务信息的比较中感知信息的质量与可信度，即智慧旅游者通过信息技术可以获得的对信息质量及可信度的感知。社交媒体的出现丰富了旅游者的旅游服务网络信息评估与预订的体验。同时，在数字经济条件下，智慧旅游者对旅游活动场景的感知及体验的满意度与获得的旅游活动信息的质量及可信度高度相关，游客可以在旅游活动中通过使用更多的、高质量的信息，提高他们的旅游体验和满意度。

5.2.2　旅游中行为模式

旅游活动中智慧旅游者的行为模式与旅游者在旅游活动中智能技术的使用程度及旅游者对数字旅游活动场景的感知程度有关。Jeong 和 Shin（2020）选取了美国排名前五的旅游目的地，通过了解旅游者在目的地期间参与旅游活动信息技术场景的类型，调查智慧旅游者如何使用智能技术提升其旅游体验和满意度，以及是否影响其后续的行为意图，例如重游的意愿等。该研究的意义在于，旅游者的社会人口学特征、旅游者对智能技术使用的偏好及感知对旅游者行为模式有重要影响。智慧旅游者的行为模式的特点突出表现为个性化、交互性和价值共创。

1. 个性化

旅游供应商的个性化服务有助于满足旅游者多样性的旅游需求，并最大化游客的旅游体验和满意度。个性化使数字技术能够不断向游客提供最相关且最合适的智能旅游服务，从而提升并最大化游客的个体旅游体验。例如，交通路径应用程序为游客提供了最有效的旅游交通路线，这样游客就可以减少驾驶时间，减轻交通拥堵带来的压力，最终改善他们在旅游目的地的体验。

2. 交互性

交互性被定义为旅游者和其他利益相关者之间的沟通程度。旅游者与其他利益相关者之间的交互沟通构成数字旅游者体验的基础。在旅游活动过程中，高层次的交互性会导致旅游者对信息技术更积极的使用态度和看法。此外，数字技术的交互性允许当地旅游目的地收集动态的游客数据，这可以帮助目的地旅游企业营销人员规划设计和提供更有针对性的服务。

3. 价值共创

尽管信息通信技术的应用不足以发展一个完整的数字旅游体验，但可以用于实施动态的主客之间共同创造的价值体验，并为所有利益相关者提供实际价值。在数字旅游活动场景中，旅游者的体验可以由旅游活动中的不同利益相关者共同创造，包括旅游供应商与旅游者、旅游者与旅游者、DMO 与旅游者、DMO 与旅游供应商之间的共同创造。在实际运用过程中，数字旅游活动的价值共同创造与参与其中的利益相关者组成复杂的生态系统密切相关。

5.2.3　旅游后行为模式

互联网的发展不仅改变了人们规划旅游和参与旅游活动的方式，也改变了他们与家人朋友分享旅游经历的方式。通过社交媒体分享旅游后的体验是指在一个或多个社交媒体平台上与他人分享旅游相关经历的行为或活动。分享的内容既包括旅游购买动机的形成过程，也包括旅游地价格、天气状况、餐厅和景点，或者情感和想象（如照片和视频）。现在，越来越多的旅游者选择社交媒体平台作为分享旅游体验的主要工具，所以，社交网络通常比官方网站或媒体分享网站等其他类型的平台提供的信息更丰富。

为什么旅游者要在社交媒体上分享他们旅游后的经历？他们的动机是什么？根据一些学者的研究，利他动机和社交动机是信息共享最重要的动机。利他动机指人们有强烈的动机在网上分享他们的经历，提供有用的建议，以帮助其他旅游者避免使用糟糕的产品和服务。基于归属感和利他主义动机理论，智慧旅游者旅游后共享信息的主要影响因素包括享受、对供应商可能行使的集体权利、表达积极的情感或发泄负面情绪、对其他消费者的关注、对企业积极的建议，以及自我提升的需要等。

社交动机是指消费者保持社会联系和友谊的动机，其对旅游者的分享行为更为重要。在这种情况下，社会影响理论似乎非常适用。社会影响理论认为社会对个体行为的塑造，如对旅游者旅游活动经历的影响会有三个过程：认同、内化和服从。其中，认同发生在当人们觉得自己属于一个社会群体时，如旅游者认为通过社交媒体分享自己的知识会融入这个群体时；内化是指基于某个事实，一个人接受别人的观点，并将其作为自己的价值观和信仰的一部分；为了获得奖励或避免惩罚而采取行动时，服从就发生了。应该指出的是，尽管消费者创造的信息内容每天都在增加，但保持沉默的人数也在继续增加，而且可能以更快的速度增长。因此，理解"沉默的大多数"，即那些不在社交媒体上分享自己经历的人，也越来越有价值。

Oliveira 等人（2020）利用社会影响理论提出了一个解释旅游者在社交媒体上分享旅游经历的动机模型，如图 5-1 所示。

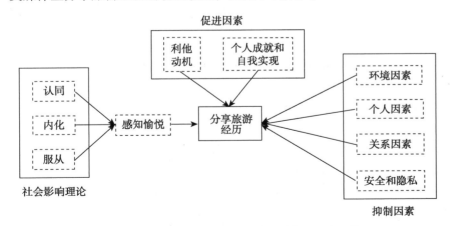

图 5-1　旅游者在社交媒体上分享旅游经历的动机模型

这一研究模型显示，感知愉悦是旅游者在社交媒体上分享旅游经历最重要的动机。而在影响感知愉悦的三个因素中，内化是最重要的因素，其次是认同。这表明人们在社交媒体上分享旅游经历的最重要的原因是为了乐趣，他们感觉这个过程是有趣的和令人愉快的，而不是其他的原因。在促进因素当中，利他动机是更大的影响因素，而个人成就和自我实现的影响较小，这表明很少有旅游者在社交媒体上分享信息是为了获得社会认可。安全和隐私被认为是阻碍人们通过社交媒体分享旅游经历最主要的消极因素，因此，用户对于社交媒体网站的不信任始终是值得关注的一个因素。

5.3　智慧旅游者体验

旅游者体验作为旅游学研究的一个核心概念，一直占据着旅游学研究的重要位置。在过去的十几年里，学术界围绕着旅游者体验进行了大量的研究。

5.3.1　早期的旅游者体验研究

早期的旅游者体验研究致力于强调旅游者体验的主观性和多元性，并用实证和批判性的方式来探讨旅游的本质。20 世纪 90 年代起，人类日常生活、工作时间和休闲时间之间的区分开始模糊，逐渐出现了体验和感官维度的主观性研究，即旅游者体验是多维的，包括旅游者的"情感、身体、智力和精神"。这些体验的互补维度被个人精心处理、解释，甚至可能转化为持久的记忆。为此，旅游者体验通常指一个人对他参与旅游相关活动的情感、认知和行为的主观评价与感受。

但旅游者体验研究的实证方法又不足以捕捉旅游者个人体验的全部内容。这时，科恩的旅游者体验现象学是承认旅游者体验的多样性的一个转折点，他的后续工作加深了我们对旅游者的动机、态度和行为的理解。在这方面，Walls 等人（2011）将旅游者体验概念化为依赖于内部和外部因素组合的一组特征，如个人特征、情境因素、物理因素和人际互动因素等。正如 Uriely（2005）所论证的那样，"旅游体验被描述为一个模糊和多样化的活动现象"，这巩固了旅游者及其体验研究的社会学基础。

在旅游研究的实践应用中，旅游者体验的研究正逐步发展为用于更复杂的社会经济活动的解释。Pine 和 Gilmore（1999）提出了"体验经济"的概念，该概念认为，旅游服务企业需要停止简单地仅仅为顾客提供商品与服务，而应当开始以一种更个性化的方式呈现独特的和难忘的体验来吸引顾客。这些体验不再是单向的，而是企业和消费者共同创造的。正如 Prahalad 和 Ramaswamy（2004）所主张的，消费者意识到他们想要与企业互动并共同创造价值，这打破了以企业为中心的传统市场，开启了一个互动的新时代。在这个时代中，所有利益相关者都得益于信息通信技术提供的旅游者体验。

5.3.2　顾客体验价值的研究基础

顾客体验价值是在体验经济背景下顾客价值与旅游者体验相结合产生的概念。在体验经济时代，体验在消费中的重要性不断凸显，企业也正在通过一系列体验营销更好地满足顾客需求。而顾客体验的价值作为决定消费者行为决策的重要因素，也是顾客体验的重要评价指标，日益成为研究的新热点。顾客体验价值的概念在理论界的定义尚没有统一，经历了从早期的顾客价值到顾客感知价值，再到顾客体验价值的演变，如表 5-1 总结了目前国内外学者关于顾客体验价值的定义。

表 5-1　体验价值定义的汇总

学者	体验价值定义阐述
Holbrook 和 Gorfman（1985）	体验价值是在消费者与产品服务的互动中产生的"互动的、相对的、偏好的体验"
Zeithaml（1988）	体验价值是在旅游消费中游客的感知利益和成本权衡后的整体感觉和总体评价
Schmitt（1999）	体验价值是顾客对于产品属性或服务质量的使用和观察后的感知评价
Mathwick 等（2001）	体验价值是顾客对产品服务的认知及相对偏好，其价值由互动来达成
张凤超，尤树洋（2009）	体验价值是顾客亲身经历消费与企业共同创造并维系的一系列微妙、多样的价值体验
王新新，潘洪涛（2009）	体验价值不是个体所独有的，而是消费者与他人分享，在互动中共同创造而成的
李江敏（2011）	体验价值是体验经济背景下顾客价值概念演进的一种新型顾客价值观

上述研究者大多从以下三个角度来解读顾客体验价值。

第一类认为顾客体验的价值是顾客在与他人或物品的互动中，在具体的消费体验过程中共同创造的体验价值，其体验的价值具有价值共创特性。

第二类认为体验价值归属于顾客感知价值，并将其定义为顾客对产品和服务消费全过程的体验感知的综合评价。

第三类则将体验价值归结为顾客价值的组成部分，作为一种新型的顾客价值观。

我们对比以上三种观点，可以发现第一种观点是大多数学者认可的观点，其基于服务主导逻辑，体现了体验价值的独特性。由此可见，顾客体验的价值具有不同于顾客价值和顾客感知价值的核心特性，即价值共创特性，"共创"的结果是"体验"和"价值"，其核心是通过顾客的参与、互动得到的体验价值。基于以上分析，本书对顾客体验价值的界定是：顾客在参与旅游活动时，到达旅游目的地即进入特定环境，感受当地文化形成的多元的、动态的价值，形成整体评价。顾客体验价值就是在参与活动及互动中共同创造的体验价值。

由于体验价值的概念在学术界尚没有统一，因此对体验价值不同维度的划分及研究路径也有较大差异。国内外学者主要通过内省式、情景关联式和层次式三种不同的体验价值理论进行顾客体验价值的研究。其中，层次式价值结构维度对应了顾客不同层次的不同体验需求，能够较为准确地反映顾客需求水平和层次的差异性，并且其结构维度特征理解和验证方法应用均较为容易，尤其对于服务业具有一定适用性。Sheth 等人基于马斯洛需求层次理论首次建立了五维度顾客体验价值理论模型，包括功能性、社会性、情绪性、知识性和条件性价值。而张凤超等人提出的维度结构与Sheth 类似，将其划分为功能性、社会性、情感性、情境性和认知性价值。Sweeney 和 Soutar、范秀成等人也都认同体验价值维度的层次性特征，并根据服务业研究背景构建了功能性、情感性和社会性三维度层次式体验价值结构。之后，这些论述也经过不少学者的反复沿用与验证。

5.3.3　信息技术变化的影响

在智能技术广泛应用的时代，信息通信技术的出现为智慧旅游者体验赋予了更多的含义。智慧旅游者体验是指旅游者通过智能技术工具使用形成旅游主观与客观感受及价值共创的过程。智慧旅游者对其体验的不断追求产生了一个新的"创造性智能旅游阶层"，旅游者成为"生产者"，并拥有技术工具来重构他们的旅游体验。一些特定的信息通信技术在调节旅游者体验方面发挥了决定性作用，因此被旅游者、旅游公司和旅游目的地广泛采用。社交媒体就是一个典型的例子，游客通过评论、图片、视频等生成内容（UGC）与他人分享经历，以帮助其他潜在的旅游消费者，或者与其他利益相关者保持紧密的社会联系，或者出于其他目的。

显然，随着信息通信技术的创新发展，旅游者体验的含义被重新界定了，但同时，由于移动技术及智能手机的广泛应用，旅游者可以获得更好的连接、更多的信息和乐趣，从而极大地提升了旅游者体验。Neuhofer 等人（2015）定义了智能技术对体验创造的要求。第一，信息通信技术需要允许信息聚合，这意味着它们需要有能力在一个中央平台上收集和存储关于旅游者的信息。第二，需要无处不在的移动连接，即体验创造者和利益相关者需要在一个系统中被连接起来，以促进个性化体验和动态互联。第三，要求实时同步，这是建立在连接和 ICTs 基础设施实时传输和交换信息的能力之上的，可以在正确的时间、正确的地点满足旅游者的需求，从而促进旅游者体验。

5.3.4　智慧旅游者体验的维度

根据智慧旅游者体验的上述研究成果，Femenia-Serra 等人（2018）提出了基于智慧旅游者体验整体概念的智慧旅游者体验的主要维度，这在理论研究和具体的实践中都可以加深对智慧旅游者体验不同层次的理解，包括数据驱动、实时构建、情感感知和价值共创。

1. 数据驱动

旅游大数据作为旅游者参与旅游活动及管理决策的信息来源，对旅游者的体验有明显的影响。旅游供应商现在比以往任何时候都更有可能利用现有的信息源和数据分析技术了解旅游者及其行为。数据驱动，即数据创建、存储、处理和利用的过程，是了解智慧旅游者体验的重要基础。从理论上讲，这些数据包括大家熟悉的如游客流量、紧急情况预测等，一般由不同的利益相关者通过网络平台提供，如旅游管理部门、酒店经营者、餐馆、运输公司、博物馆、文化景点、娱乐公司、银行、科技公司等。

在过去的几年里，许多尖端技术（例如智能技术解决方案）的引入开发了一种更加以用户为中心的数据创造方式（例如通过传感器、智能手表和其他移动设备、云服务的使用创造数据），并允许量化几乎任何参数，开启了以多种形式追踪旅游者数字足迹的可能性。旅游目的地企业可以利用旅游者行为的数据创建更具个性化的旅游体验，从而为旅游者创建更好的服务和产品，这都得益于用户画像、情感分析、需求和行为预测等大数据技术。旅游活动的个性化体验，作为数字旅游发展的驱动力，在很大程度上会基于数据的可用性和处理能力，这既是一个挑战，也是一个机会。

2. 实时构建

基于旅游活动主客关系的旅游者体验的实时同步构建，得益于最新ICTs 的动态互联，以及企业对游客的需求和愿望的即时了解。企业根据游客在特定时间的行为和特定需求进行营销，是旅游者在饮食、交通和住宿服务等领域获得更智能体验的绝佳机会。在企业内部及企业与消费者的互动中，实时同步也是至关重要的，而正是智能技术的引入，才允许数据以更广泛的方式进行同步。同时，得益于数据的可用性，现在旅游企业和公共管理景区可以向旅游者提供最新信息，比如真实的等待时间，这在很大程度上也是基于实时行动的理念来提高旅游者体验的要求。

随着人工智能的发展及其在虚拟助手、聊天机器人甚至机器人管家等方面的应用，人机之间的互动甚至可以达到实时互动的水平，这给游客带来更智能化的体验。对于游客本身来说，在某些特定情况下，如在目的地导航、寻找特定信息或计划活动时，实时互动可能是至关重要的。在这种情况下，实时互动将有助于将相关信息传递给正确的人，以获得更高水平的智慧旅游者体验。

3. 情景感知

情景感知就是对旅游者的个人和旅游行为特征及周围的环境特征的感知。每个旅游者的背景及其参与旅游活动的环境都是不同的。旅游企业对旅游者的了解首先是基于旅游者的个人特征，包含旅游者个性、社会人口特征、价值观等一般的人类特征；此外，还需了解旅游者的行为特征，即旅游的目的、时间长度、流动性等，以构建符合旅游者体验需要的旅游产品与服务。旅游的"环境特征"既包括地理位置和天气等方面，也包括社会因素及对外部环境的不同认知和感受。因此，随着旅游者的需求将随着旅游者遇到不同的旅游活动的物理场景和主客互动的程度而发生动态演变。

移动技术推动了情境感知系统的发展，它们的耦合在数字旅游活动中发挥着关键作用。例如，在数字旅游景区，旅游产品与服务的相关信息可由利益相关方根据游客的位置进行推送。同时，随着物联网的不断发展，以及目的地无线连接的扩展和传感器的使用，将创造无处不在的服务连接，情境感知信息系统将提供它们的全部潜力以增强旅游者体验。社交媒体和智能手机构成了情景感知体验的另一个强大支柱，两者的结合使所有用户都可以获得海量信息。这样，在数字旅游目的地，由于无处不在的连接、移动设备和社交媒体的使用，旅游者比以往任何时候都更有可能获得更具有情境感知的旅游者体验。

4. 价值共创

利益相关者之间的互动与共享数据共同提升旅游产品与服务的价值，也构成智慧旅游者体验的基础。数字旅游的背景下，利益相关者通过技术基础设施可以进行有效的数字化连接，尽管技术的应用不足以发展一个完整的数字旅游体验，但技术可以用于实施动态的智慧旅游者体验的价值共创，并为所有利益相关者提供实际价值。在数字旅游活动场景中，旅游目的地及企业一起积极主动地发挥作用，并应用公共智能解决方案，以更好地吸引游客。通过这种方式，数据驱动的、实时的、情境感知的旅游体验进一步被旅游活动中的不同利益相关者共同创造。因此，在实际运用过程中，数字旅游活动的价值共同创造与参与其中的利益相关者组成的复杂生态系统密切相关，每个利益相关者在生态系统中的角色正变得日益模糊。

关键词汇

智慧旅游者　智能技术　利益相关者　个性化　交互性
顾客体验价值　智慧旅游者体验　数据驱动　实时构建　情感感知

思考题

1. 在数字旅游活动场景中，智慧旅游者具有哪些不同于以往的特征？

2. 智慧旅游者在旅游活动过程中表现出哪些行为模式特征？

3. 试分析信息技术的变化对旅游者体验的影响。

4. 如何理解智慧旅游体验维度分析的意义？

参考文献

[1] Gretzel U. Intelligent systems in tourism: A social science perspective[J]. Annals of tourism research, 2011, 38(3): 757-779.

[2] Buonincontri P, Micera R. The experience co-creation in smart tourism destinations: A multiple case analysis of European destinations[J]. Information Technology & Tourism, 2016, 16(3): 285-315.

[3] Gretzel U, Werthner H, Koo C, et al. Conceptual foundations for understanding smart tourism ecosystems[J]. Computers in Human Behavior, 2015, 50: 558-563.

[4] Gretzel U, Sigala M, Xiang Z, et al. Smart tourism: Foundations and developments[J]. Electronic markets, 2015, 25(3): 179-188.

[5] Demirkan H, Spohrer J. Developing a framework to improve virtual shopping in digital malls with intelligent self-service systems[J]. Journal of Retailing and Consumer Services, 2014, 21(5): 860-868.

[6] Roy S K, Balaji M S, Sadeque S, et al. Constituents and consequences of smart customer experience in retailing[J]. Technological Forecasting and Social Change, 2017, 124: 257-270.

[7] Wünderlich N V, Wangenheim F V, Bitner M J. High tech and high touch: A framework for understanding user attitudes and behaviors related to smart interactive services[J]. Journal of Service Research, 2013, 16(1): 3-20.

[8] Fano A, Gershman A. The future of business services in the age of ubiquitous computing[J]. Communications of the ACM, 2002, 45(12): 83-87.

[9] Chen T, Drennan J, Andrews L. The rise of smart consumers[C]//Australia and New Zealand Marketing Academy Conference (ANZMAC) 2009, 2009.

[10] Chen T, Drennan J, Andrews L, et al. User experience sharing: Understanding customer initiation of value co-creation in online communities[J]. European Journal of Marketing, 2018.

[11] Cova B, Dalli D. Working consumers: The next step in marketing theory?[J]. Marketing theory, 2009, 9(3): 315-339.

[12] Roy S K, Singh G, Hope M, et al. The rise of smart consumers: role of smart servicescape and smart consumer experience co-creation[J]. Journal of Marketing Management, 2019, 35(15-16): 1480-1513.

[13] Bendapudi N, Leone R P. Psychological implications of customer participation in co-production[J]. Journal of marketing, 2003, 67(1): 14-28.

[14] Femenia-Serra F, Neuhofer B, Ivars-Baidal J A. Towards a conceptualisation of smart tourists and their role within the smart destination scenario[J]. The Service Industries Journal, 2019, 39(2): 109-133.

[15] Prebensen N K, Foss L. Coping and co-creating in tourist experiences[J]. Interna-

tional journal of tourism research, 2011, 13(1): 54-67.

[16] Tanti A, Buhalis D. The influences and consequences of being digitally connected and/or disconnected to travellers[J]. Information Technology & Tourism, 2017, 17(1): 121-141.

[17] Alexander J, Wienke L, Tiongson P. Removing the barriers of Gallery One: A new approach to integrating art, interpretation, and technology[J]. Museum and the Web, 2017.

[18] Wang D, Xiang Z, Fesenmaier D R. Adapting to the mobile world: A model of smartphone use[J]. Annals of Tourism Research, 2014(48): 11-26.

[19] Kim J, Fesenmaier D R. Sharing tourism experiences: The posttrip experience[J]. Journal of travel research, 2017, 56(1): 28-40.

[20] Kim J J, Fesenmaier D R, Johnson S L. The effect of feedback within social media in tourism experiences[C]//International conference of design, user experience, and usability. Springer, Berlin, Heidelberg, 2013: 212-220.

[21] Munar A M, Jacobsen J K S. Motivations for sharing tourism experiences through social media[J]. Tourism management, 2014(43): 46-54.

[22] Neuhofer B. Value co-creation and co-destruction in connected tourist experiences[M]//Information and communication technologies in tourism 2016. Springer, Cham, 2016: 779-792.

[23] Xiang Z, Gretzel U. Role of social media in online travel information search[J]. Tourism management, 2010, 31(2): 179-188.

[24] Buhalis D, Foerste M. SoCoMo marketing for travel and tourism: Empowering co-creation of value[J]. Journal of destination marketing & management, 2015, 4(3): 151-161.

[25] Navío-Marco J, Ruiz-Gómez L M, Sevilla-Sevilla C. Progress in information technology and tourism management: 30 years on and 20 years after the internet-Revisiting Buhalis & Law's landmark study about eTourism[J]. Tourism management, 2018, 69: 460-470.

[26] Smallman C, Moore K. Process studies of tourists' decision-making[J]. Annals of tourism research, 2010, 37(2): 397-422.

[27] Buhalis D. Strategic use of information technologies in the tourism industry[J]. Tourism management, 1998, 19(5): 409-421.

[28] Chung N, Koo C. The use of social media in travel information search[J]. Telematics and Informatics, 2015, 32(2): 215-229.

[29] Xiang Z, Wang D, O'Leary J T, et al. Adapting to the internet: trends in travelers' use of the web for trip planning[J]. Journal of travel research, 2015, 54(4): 511-527.

[30] Huang C D, Goo J, Nam K, et al. Smart tourism technologies in travel planning: The role of exploration and exploitation[J]. Information & Management, 2017, 54(6): 757-770.

[31] No E, Kim J K. Comparing the attributes of online tourism information sources[J]. Computers in human behavior, 2015(50): 564-575.

[32] Jeong M, Shin H H. Tourists' experiences with smart tourism technology at smart destinations and their behavior intentions[J]. Journal of Travel Research, 2020,

59(8): 1464-1477.

[33] Madu C N, Madu A A. Dimensions of e-quality[J]. International Journal of Quality & reliability management, 2002.

[34] Alba J, Lynch J, Weitz B, et al. Interactive home shopping: Consumer, retailer, and manufacturer incentives to participate in electronic marketplaces[J]. Journal of marketing, 1997, 61(3): 38-53.

[35] Berthon P, Pitt L F, Watson R T. The World Wide Web as an advertising medium[J]. Journal of advertising research, 1996, 36(1): 43-54.

[36] Neuhofer B, Buhalis D, Ladkin A. Conceptualising technology Enhanced destination experiences[J]. Journal of Destination Marketing & Management, 2012, 1(1-2): 36-46.

[37] Wang D, Li X R, Li Y. China's "smart tourism destination" initiative: A taste of the service-dominant logic[J]. Journal of Destination Marketing & Management, 2013, 2(2): 59-61.

[38] Boes K, Buhalis D, Inversini A. Smart tourism destinations: Ecosystems for tourism destination competitiveness[J]. International Journal of Tourism Cities, 2016.

[39] Kang M, Schuett M A. Determinants of sharing travel experiences in social media[J]. Journal of Travel & Tourism Marketing, 2013, 30(1-2): 93-107.

[40] Wang S, Kirillova K, Lehto X. Travelers' food experience sharing on social network sites[J]. Journal of Travel & Tourism Marketing, 2017, 34(5): 680-693.

[41] Yoo K H, Gretzel U. What motivates consumers to write online travel reviews?[J]. Information Technology & Tourism, 2008, 10(4): 283-295.

[42] Correa T, Hinsley A W, De Zuniga H G. Who interacts on the Web? The intersection of users' personality and social media use[J]. Computers in human behavior, 2010, 26(2): 247-253.

[43] Vannucci A, Flannery K M, Ohannessian C M C. Social media use and anxiety in emerging adults[J]. Journal of affective disorders, 2017(207): 163-166.

[44] Bilgihan A, Barreda A, Okumus F, et al. Consumer perception of knowledge-sharing in travel-related online social networks[J]. Tourism Management, 2016(52): 287-296.

[45] Lee S A, Oh H. Sharing travel stories and behavioral outcomes: A case of travel[J]. Tourism Management, 2017(62): 147-158.

[46] Malhotra, Y., Dennis, G. Model of volitional systems adoption and usage behavior[J]. Journal of Management Information Systems, 2005, 22(1): 117–151.

[47] Yoo K H, Gretzel U. Influence of personality on travel-related consumer- generated media creation[J]. Computers in human behavior, 2011, 27(2): 609-621.

[48] Oliveira T, Araujo B, Tam C. Why do people share their travel experiences on social media?[J]. Tourism Management, 2020(78).

[49] Niemeyer G. The image: A guide to pseudo-events in America [J]. American Political Science Review, 1965, 59(1).

[50] Mossberg L. A marketing approach to the tourist experience[J]. Scandinavian Journal of Hospitality and Tourism, 2007, 7(1): 59-74.

[51] Volo S. Conceptualizing experience: A tourist based approach[J]. Journal of Hospitality Marketing & Management, 2009, 18(2-3): 111-126.

[52] Ryan C. Tourist experiences, phenomenographic analysis, post‐postivism and neural network software[J]. International Journal of Tourism Research, 2000, 2(2): 119-131.

[53] Uriely N. The tourist experience: Conceptual developments[J]. Annals of Tourism research, 2005, 32(1): 199-216.

[54] Urry J. The tourist gaze "revisited"[J]. American Behavioral Scientist, 1992, 36(2): 172-186.

[55] Urry J, Larsen J. The tourist gaze 3.0[M]. Sage, 2011.

[56] Cohen E. A phenomenology of tourist experiences[J]. Sociology, 1979, 13(2): 179-201.

[57] Cohen E. The sociology of tourism: approaches, issues, and findings[J]. Annual review of sociology, 1984, 10(1): 373-392.

[58] Cohen E. Traditions in the qualitative sociology of tourism[J]. Annals of tourism Research, 1988, 15(1): 29-46.

[59] Walls A R, Okumus F, Wang Y R, et al. An epistemological view of consumer experiences[J]. International journal of hospitality management, 2011, 30(1): 10-21.

[60] Pine B J, Pine J, Gilmore J H. The experience economy: Work is theatre & every business a stage[M]. Harvard Business Press, 1999.

[61] Prahalad C K, Ramaswamy V. Co-creating unique value with customers[J]. Strategy & leadership, 2004, 32(3):4-9.

[62] Holbrook M B,Kuwahara T. Probing Explorations, Deep Displays, Virtual Reality, and Profound Insights: The Four Faces of Stereo graphic Three Dimensional Image in Marketing and Consumer Research [J]. Advances in Consumer Research, 1999(26): 240-250.

[63] Zeithaml V A. Consumer perceptions of price, quality, and value: A means-end model and synthesis of evidence[J]. Journal of marketing, 1988, 52(3): 2-22.

[64] Schmitt, B H. Experiential Marketing: How to Get Customers to Sense, Feel, Think, Act and Relate to Your Company and Brands [M]. New York: The Free Press, 1999: 22.

[65] Mathwick C, Malhotra N, Rigodon E. Experiential Value: Conceptualization, measurement and application in the catalog and Internet shopping environment[J]. Journal of Retailing, 2001, 77(8): 42.

[66] 张凤超, 尤树洋. 顾客体验价值结构维度: DIY 业态视角[J]. 华南师范大学学报, 2009, 8: 108-113.

[67] 王新新, 潘洪涛. 社会网络环境下的体验价值共创: 消费体验研究最新动态[J]. 外国经济与管理, 2011, 33(5) :17-23.

[68] 李江敏. 环城游憩体验价值与游客满意度及行为意向的关系研究[D]. 北京: 中国地质大学博士学位论文, 2011.

[69] Sheth, J N, Newman, B I, Gross, B L. Consumption Values and Market Choices: Theory and Applications [M]. Cincinnati,OH:Southwestern Publishing, 1991.

[70] Sweeney, J C, Soutar, G N. Consumer perceived value: The development of a multiple item scale[J]. Journal of Retailing, 2001, 77(2): 203-220.

[71] 范秀成, 李建州. 顾客餐馆体验的实证研究[J]. 旅游学刊, 2006, 21(3): 56-61.

[72] Gretzel U, Jamal T. Conceptualizing the creative tourist class: Technology, mobil-

ity, and tourism experiences[J]. Tourism Analysis, 2009, 14(4): 471-481.

[73] Neuhofer B, Buhalis D, Ladkin A. Smart technologies for personalized experiences: A case study in the hospitality domain[J]. Electronic Markets, 2015, 25(3): 243-254.

[74] Marine-Roig E, Clavé S A. Tourism analytics with massive user-generated content: A case study of Barcelona[J]. Journal of Destination Marketing & Management, 2015, 4(3): 162-172.

[75] Fuchs M, Höpken W, Lexhagen M. Big data analytics for knowledge generation in tourism destinations—A case from Sweden[J]. Journal of Destination Marketing & Management, 2014, 3(4): 198-209.

[76] Choe Y, Fesenmaier D R. The quantified traveler: Implications for smart tourism development[M]//Analytics in smart tourism design. Springer, Cham, 2017: 65-77.

[77] Del Vecchio P, Mele G, Ndou V, et al. Creating value from social big data: Implications for smart tourism destinations[J]. Information Processing & Management, 2018, 54(5): 847-860.

[78] Wang X, Li X R, Zhen F, et al. How smart is your tourist attraction? Measuring tourist preferences of smart tourism attractions via a FCEM-AHP and IPA approach[J]. Tourism management, 2016(54): 309-320.

[79] Lamsfus C, Wang D, Alzua-Sorzabal A, et al. Going mobile: Defining context for on-the-go travelers[J]. Journal of Travel Research, 2015, 54(6): 691-701.

[80] Lamsfus C, Martín D, Alzua-Sorzabal A, et al. Smart tourism destinations: An extended conception of smart cities focusing on human mobility[M]. Information and communication technologies in tourism 2015. Springer, Cham, 2015: 363-375.

第 6 章 旅游者网络行为

Chapter 6   Tourist network behavior

学习目标

- 掌握旅游者网络行为的概念
- 了解旅游者收集网络旅游信息的四种渠道
- 了解旅游者对不同预订渠道的偏好和感知
- 掌握常用的旅游相关网站的评价指标
- 掌握影响旅游者网络旅游预订行为的因素
- 理解旅游者进行网络评价和分享的动机及原因

在经济社会发展过程中,随着网络与智能技术的普及,旅游活动更多地被认为是一种基于信息的活动。从智慧旅游者参与旅游活动的过程来看,一方面,由于旅游产品与服务不能提前直接看到或感觉到,那么旅游产品与服务的预订就是旅游者出行的前提,这也是智慧旅游者个人参与旅游活动的前提;另一方面,由于旅游的生产与服务的消费是在一个地方同时发生的,且旅游活动在同一个地方涉及不同的旅游活动场景,其产品和服务的报价一般也相对较高,由此导致旅游者对其体验的评价不同。对旅游消费者来说,在今天的互联网世界里,这些特征促成了他们比一般商品与服务的消费者更依赖网络行为。

从广义上说,数字旅游活动的全部场景与活动都离不开互联网。基于智慧旅游消费者行为模式的特征,旅游者网络行为主要是指旅游出行前做出的网上购买决策和将该决策转化为旅游活动的评价与分享行为。显然,旅游者网络行为与旅游者实际参与的旅游活动有紧密的联系,即旅游者的实际旅游活动是依靠充分利用相关旅游产品和服务的现有信息,通过网上的分享与评价在网络的世界里完成的。在互联网与信息技术高速发展的今天,旅游活动相关信息的来源与分发方式发生了本质的改变,旅游者网络行为意愿是消费者个人参与数字旅游活动的基础。

6.1　网络旅游信息收集

众所周知，信息技术的显著发展使互联网成为一种应用最为广泛的获取各类信息的有效手段，旅游活动信息的收集也同样依赖互联网。今天，通过互联网，旅游活动的信息搜索与网上预订，已经成为旅游者广泛使用的、越来越占主导地位的工具。目前，全世界的互联网用户数量近 48 亿，这彻底改变了人们旅行的规划和旅游购买行为。在全世界 15 岁及以上的人群中，60%的人倾向于使用互联网搜索旅游信息来做出旅游产品与服务的购买决策。因此，在线旅游信息的收集对旅游者来说是至关重要的。

由于互联网网络来源信息的数量巨大，因此，在线旅游信息大多来自网络信息收集渠道。网络上的旅游活动信息可来源于众多不同的网络信息渠道，旅游者可以通过公共网站和个人网站等收集旅游信息。同时，旅游供应商也会通过各种形式的与旅游相关的网络平台为顾客提供旅游活动信息。

在实践中，当旅游者做出与旅游活动相关的决定，特别是进行网络预订时，他们会首先关心是否有自己喜欢的在线信息来源渠道或特定的信息发布。在线旅游信息来源渠道主要可以分为四种类型：①包含旅游路线、观光与旅游住宿等相关内容的个人博客；②区域及旅游目的地旅游行业及相关公共管理部门的网站；③旅游相关企业或公司网站，如旅行代理、航空公司和酒店等公司的网站；④各类著名的社交媒体网站。

6.1.1　博客

博客是人们根据自己的兴趣爱好搭建的用以分享信息的平台。它与有形日志很相似，不同的是，博客在网上记录新闻、想法和日常事件。从语义上说，"博客"一词有三种不同的用法：①作为一个名词，博客描述一个网站或者一个网站内的应用程序，这个特殊网站或配置文件的拥有者可以输入每一种条目；②作为一个名词，博客描述在博客网站或应用程序上的一篇日志；③作为一个动词，博客描述在博客网站或应用程序上记录和增加内容的行为。一个博客可能包含各种类型的信息，包括图像、视频剪辑、音频文件、可下载的报告及言论等，并被用于各种目的。例如，一些博主使用博客作为在线日记，记录他们的日常生活、观点和自我反思的内容。就博客创作的水平而言，一些博主发布的专业新闻可能与报纸或杂志文本编辑得一样好。博客有各种类型，例如个人博客、企业博客或微博，博客的作者都试图吸引市场的注意，其发布的内容，都可以成为旅游者网络旅游行为的主要信息来源。

在网络旅游行为中，博客首先是识别游客个性化需求或兴趣的重要工具。通过采用语义网络分析和内容分析方法，定性分析旅游博客领袖们发表的意见，我们可以了解旅游者与特定旅游目的地之间的关系。例如，旅游博客中那些使用频率最高的关键词，一般表达了旅游者旅游体验的不同方面，包括景区规划的合理性、住宿服务的特色、优质餐饮的选择和交通的便利等。从市场营销的角度来看，很多个人博客已经显示出其作为旅游供应商最重要的营销工具所具有的巨大潜力，一些著名的个人博客网站上的旅游广告逐渐增多就反映了这一事实。同时，个人博客也是收集客户意见的一种有用且经济的方式。我们看到，信息技术的发展和越来越多的个人旅游博客，使旅游供应商的营销组织与营销人员能够以一种经济有效的方式销售其旅游产品与服务，评估他们的旅游服务质量，引导和提高旅游者的旅游活动体验。

旅游消费者对参与相关旅游活动的个人博客或企业博客博主的关注程度，对旅游供应商来说具有重要的意义，特别是那些想跟顾客保持长期关系的旅游供应商。它们利用参与理论来理解个人博客的广告效应和旅游产品的购买意愿，消费者对网络博客上发布的广告形成的良好印象越多，旅游者参与某种类型旅游活动的可能性就越高。事实上，博客发表的旅游活动相关信息是一种积极的广告传播方式，博客会影响旅游消费者对某一品牌的态度，博客中的主题内容对旅游者购买意愿的影响发挥着决定性的作用。

6.1.2　公共网站

公共网站通常是由国家或地方及行业专业组织创建的面向公众的网络平台。公共网站又被称为门户网站，它可以帮助旅游者查找和收集分散在整个互联网上的信息。一些与旅游活动相关的著名公共网站，包括由各国国家旅游组织（NTO）和旅游目的地营销组织（DMO）建设的网站，都有有关其他网站发布的旅游信息的入口。虽然一些地方政府及行业组织公共网站的使用方法和结构各不相同，但其建设的目标都与网站的流量、信息发布和特定区域的访问者几个因素有关，这些旅游公共网站的目的也都是为游客提供相关信息，增加游客数量及促进消费，以支持所在地的旅游发展。

Kaplanidou 和 Vogt（2006）在旅游相关公共网站的研究中，采用技术接受模型考察了地方旅游目的地营销组织网站的有用性及其对旅游者旅游意愿的影响。该研究提出了一个网站有用性模型，以考察网站的特征对旅游意图的影响。这些网站的有用性特征，作为该模型中的解释变量，包括易于导航（易于获得用户想要的信息）、网站内容（文本和视觉）、可访问性（网页的加载时间）和消费者个人使用的特征（例如消费者个人互联网使用经验、在线旅游规划经验以及之前访问某个目的地或其网站的次数）等。其中，网站内容因素（旅游信息功能和视觉效果）是网站有用性研究中用到的最显著的预测因子，它说明网站有用性是旅游者通过网络预订访问某一旅游目的地意愿的关键驱动因素。

另外，公共网站的信息质量和系统质量会影响消费者网络行为的满意度。很多的研究结果表明，信息的质量与网站流量来源和网站覆盖的内容区域有关。就网站系统质量而言，用户寻找的旅游信息通常与当地地图、交通和住宿有关。这些信息对旅游网络预订是至关重要的，而且信息质量与网站满意度的关系大于系统质量。一般而言，网站满意度对网站重复使用或向其他用户推荐的意愿有正向影响。

6.1.3　公司网站

公司网站是由旅游相关企业或公司运营的提供与该企业组织或服务有关具体信息的网络平台。那些与旅游活动相关的公司，包括航空公司、汽车租赁公司、邮轮公司、酒店、铁路公司和旅行社等，都在它们自己的网站上，专注于特定的主题或特定的产品与服务，向公众提供与旅游活动相关的产品与服务的信息。旅游者通过公司网站既可以获得与该公司特定业务领域相关的旅游信息，也可以通过在线支付系统购买该公司的旅游产品与服务。公司网站的特征非常重要，不同的公司网站功能的重要性也不同，一般其重要的功能包括产品和服务的价格、在线预订和订购、行程安排和计划、地图和交通信息等。旅游者对公司专业网站期望最高的五个功能是：电子邮件、产品与服务的价格、在线预订、在线客户处理、产品和服务的特色。

Law 和 Hsu（2006）进行了一项评估酒店网站维度及功能重要性的研究。他们将浏览酒店网站获取信息的个人与通过在线预订进行实际购买的个人进行了比较。基于五个不同的维度——预订信息、设施功能介绍、公司联系信息、周边地区信息和网站管理信息，其中预订信息被认为是最重要的因素。研究结果还显示，在线购买者和在线浏览者都将酒店及住宿的房价视为预订信息中最重要的因素，并认为实时预订是非常重要的功能。

6.1.4　社交媒体网站

社交媒体网站是指那些创造、分享和交换信息及想法的人们之间进行互动和交流的网站。Kaplan 和 Haenlein（2010）将社交媒体定义为一组基于互联网的应用程序，该程序允许创建和交换用户生成的内容。这些网站的信息包括人们的兴趣、经历、活动、观点或现实生活中人们之间的联系。这些社交媒体网站上的信息是实时的，人们可以在任何时间、任何地点进行访问。目前，由于通信技术的发展和移动设备的普及，社交媒体网站的使用在全球范围内迅速增加。

在旅游活动领域，社交媒体网站帮助旅游者发布和分享他们参与旅游活动的相关意见、评论和个人经历。例如，旅行者公开发布的旅游目的地信息，包括实时天气或交通、旅游活动体验以及对旅游目的地的看法。Xiang 和 Gretzel（2010）调查了旅游相关搜索引擎结果中出现的一些社交媒体。他们通过使用一组定义的与旅游相关的关键词（包括住宿、酒店、活动、餐厅和购物等），结合九个美国旅游目的地名称，确定了旅行者使用搜索引擎进行旅游规划的关键特征。在所有的搜索结果中，社交媒体占据了相当大的比例，说明搜索引擎将游客导向了社交媒体网站。分析结果还提供了社交媒体类型的细分，以及社交媒体和搜索查询之间的关联。

6.2　网络旅游预订

网络旅游预订一般发生在旅游者参与旅游活动场景的互动之前，与网络旅游信息收集一样，属于旅游消费者参与数字旅游过程的一部分。在具体的应用过程中，网络预订行为的差异与网络预订的意愿及网站的质量高度相关。

6.2.1　网络旅游预订的概念

对旅游购买决策行为的研究长期以来受到广泛的关注。早前的研究主要是从旅游经销商的角度出发的，近年来，随着数字旅游的发展，许多学者提出从智慧旅游者参与旅游活动的角度对旅游产品与服务的预订行为及其偏好进行分析。在这些研究中，在线或网上预订行为和线下预订行为（传统的旅行社预订等）的比较问题被广泛讨论。人类进入 21 世纪以来，万维网在技术上的突破和巨大的经济价值使其发展达到了全盛的时期。如今，作为智慧旅游者的游客更喜欢使用互联网搜索旅游信息，并通过网络渠道进行旅游产品与服务的实际预订。网络旅游预订是指旅游者通过在线平台、智能手机或应用程序进行旅游产品与服务预订的行为。利用全球网络设施，旅游者现在可以选择他们想要使用的任何网络旅游预订渠道进行旅游产品与服务的直接预订（如通过酒店自营网站）或间接预订（通过第三方网站）。

从旅游供应商的角度，旅游与酒店企业一般会在不同的网络渠道中制定不同的产品分销策略，这显然会影响旅游者网络预订的偏好，甚至网络预订的意愿，例如，一些旅游供应商自己网站上的产品与服务的销售价格通常要比其他第三方在线销售渠道上的价格高，这可能是由于旅游供应商需要给第三方网络预订补偿费用。互联网的发展为消费者提供了无数网络旅游预订的机会，网络旅游预订渠道的应用今天已经是旅游者首选的旅游预订行为。尽管传统的线下预订渠道仍然也是主要的销售工具，但它们在供应商分销组合中的比例有不断下降的趋势，这显示了在线或网络旅游预订的发展前景。

在具体的旅游活动中，网络旅游预订的选择偏好是与旅游活动相关的特征相关联的。Coenders 等人（2016）以西班牙游客为样本，发现在经济型酒店、提前规划的旅游、夏季旅游或与亲朋有关的旅游中，游客会频繁地使用互联网。相反，那些在旅游目的地当地居住时间较长的人和来自偏远地区的人不太喜欢互联网。Masiero 和 Law（2016）研究了客户对酒店预订渠道的选择，比较了直接渠道（酒店网站）和间接渠道（在线旅行社、目的地管理组织网站）的差异。他们发现，住宿时长与通过酒店网站进行的预订呈正相关。除此之外，旅游的目的不同、团队规模或旅游者的经历不同等，也会影响网络旅游预订渠道的选择。

与网络旅游预订相比，传统旅游中介的（如旅游运营商或旅行社）线下旅游预订的市场份额，在过去几年持续下降，特别是旅游者通过传统的旅行社预订酒店及住宿服务的规模有了显著的下降。现在仍有相当一部分游客喜欢通过传统的旅行社或电话进行预订，这主要是因为游客对旅行相关风险的担忧，游客对网络服务中间商收集和滥用个人信息的担忧也可能是阻碍在线网络旅游预订的一个障碍。

另外，传统旅行社的衰落也是旅游者选择网络旅游预订渠道的直接原因。近年来，旅游者对旅行社的看法并不乐观。因此，传统的旅游代理模式可能不再适用于目前的旅游行业。

大量的研究还关注社会人口学特征是如何影响旅游预订渠道的选择的。然而，关于这一点的经验证据是复杂的。例如，使用互联网进行旅游活动前旅行规划，在高学历和高收入的游客中更为普遍；网购预订的频率也与年龄、教育程度和收入呈正相关。一般年轻的游客、在职的游客和国际游客更依赖线上网络预订渠道，而线下旅行社则更受年长游客的青睐。另外，社会互动、工作人员的专业知识、节省时间的可能性等也被认为是一些游客选择网络旅游预订的主要原因。

6.2.2 网络信息渠道的选择

旅游者对信息收集渠道的选择是网络旅游预订的基础，它涉及对网络旅游信息来源的评估。关于各种网络渠道收集的信息进行评估或评价的研究很多。旅游相关网站信息评估研究中最常用的概念有：易用性、安全性/隐私、信息可靠性、速度快和特色化等。显然，网络信息来源的评价也与网站建设是否成功的因素有关。

1. 易用性

易用性是指一个网站所提供的旅游信息或服务易于获得和使用的程度。这一属性涉及旅游者可以轻松找到在线信息资源网站提供的信息和/或服务的程度。易用性试图确定用户是否可以随时随地访问相关的旅游网站。在实际应用中，易用性一方面被定义为网站的易于操作和导航的便利属性；另一方面则是网站在直观操作方面易于使用。Lee（2010）将博客的易用性定义为无须注册流程就能轻松访问信息的能力。在这方面，有学者利用 e-满意度模型，通过访问因子来验证在线用户对旅游网站易用性的满意度。

2. 安全性/隐私

在商业市场、金融部门和公共机构等许多领域，安全性被视作网站的一个重要属性，因为用户往往对所提供的个人信息（如信用卡号码）可能被滥用或误用感到敏感。可以说，网络信息渠道的选择一定程度上取决于网站保护用户个人信息以及网站运营者提供信息的能力。因此，网站安全性，即在旅游网站上进行交易时个人信息的安全性是在线交易至关重要的隐私特征。一些经常使用的关于网络安全性的评价因素有以下三种形式：①在传输和随后的存储过程中保护信息；②网站在线购买或预订的安全性；③隐私或保密的声明。

3. 信息可靠性

旅游业是一个基于信息化的行业，由于旅游产品和服务的无形性，信息化是必不可少的。因此，通过在线旅游信息源提供优质信息，满足消费者的需求和期望是至关重要的。信息可靠性被认为是网络系统传达高质量信息的意图及能力。其中信息对任务的契合度被用来定义信息质量。在具体的实践中，评估信息内容的通用标准包括准确性、及时性、简明性、相关性、可靠性和完整性等。但信息质量，也就是可靠性也被普遍认为是旅游者感知服务质量的关键因素。

4. 速度快

评估/评价的速度一般是指利用网络平台的买卖双方无间断交流与反应的速度，它包括用户感受到的旅游网站的速度和用户与网站管理员之间的快速响应。相较于那些感知速度较低的网站，消费者倾向于使用那些感知速度较高的网站，一方面显示出旅游代理商或供应商"更积极、更可爱、更友好"的姿态，另一方面表明拥有广泛互联网经验的客户比那些互联网经验有限的客户拥有更积极、更强的与供应商的联系。这说明，网站互动交流的高速度、相互沟通的高交互性，可以显著提高客户通过网络对旅游企业或公司的认知与满意度。

5. 特色化

特色化可定义为信息渠道能够为满足个人客户需求而定制的产品与信息服务的个性化程度。例如，它可以指网站的定制内容能在多大程度上为用户提供符合其特定需求的相关和最新的信息，包括根据客户的消费模式和偏好为客户进行个性化设计，从而使客户获得最佳的在线体验。特色化的网络平台或网站定制为客户节省了时间，甚至提高了对服务质量的感知，它是旅游者网络信息渠道选择的重要因素。

6.2.3　网络预订行为差异

随着互联网的发展，旅游者对网络预订体验的感知及态度与过去相比发生了明显的变化。Chen 和 Schwartz（2013）通过记录顾客对酒店入住日期的感知和预订行为的关系来研究其预订行为的差异，发现旅游者往往只在入住前几天时间里预订酒店，因为他们认为酒店房间或服务不太可能售罄，在这个时间预订他们会得到更好的待遇，这是一个有趣的想象。同样，大量的网络预订酒店的研究分析结果显示，旅游者先前的网络预订体验或感知到的友好度，会一直影响旅客对网络预订的态度。因为，一般而言，那些经常预订酒店的旅游者会比偶尔预订酒店的人更倾向于通过网络预订酒店。这表明，对技术的积极态度可以通过不断增加的消费来发展，进而进入相对稳固的"壁垒"，并会随着时间的推移而强化。这往往会使酒店努力吸引客户直接使用酒店自营网站来预订客房服务，而不是使用在线中介预订系统预订。

旅游者在线下和线上的旅游预订行为是存在显著差异的。对于一些复杂和有计划的旅行，游客更倾向于选择传统的旅行社。因为一些线下旅行社会为长途旅行者在行程规划上投入更多的精力，还能为这种复杂的长途旅行提供一些友好及个性化建议。Wu 等人（2013）应用数据挖掘技术预测酒店网站浏览者和购买者的行为，发现当旅游者计划较长时间的旅行时，更有可能在线网络预订酒店房间。另外，不同旅游目的地的购买决策对互联网预订的使用也是有影响的。例如，出国旅行一般会更倾向于网络旅游预订。事实上，通过使用收集的数据，发现出国旅游人数与使用互联网进行旅游预订之间存在正相关关系。再者，就短距离的旅游而言，尽管在线销售有利于旅游产品与服务，但短距离的旅游预订者还是想避免向在线旅行代理支付服务费。

近年来，人们对影响旅游者在线购买行为的因素进行了不同的研究。

首先，影响旅游者网络旅游预订行为的重要因素是经济利益。因为旅游者在线购买行为与旅行者的不同利益需求有关，因而旅游者在线购买旅游产品与服务的行为指向更多地受经济利益影响。例如，旅游者直接从旅游供应商的直销网络平台订购产品，是因为交易成本较低。不可否认，由于互联网具备交互性和网络性的特征，且消费者可以通过不同的网络平台进行价格比较，进而做出购买决策，即消费者轻触指尖便能进行比较购物，经济利益的因素对消费者网络预订的影响日益增强。

其次，技术变化的因素对网络预订行为的影响不容忽视。一些研究表明，使用网络预订的酒店客人认为信息搜索和交易的便利性比价格更重要，便利性也是互联网给予旅游消费者最大的好处。这表明消费者对技术应用的认同也是在线预订行为最重要的影响因素之一。数字技术的应用对网络预订旅游者行为的影响包括更多的选择和趣味性等。轻点一下鼠标便可以在全世界范围内买到想要的旅游商品与服务。对同样的产品与服务，消费者可以有更多的选择。由于消费者能够通过各个服务网站、厂家问题解答（FAQ）、搜索引擎等收集到众多与产品相关的信息，因此他们能轻易地进行比较做出购买决策。

6.2.4　预订行为意愿与网站质量

旅游者在线网络预订意愿会强烈地依赖于网站的设计与建设质量，也受到网站的审美吸引力、有用性及游客感知的影响。有学者使用技术接受模型改进用户对酒店网站趣味性的感知。有研究结果显示，趣味性可能是潜在客户使用相关网站的主要因素。因此，旅游代理商与旅游供应商有必要考虑上述因素，通过信息智能技术为顾客提供关于其产品与服务的完整、有用、可靠和有趣味性的信息，并在网站设计和维护时考虑这些因素的影响，因为这些因素会直接影响旅游者的网络预订意愿。

网站质量与网站开发的过程密切相关，包括开发的相关设计、内容及组织的基本问题。显然，我们可以从多种不同的角度来评估网站的质量，包括网站导航设计、网页布局、信息过滤机制、照片及网站内容描述和在线评论等。但一般来说，网站的可用性和吸引力不能仅靠直接观察，它还依赖于用户使用时的主观感知，包括承诺、信任、态度和感知乐趣等。在这方面，消费者的创新性或感知行为控制等心理因素被很多研究者提出作为解释旅游者网上购买意愿的因素。当然，从研究人员的观点来看，一般网站的这些多维结构会难以测量，通常无法直接观察到。

数字技术已经被视为一种战略性工具，通过数字技术收集到的数据是企业的战略资产。许多旅游供应商与顾客的网络联系不仅可以通过自有网站可以进行，还可以通过专门设计的社交媒体页面、博客、移动应用程序和其他数字技术在线信息平台进行。这既能为客户提供更多的有价值的信息来源，也使旅游供应商与客户的联系更具多样性，互动的形式和内容也更广泛，这是影响旅游者网络旅游预订行为的重要因素之一。

6.3　在线评论与分享

随着互联网和社交媒体的不断进步，万维网不仅伴随着新一代的消费者成长，并已成为他们每天生活的一部分，也正在改变着消费者体验及信息的传播方式。社交媒体网络平台允许游客通过数字化信息技术，比过去更广泛地分享知识和情感体验。特别是公共评论网站和虚拟社区的创建，新的社会互动形式的存在条件已经具备。现在，互联网的发展改变了以往主要发生在旅游者之间原始的基于"相互信任"的信息分享模式。过去通常是私人的、不公开的经验或体验信息，现在已经进入了全球消费者信息数据库，可以供众多的旅游公司利用和分析。此外，由于互联网普及形成的个人"虚拟身份"，使公共和社会媒体网络平台能够"实时"记录和分享旅游者的旅游体验。

6.3.1　在线评论与分享的动机

在社交媒体上，旅游者不仅分享知识，也分享体验。本书前面已经论述，旅游体验可以被定义为"一个人对与他/她的旅游活动相关的事件与经历（情感的、认知的和行为的）的主观评价"。这些体验发生于旅游活动之前（旅行规划和准备），期间（参与旅游活动）和之后（回忆）。这种体验是主观的，也是个人的，这取决于个人对特定旅游地点和产品（如景区和住宿）的感知与反应。其实，旅游者的评论与分享不仅包括与旅游活动属性相关的客观事实，如天气和交通等，还可能包括个性化的情感交流、想象和对参与旅游活动的幻想，这些内容会通过照片、在线交流中的表情符号和其他语言标记来表示。

顾客体验分享的动机通常被视为对其本人及消费价值的肯定。当顾客与他人分享一个积极的事件时，分享的不仅是亲身体验的该事件本身，还有通过该事件而产生的积极的感受。在这一过程中，顾客通过谈论他们以前的消费活动来发展他们的自我形象和自我概念，因为顾客以前消费的价值和意义可以通过分享而不仅仅是购买来加强。例如，顾客与他人交谈或讲述自己的故事以塑造与构建自己的身份。这也是今天各类旅游者愿意用文字、图片和视频分享旅游体验的主要动机之一。

如果说过去的顾客体验分享仅限于特定时间内的"熟人的圈子"，那么在网络的世界里，游客却可以在不同的时间和范围内，在线创造和分享他们的体验，并获得满足感。社交媒体构建了许多不同形式的公共网站可以支持旅游者在网络的世界里，分享自己的各种体验。这些不同社交媒体网站类型的差异，体现在社交互动的程度、交流时间的长度与广度、信息数量和语境的丰富性。在旅游活动中，这些不同的平台允许用户定制交流范围，以此可以区分私人共享和公共共享。同时，新媒体和移动技术的发展增加了实时体验分享的可能性。

6.3.2　个人自我期望与社会交际期望

旅游消费者在线评论与分享行为动机的研究分为个人行为自我期望和社会交际期望两大类。个人自我期望很大程度上是以自我为中心，包括获得尊重和认可、增加社会联系、增强自尊、享受在线活动以及期望获得进一步的合作机会等。以自我为中心的分享动机与社会资本的维持和/或增加有关，其形式包括增加互动、信任、认同和互惠。例如分享内容的创造者或许可以帮助其他游客将决策的风险降至最低。风险降低被认为是购买昂贵和复杂产品（如某些假日旅游）的关键。

社会交际期望是指游客对在线评论与分享可能对社区或其他社交媒体用户产生影响的预期。事实上，旅游评论作者的动机，也包括为其他旅游者的福祉做出贡献。值得说明的是，个人期望与社交期望通常相互关联，难以区分。在线服务他人可以为个人提供一种自我效能感，同时也会提高一个人在群体（如在线社区）中的地位。虽然游客在解释分享行为的原因时可能倾向于使用利他主义或与社区相关意愿的术语，但他们也可能是为了个人利益，如加强声誉或增强自我效能感。尽管如此，一个以自我为中心的理由，比如为一个对自己有用的网站做贡献，可能同样与社区相关因素相联系。

不同类型的社交媒体在社交线索、范围、等级和控制特征上存在很大差异。对评论类网站的实证研究表明，具有不同动机因素的游客往往会对不同的网站做出贡献。共享虚拟内容的可访问性和社交媒体网站的规模（如用户数量和可用内容量）可能会影响在线信息共享的价值感知。另外，并不是所有的人都愿意在网上分享他们的经历，不参与分享的重要原因可能包括机会成本、隐私考虑和低群体归属感等。

6.3.3　在线评论与分享的消费者信任

现在，旅游者越来越依赖于在线分享与评论来规划他们的旅行，从而绕过旅行社或旅游代理商。特别是从那些提供旅游者体验生成内容的网站获得的建议可能也会影响旅游者的决定，比如去哪里度假、预订什么样住宿服务等。在线旅游评论与分享的内容，可以帮助消费者识别最好的酒店、餐厅和景点，也可以使旅行者避免最差的产品和服务，最终改善他们的购买决策和旅游活动体验。

旅游研究表明，与旅游目的地官方网站、旅游代理商和大众媒体网络发布的内容相比，社交媒体旅游消费者个人的评价与分享的内容往往更值得信赖。然而，近年来大众媒体的消费者评价与分享开始遭到质疑，这可能是由于一些大众媒体的虚假内容无法控制地增长，例如一些不良商家冒充客户或鼓励员工写假评论，甚至负面评论他们的竞争对手等。因此，对于许多用户来说，并不是所有的消费者评论都是由真正的消费者撰写的，网站上的垃圾评论也非常普遍。随之而来的问题是：为什么旅游消费者会信任在线评论网站上的评价？对用户生成内容的信任是否会影响旅游消费者行为？

首先，信息来源的可信度被认为是消费者接受传统口碑信息的基本前提。与面对面交流不同的是，消费者不能采用非言语线索来评估在线评论与分享的可信度。在网络口碑传播中，正确评估关于特定旅游服务与产品的信息源的可信度是很困难的，因为评论可能是由匿名的信息源撰写的，这些信息源与接收者之前没有任何关系。近年来，也有很多研究探讨了信息来源可信度对旅游者可感知的信息有用性的影响。在许多相关的旅游文献中，也揭示了信息来源可信度与使用用户生成内容进行旅游规划的意愿之间的微弱关系。

其次，在线评论中包含的信息质量的可信度，被定义为"从信息特征的角度看消费者评论内容的质量"。它对在线评论与分享的消费者的信任度是有影响的。人们发现，可预测的信息质量、可用度和购买意愿是旅游供应商在商业网站中获得信任度的重要因素。事实上，人们认为信息越可靠，在做出决策时就越有用。因此，如果旅游者认为评论与分享提供的信息是可信的、及时的、有用的、有价值的、完整的、相关的，可以满足他们的信息需求，他们就会更加信任在线评论与分享的信息，因为他们会认为这些信息来自真实的客户，而不是来自有偏见的信息源。

最后，顾客满意度被认为是衡量在线评论和分享的消费者信任的最重要的因素。一般而言，顾客对特定的在线评论与分享消费体验的信任，来自特定的旅游公司及其产品或服务所累积的经验，因此它也不是由特定交易产生的满意度，而是对双方关系历史整体评估的结果。对信任在线评论与分享的用户来说，如果他们对之前的旅游活动体验感到满意，那么他们就更有可能信任在线评论与分享的内容。事实上，在进行旅行规划时，用户会搜索在线评论的提示和建议，帮助他们改善购买决策，如果收到的提示达到或超过旅游者的期望，那么他们就对信息搜索体验感到满意。

关键词汇

旅游者网络行为　博客　公共网站　公司网站　社交媒体网站
易用性　安全性　网站质量　个人自我期望　社会交往期望

思考题

1. 旅游者收集网络旅游信息的渠道有哪些？
2. 旅游者对预订渠道的偏好和感知受哪些因素的影响？
3. 对旅游相关网站进行评估的因素有哪些？
4. 影响旅游者网络旅游预订行为的因素有哪些？
5. 试分析旅游者进行网络评价和分享的动机。
6. 试分析旅游者会信任网络评价和分析内容的原因。

参考文献

[1] Xiang Z, Gretzel U. Role of social media in online travel information search[J]. Tourism management, 2010, 31(2): 179-188.

[2] Kang I, Bonk C J, Kim M C. A case study of blog-based learning in Korea: Technology becomes pedagogy[J]. The Internet and Higher Education, 2011, 14(4): 227-235.

[3] O'Leary D E. Blog mining-review and extensions:"From each according to his opinion"[J]. Decision support systems, 2011, 51(4): 821-830.

[4] Huang C Y, Chou C J, Lin P C. Involvement theory in constructing bloggers' intention to purchase travel products[J]. Tourism Management, 2010, 31(4): 513-526.

[5] Sørum H, Andersen K N, Vatrapu R. Public websites and human–computer interaction: An empirical study of measurement of website quality and user satisfaction[J]. Behaviour & Information Technology, 2012, 31(7): 697-706.

[6] Kaplanidou K, Vogt C. A structural analysis of destination travel intentions as a function of web site features[J]. Journal of Travel research, 2006, 45(2): 204-216.

[7] Kwon O B. Context prediction using right and wrong patterns to improve sequential matching performance for more accurate dynamic context-aware recommendation[J]. Asia pacific journal of information systems, 2009, 19(3): 51-67.

[8] Law R, Hsu C H C. Importance of hotel website dimensions and attributes: Perceptions of online browsers and online purchasers[J]. Journal of Hospitality & Tourism Research, 2006, 30(3): 295-312.

[9] Kaplan A M, Haenlein M. Users of the world, unite! The challenges and opportunities of Social Media[J]. Business horizons, 2010, 53(1): 59-68.

[10] Murphy H C, Chen M M, Cossutta M. An investigation of multiple devices and information sources used in the hotel booking process[J]. Tourism management, 2016(52): 44-51.

[11] Stangl B, Inversini A, Schegg R. Hotels' dependency on online intermediaries and their chosen distribution channel portfolios: Three country insights[J]. International Journal of Hospitality Management, 2016(52): 87-96.

[12] Toh R S, DeKay C F, Raven P. Travel planning: Searching for and booking hotels on the internet[J]. Cornell Hospitality Quarterly, 2011, 52(4): 388-398.

[13] Coenders G, Ferrer-Rosell B, Martinez-Garcia E. Trip characteristics and dimensions of internet use for transportation, accommodation, and activities undertaken at destination[J]. Journal of Hospitality Marketing & Management, 2016, 25(4): 498-511.

[14] Masiero L, Law R. Comparing reservation channels for hotel rooms: A behavioral perspective[J]. Journal of travel & tourism marketing, 2016, 33(1): 1-13.

[15] Schegg R, Stangl B, Fux M, et al. Distribution channels and management in the Swiss hotel sector[M]//Information and communication technologies in tourism 2013. Springer, Berlin, Heidelberg, 2013: 554-565.

[16] Castillo-Manzano J I, López-Valpuesta L. The decline of the traditional travel

agent model[J]. Transportation Research Part E: Logistics and Transportation Review, 2010, 46(5): 639-649.

[17] Golmohammadi A R, Jahandideh B, O'orman K D. Booking on-line or not: A decision rule approach[J]. Tourism Management Perspectives, 2012(2): 85-88.

[18] Park S, Tussyadiah I P. Multidimensional facets of perceived risk in mobile travel booking[J]. Journal of Travel Research, 2017, 56(7): 854-867.

[19] Talwar S, Dhir A, Kaur P, et al. Barriers toward purchasing from online travel agencies[J]. International Journal of Hospitality Management, 2020(89): 102593.

[20] Chiappa G D, Zara A. Offline versus online intermediation: A study of booking behaviour of tourists travelling to Sardinia[M]//Information and communication technologies in tourism 2015. Springer, Cham, 2015: 709-721.

[21] No E, Kim J K. Comparing the attributes of online tourism information sources[J]. Computers in human behavior, 2015(50): 564-575.

[22] Lee H R. A study on the effects of hotel brand blog characteristics on the blog flow[J]. Unpublished master's thesis, Kyonggi University, Seoul, 2010.

[23] Wu E H C, Law R, Jiang B. Predicting browsers and purchasers of hotel websites: A weight-of-evidence grouping approach[J]. Cornell Hospitality Quarterly, 2013, 54(1): 38-48.

[24] Amaro S, Duarte P. Online travel purchasing: A literature review[J]. Journal of Travel & Tourism Marketing, 2013, 30(8): 755-785.

[25] Chan I C C, Lam L W, Chow C W C, et al. The effect of online reviews on hotel booking intention: The role of reader-reviewer similarity[J]. International Journal of Hospitality Management, 2017(66): 54-65.

[26] Nguyen H T T, Nguyen N, Pervan S. Development and validation of a scale measuring hotel website service quality (HWebSQ)[J]. Tourism Management Perspectives, 2020(35): 1-10.

[27] Quaglione D, Crociata A, Agovino M, et al. Cultural capital and online purchase of tourism services[J]. Annals of Tourism Research, 2020(80): 1-11.

[28] Buhalis D, Law R. Progress in information technology and tourism management: 20 years on and 10 years after the Internet——The state of eTourism research[J]. Tourism management, 2008, 29(4): 609-623.

[29] Volo S. Bloggers' reported tourist experiences: Their utility as a tourism data source and their effect on prospective tourists[J]. Journal of Vacation marketing, 2010, 16(4): 297-311.

[30] Jacobsen J K S, Munar A M. Tourist information search and destination choice in a digital age[J]. Tourism management perspectives, 2012(1): 39-47.

[31] Streitfeld D. Why, on the web, so much is totally awesome[J]. International Herald Tribune, 2011, 15.

[32] Munar A M. Digital exhibitionism: The age of exposure[J]. Culture Unbound, 2010, 2(3): 401-422.

[33] Tung V W S, Ritchie J R B. Exploring the essence of memorable tourism experiences[J]. Annals of tourism research, 2011, 38(4): 1367-1386.

[34] Baym N K. Personal connections in the digital age[M]. John Wiley & Sons, 2015.

[35] Taylor D G, Strutton D, Thompson K. Self-enhancement as a motivation for shar-

ing online advertising[J]. Journal of Interactive Advertising, 2012, 12(2): 13-28.

[36] Carter T J, Gilovich T. I am what I do, not what I have: The differential centrality of experiential and material purchases to the self[J]. Journal of personality and social psychology, 2012, 102(6): 1304.

[37] Berger J, Schwartz E M. What drives immediate and ongoing word of mouth?[J]. Journal of marketing research, 2011, 48(5): 869-880.

[38] Munar A M, Jacobsen J K S. Trust and involvement in tourism social media and web-based travel information sources[J]. Scandinavian Journal of Hospitality and Tourism, 2013, 13(1): 1-19.

[39] Bødker M, Browning D. Beyond destinations: exploring tourist technology design spaces through local–tourist interactions[J]. Digital creativity, 2012, 23(3-4): 204-224.

[40] Gretzel U, Yoo K H. Use and impact of online travel reviews[J]. Information and communication technologies in tourism 2008, 2008: 35-46.

[41] Chang H H, Chuang S S. Social capital and individual motivations on knowledge sharing: Participant involvement as a moderator[J]. Information & management, 2011, 48(1): 9-18.

[42] Bronner F, De Hoog R. Vacationers and eWOM: Who posts, and why, where, and what?[J]. Journal of travel research, 2011, 50(1): 15-26.

[43] Wilson A, Murphy H, Fierro J C. Hospitality and travel: The nature and implications of user-generated content[J]. Cornell hospitality quarterly, 2012, 53(3): 220-228.

[44] Stoeckl R, Rohrmeier P, Hess T. Motivations to produce user generated content: Differences between webloggers and videobloggers[J]. Bled 2007 Proceedings, 2007: 30.

[45] Filieri R, McLeay F. E-WOM and accommodation: An analysis of the factors that influence travelers' adoption of information from online reviews[J]. Journal of travel research, 2014, 53(1): 44-57.

[46] Dickinger A. The trustworthiness of online channels for experience-and goal-directed search tasks[J]. Journal of Travel Research, 2011, 50(4): 378-391.

[47] Fotis J N, Buhalis D, Rossides N. Social media use and impact during the holiday travel planning process[M]. Springer-Verlag, 2012.

[48] Smith O. TripAdvisor fails to spot fake restaurant[J]. The Telegraph, 2013: 1.

[49] Jindal N, Liu B. Opinion spam and analysis[C]//Proceedings of the 2008 international conference on web search and data mining. 2008: 219-230.

[50] Park D H, Lee J. eWOM overload and its effect on consumer behavioral intention depending on consumer involvement[J]. Electronic Commerce Research and Applications, 2008, 7(4): 386-398.

[51] Willemsen L M, Neijens P C, Bronner F, et al. "Highly recommended!" The content characteristics and perceived usefulness of online consumer reviews[J]. Journal of Computer-Mediated Communication, 2011, 17(1): 19-38.

[52] Ayeh J K, Au N, Law R. "Do we believe in TripAdvisor?" Examining credibility perceptions and online travelers' attitude toward using user-generated content[J]. Journal of Travel Research, 2013, 52(4): 437-452.

[53]　Cheung C, Law R. Have the perceptions of the successful factors for travel web sites changed over time? The case of consumers in Hong Kong[J]. Journal of Hospitality & Tourism Research, 2009, 33(3): 438-446.

[54]　Olsen L L, Johnson M D. Service equity, satisfaction, and loyalty: From transaction-specific to cumulative evaluations[J]. Journal of Service Research, 2003, 5(3): 184-195.

第7章 数字旅游互动场景

Chapter 7   Interactive scene of digital tourism

学习目标

- 掌握数字旅游互动场景的概念
- 理解数字旅游互动场景的构成维度
- 了解数字技术在旅游交通场景中的应用
- 掌握数字旅游观光互动场景的主要特征
- 掌握数字旅游住宿的定义和主要特征

　　旅游活动数字化是以旅游者在旅游活动场景使用现代数字技术工具为前提的。近年来，中国旅游产业转型与高质量发展的驱动要素正从单一的资源驱动，向资源与技术共同驱动，特别是以数字技术为主要标志的技术创新驱动转变。而以数字技术驱动为基础的旅游活动场景的打造将使旅游者能够根据其特殊的需求，在特定时间里，通过智能工具参与旅游活动的行为及过程，获得更具旅游活动情景感知的体验。现在的旅游供应商比以往任何时候都更有可能利用现有的信息源和数据分析技术了解旅游者及其行为。旅游供应商应用数字技术可以为旅游者打造和提供丰富的、全过程的满足旅游者个性化需求的旅游交通、旅游观光及旅游住宿等数字化互动场景，数字旅游互动场景的打造尽管受物理设计因素和社会环境因素的影响，但其核心是它形成了旅游活动过程中旅游者与供应商之间新型的主客互动关系和新型的服务关系。

7.1　数字旅游互动场景的概念

随着现代通信技术的发展和广泛应用，新的智慧或智能旅游消费者出现了。在特定的数字化旅游环境与情境中，旅游活动中的生产者和消费者的关系发生了重大变化。与传统的旅游消费者不同，智慧旅游者在旅游活动中获得了更多与旅游供应商互动的自主参与旅游活动的权利，同时，数字技术使旅游企业与旅游者之间以前所未有的规模实现连接与互动，并共同创造了更具个性化的旅游产品与服务，旅游者也获得了更具个性化的服务和个体主动参与的情景化旅游体验。数字旅游互动场景是指在特定的旅游活动环境中，旅游消费者与智能技术设备、旅游服务供应商、利益相关者和服务环境中其他要素之间的直接或间接的交互情景。这一切都源于智慧旅游者对智能工具的使用，也与旅游者热衷创新、积极主动，并能够在旅游活动场景中找到自然舒服和个性化体验的状态有关。另外，在智慧旅游者参与的旅游互动场景中，互动不仅发生在旅游供应商与智慧旅游者的二元关系中，还发生在旅游者与智能服务环境或企业员工的互动中。

传统旅游活动场景的打造，旅游供应商关注最多的可能是旅游吸引物的物理设计问题。显然，旅游活动场景包括在特定的物理环境中提供的旅游产品及服务，其中，旅游的自然环境、空间布局和旅游吸引物的标志、符号和人工制品等是物理环境的核心要素。2017 年，Ballantyne 和 Nilsson 等许多学者提出了将传统的旅游服务场景变为数字旅游服务场景的主张，他们认为数字经济背景下的旅游消费者在旅游活动过程中不再是被动的接受者，而是基于数字技术构建旅游活动场景的积极参与者。从旅游活动场景的视角看，旅游者参与旅游活动的互动，与该场景的智能服务情境相关，既包含物理环境的因素，也包含数字技术服务的特征。因此，"数字旅游活动场景"包含了传统旅游服务场景物理设计框架中未识别的新元素，如智能设施设备、数据产品、连接的场景等。

数字旅游互动场景对旅游者的影响首先来自旅游者对旅游活动场景"内置"的"物"的情景的理解，例如旅游供应商利用数字技术构建的旅游者能够参与的某一旅游活动场景中的"景观"的理解，以及这种理解对旅游者与服务供应商之间互动关系的意义。其次，旅游者对数字化旅游场景构建内容意义的理解也与旅游者个人和该场景决定的利益相关者的社会关系有关。从这个角度看，旅游活动的场景中因为"物"产生的互动，实际上反映了一种社会现象，即人与旅游活动的利益相关者直接或间接的互动。其直接互动形式为员工、消费者、企业之间的互动；间接互动形式是旅游者与其他消费者或旅游活动其他参与者之间的互动。在应用智能技术的条件下，数字旅游活动场景中数字技术的应用可以更好地支持这一互动过程。

如果我们从社会现象研究的理论层面看待这一互动现象，任何一个数字旅游互动场景都是由旅游者与旅游供应商应用智能技术的总体印象、社交存在、卓越功能、感知的互动性和感知个性化五个维度共同构成的。智能技术的总体印象是指旅游消费者认为的应用智能技术参与旅游活动具有的吸引力的程度。社交存在被定义为以智能技术为基础的社会技术环境吸引消费者的潜力；数字旅游活动互动场景的卓越功能是指数字技术与其他技术相比可以为消费者提供更先进的产品与服务。感知互动性与消费者通过智能技术与其他利益相关者的互动效果的整体评估有关，它又被定义为智能技术能够帮助消费者实现期望目标的程度。感知个性化则与智能技术为消费者提供定制和个性化服务的潜力有关。

上述理论在具体的实践中可以解释数字旅游活动互动的任何场景和过程。例如，在旅游者参与旅游活动的过程中，旅游者与员工的互动是服务体验的一部分，也是顾客与品牌互动的一种手段。员工提供服务的方式对于评估顾客的体验来说很重要。已有的研究表明，旅游者与企业员工的互动是影响顾客满意度最重要的因素。Frow 和 Payne（2007）在研究如何实现“完美”的客户体验时，发现顾客与员工的互动是一个重要的预测因素。Grace 和 O'Cass（2004）也承认在数字旅游互动场景中，智慧旅游者与员工的互动起着关键作用。如今，酒店正在使用智能手机应用程序来帮助客人与服务人员互动，并根据他们的需求和偏好设计新的服务。为了提升客户的忠诚度，旅游服务供应商在利用数字技术与客户互动以提高客户体验价值的同时，也意味着员工需要适应并学习必要的数字知识技能，才能够适应并有效应对新的智能服务的挑战。在旅游企业的运营管理中，服务管理者还需将智能服务集成到客户感知中，不断探索与客户如何共同创造和评估服务感知。管理者还必须面对智慧旅游者的出现，找到提高其感知智能服务价值的解决方案，让旅游者在接受与感知智能服务时，意识到其重要的价值存在。

7.2　数字旅游交通

从系统的角度看，旅游交通是整个旅游活动中连接旅游者与旅游目的地最重要的组成部分。现在，大多数旅行者都会更多地使用移动数字技术。因此，在涉及旅游交通数字化的场景中，旅游交通企业都会努力利用数字技术来改善客户体验，让客户的旅程更轻松、更便捷和更愉快。因此，许多旅游交通企业已经开始投资旅游交通场景的数字化解决方案，如移动应用程序、自助服务系统和旅游者旅程的数字化技术体验等。随着精通智能技术工具的智慧旅游者的消费市场持续增长，旅游者在参与旅游交通活动

中也要求有特定的数字化技术应用的服务场景，并通过旅游者与数字技术
设备及服务人员的互动，提高旅行的效率，改善他们的旅游交通服务的价
值体验。

7.2.1　数字旅游交通信息服务

当前，智慧旅游者行为的变化改变了顾客的期望，并显著影响了许多
旅游相关行业。作为旅游产业最重要的组成部分，旅游交通产业数字化的
特征可以表现为无处不在的移动连接设备，日益增强的计算能力和丰富的
数字信息存储容量。数字旅游交通信息服务是指智慧旅游者在参与旅游交
通活动中获取信息，购买相应的旅游交通产品与服务，以及与旅游供应商
或企业互动的方式。在实践中，旅游交通信息服务的移动应用程序和信息
技术工具日趋成熟。旅游交通信息服务的数字化首先改善了旅客旅游交通
服务信息的质量。国际航空电信协会（Society International De Telecom-
municatioan Aeronautiques，SITA）在 2013 年进行的一项调查显示，商务
旅行者要求旅游交通企业将旅游行程通知信息推送到他们的手机上，而超过
70%的人希望在登机前收到通知，他们更喜欢用手机完成登机手续。如今，
一般的国际机场大都部署了机场移动应用程序，改善机场 WiFi 的质量，为乘
客提供与航班相关的信息，或告知旅行细节变化等。例如，目前国内的大部
分机场航站楼都安装了 70 英寸和 40 英寸的数字触摸屏，乘客可以在很短的
时间内找到机场的相关设施。

显然，数字技术在旅游交通信息服务和乘客通信系统中发挥着关键作
用。在某些情况下，当乘客需要获得客户服务时，传统的方法是到机场问
讯处或通过电话向工作人员咨询。现在，在许多机场，乘客可以通过视频
链接或实时在线聊天服务，或通过自助服务技术，如触摸屏信息屏或扫描
二维码获取更多信息。一些机场还推出了利用全息图、聊天机器人等人工
智能的服务解决方案。

另外，在 5G 技术的加持下，在机场航站楼或高铁站等候的旅客使用移
动数字设备处理信息将会变得更加流畅，这进一步提升了旅游消费者的体验
满意度。此外，第五代移动通信技术与自动驾驶汽车领域息息相关，在 5G
技术的配合下，自动驾驶系统软硬件设施设备的运行将变得更加流畅，"5G+
无人驾驶技术"使该领域变得更加智能和安全，人类将真正从传统驾驶方
式中解放出来，并重构当下交通运输行业未来发展方向，为旅游者的出
行带来极大的便利。

7.2.2　旅客机场自助服务处理

旅客机场自助服务也是旅游交通数字化发展的新趋势。例如，在旅游
交通中，游客身份识别验证是最重要的环节之一，乘客登机办理相关手续
或入境签证等一系列环节都需要出示身份证明，而这项工作需要耗费旅行

者和身份核验工作人员的大量时间。目前的机场顾客识别的数字化技术系统，就是通过用指纹扫描或视网膜扫描等先进功能的区块链平台设备构建的游客生物信息录进系统。该系统由一个加密共享且去中心化的信息存储数据库组成，利用移动端加密技术取代密码和用户账号的使用，由于其可以将个人身份与各项认证流程结合起来，游客在办理登机或入境手续的时候不再需要排队和向工作人员出示实物证件或证明即可顺利通行，从而节省大量时间。

目前国内外许多机场还采用自助值机亭和自助服务扫描仪，以更加安全的方式简化游客各类旅游活动场景中身份识别验证的流程环节。例如，机场允许乘客在不需要工作人员出席的情况下办理登机手续，并最终取代在机场对乘客进行人工登机牌检查。国际航空运输协会（IATA）发布了"快速旅行倡议"，以响应客户对更多自助服务选择的需求。在家里打印登机牌；在专用的机场服务台打印并贴好行李标签，并在无人看管的行李寄存站放下他们的行李，通过自动登机门登机，这些技术已经被引入一些欧洲机场，并在机场技术领域迅速发展。

上述机场自助服务数字化的重要前提是了解乘客的偏好。一般来说，游客对个别技术的偏好主要发生在诸如生物识别技术、自助值机和信息服务等领域。鉴于旅行机场的数字化改造投资巨大，机场运营商做投资决策时，乘客体验往往是机场考虑的最重要因素，而技术解决方案在改善乘客体验方面的作用也日益得到认可。Halpern 等人（2020）在对全球机场 115 名管理人员的调查中发现，提高乘客体验是机场数字技术投资的主要驱动力（在 11 个选项中，77%的受访者选择了这一选项）；其次才是提高安全性（73%）、产生额外收入（44%）和减少运营支出等（44%）。

7.2.3　旅程的数字化技术体验

在旅客航空运输研究中，乘客旅程体验通常被描述为一系列相互联系的活动过程体验。在全球乘客调查中，国际航空运输协会 IATA（2019）将乘客旅程分为 10 个关键阶段（预订、付款、办理登机手续、行李牌、安检、边境控制、登机、机上娱乐、机上服务和行李收集）。SITA（2019）将乘客旅程分为 9 个关键阶段（预订、办理登机手续、行李牌、放包、护照检查、停留时间、登机、在机上和行李收集）。其中一些阶段与航空公司有关（如预订、机上娱乐和机上服务），而其他阶段则发生在机场。在过去的几十年里，新的数字技术已经在旅客航空旅程的上述阶段实施，以适应旅游交通数字化的大趋势。例如，传统的登机手续通常由登机柜台的工作人员办理，今天越来越多的数字化使乘客可以通过自助服务亭，以及通过乘客的移动设备完成这一过程。

行李管理一直以来都是航空公司重点关注的事项之一。在给行李贴标签和放行李过程中广泛使用自助服务技术，可为乘客提供了额外的附加值。例如，通过移动设备为每个旅程更新标签，在整个旅程跟踪行李，自动报告处理不当或者丢失的行李，万一发生盗窃，就启动警报器，当可以领取行李时，发出通知在哪条传送带上领取。此外，还有越来越多的人努力将登机手续（包括行李牌和行李托运手续）从机场或候机楼移到机场停车场或市中心的地点，或者乘客可以选择付费让航空公司来取他们的行李（比如从家里取），然后将其运送到机场，并为他们办理登机手续。这些解决方案可以减少机场的拥挤和乘客的排队时间，并可使乘客不带行李到达机场。

行李丢失或被盗窃是当下困扰各大机场管理人员的常见问题之一。特别是涉及国际行李托运的航班，其行李在运输过程中可能需要经过多次转手，并由不同工作人员负责，使得行李遗失问题在这一过程发生的概率较其他运输环节而言相对较高。由于人为错误，行李在运输途中被放错位置的情况时有发生，这导致航空公司因此面临严重的旅客投诉及赔款问题。为了有效解决这一难题，许多航空公司选择利用区块链技术，并配合其他数字技术（如物联网、人工智能等）精准识别及监控行李运输的各个环节。例如，在多种技术的配合下，航空公司利用传感器标记游客行李，用以追踪行李的确切位置，与此同时，被系统记录的行李信息将被安全存储在区块链分布式账本当中，在确保行李与用户信息准确匹配及无法随意篡改的基础上，有效追踪行李的位置。这些数字技术的应用为客户提供了更加安全可靠的行李托运管理服务。

数字化变革在机场管理方面同样发挥着重要作用。在个人身份证明方面，需要向工作人员出示登机证和护照或其他身份证明等纸质文件的做法正日益被数字化方案所取代。比如，在自动登机口扫描移动登机牌，一些机场正在试验生物识别认证，利用与乘客指纹、虹膜或面部特征相关的唯一标识符，将其应用在护照检查处的电子登机口，以及机场旅程的其他阶段，包括登记、行李托运、安检和登机口。同样，生物识别技术和红外摄像头等其他先进技术也因乘客在通过安检时无须移除安检物品就能对其进行扫描而受到关注。5G 技术也极大提升了交通运输领域的管理效率。由于 5G 技术具备低延时误差及高速率传输的特点，当下许多大型机场或火车站借助该技术改善无线网络连接速率，使飞机或高铁列车信号传输速度及后台综合控制部门信息处理效率得到大幅改善，有效提升交通运输工具出行的安全性及危机应急管理能力。

同时，一系列新兴技术已用于机场管理的数字化解决方案，包括流程自动化、客户参与、智能管理、智能预测、协同决策以及流量监控和管理等，并在这个过程中不断改进。对于大多数数字旅游交通行业来说，有可能通过定义几个关键阶段，最终导致该行业的数字化转型。Halpern 等人（2021）就利用数字成熟度模型确定了机场数字化运营管理可能经历的四个阶段。①机场 1.0 阶段。这一阶段中大部分流程是由工作人员手动进行的，在获取数据的时间上会经历延误。②机场 2.0 阶段。在机场内部使用一些数字技术，例如办理登机手续和安检，以及在候机楼提供旅客信息和寻路服务。③机场 3.0 阶段。在机场的大部分处理过程中，数字技术得到广泛应用，包括电子商务、自助办理登机和行李托运、手机登机牌扫描仪、安检处的全身和计算机断层扫描、数字自助信息和位置服务以及应用程序的使用等。④机场 4.0 阶段。通过捕获并与关键利益相关者共享数据，并通过智能系统实时使用数据创造价值。例如，在机场快线列车服务中显示在安检处的实时排队时间，或与安检、边境控制机构共享进入航站楼的乘客人数，以支持资源分配。在机场 4.0 阶段，机场系统和流程被整合到更广泛的机场数字系统中，以连接关键利益相关者。

7.3　数字旅游观光

旅游景区是旅游者观光体验最核心的场景，在数字旅游景区的特定环境中，基于数字技术应用的主客互动关系，反映了旅游者观光体验的新趋势。目前，国内多数的数字旅游观光研究与实践大多集中于智慧旅游景区建设的范畴，其主要内容一般是在智慧城市建设的总体目标下，以现代信息技术为基础，激活旅游景区存量资源，围绕游客感知和景区管理两条主线，建设旅游景区信息化和智慧化服务管理体系。本章从智慧旅游者个体参与数字旅游活动导致的主客关系变化的角度，阐述智慧旅游者观光活动的个性化观光需求及价值共创的过程，在理论上说明旅游者数字旅游观光和景区运营管理数字化的关系。

7.3.1　数字旅游观光互动场景

在传统的智慧景区框架下定义的旅游者观光体验，是旅游景区向游客单向交付的体验，而不是由游客与旅游供应商及其他活动要素共同参与共同创造的体验。从主客关系互动的角度看，一方面，旅游者参与的观光活动，不仅是追求购买产品和服务，而且是追求通过消费产品或服务获得体验；另一方面，旅游企业将体验作为向消费者提供产品与服务的附加价值和培养自身竞争优势的手段。在这种主客关系中，旅游消费者与旅游供应商共同创造消费旅游产品的过程占据着重要地位。而信息通信技术的进步使作为智慧旅游者的消费者有能力不再只接受预先设计好的旅游观光价值体验，而是成为与旅游供应商一起整合资源，共同创造价值和旅游体验的核心参与者。

因此，在数字经济背景下，数字旅游观光互动场景的含义显然有了和以往旅游景区定义不一样的内涵。数字经济最大的特点是去中心化和万物互联，这打破了以往生产者和消费者之间的界限，意味着游客在智能技术的支持下，成为信息环境中的连接者和主动参与者。数字旅游观光互动场景意味着各利益相关者在旅游景区或观光活动过程数字化中的相互连接，以促进和共同创造游客的观光体验。为此，数字旅游景区已成为满足智慧旅游者基于信息技术应用要求的，主客关系互动的旅游观光体验场所。数字旅游观光互动场景的主要特征有：①数字旅游景区需要允许信息聚合，这意味着它们需要有能力在一个中央平台上收集和存储关于游客的信息；②基于信息技术的活动景区无处不在的移动连接的必要性，旅游观光体验创造者和利益相关者需要在一个系统中被连接起来；③旅游者的个性化体验与旅游景区的环境可以实时同步，它建立在连接和数字基础设施实时传输和交换信息的基础上，并在正确的时间、正确的环境中满足游客的特定需求。下面我们将分别讨论这些特征。

7.3.2　信息聚合

数字旅游景区运营的一个主要目标是通过提供更加个性化的服务及动态产品与客户联合创造价值来提高游客的观光体验。实现这一目标的路径首先是通过综合使用各种信息采集技术，将不同来源的旅游大数据聚合到一个中心实时平台上，从而帮助游客有更好的决策和实现更高质量的体验。为了提供个性化的旅游体验，旅游景区尽可能多地获取旅游者的信息是至关重要的一步。通过信息采集分析来量化游客的感受和行为（即在线社区的评论、空间移动、支付、社交媒体上的活动等），提供关于游客的行为偏好和需求的有价值的信息，并以实时构建和情境感知的方式为旅游者提供定制化服务。智能手机已经成为游客与旅游景区管理者之间的智能代理，这在过去是不可想象的。

在智能手机平台上，如何帮助旅游者更好地感知旅游景区环境？如何根据捕捉的环境信息为旅游者提供个性化和情景化的信息或者建议？如何在理解动态信息搜寻和决策机制的基础上辅助旅游者做出决策？这一系列问题的答案都成为目前学术研究、产业营销以及产品设计的关键。国外一些创新的旅游目的地管理组织（DMOs）已经在游客信息平台的搭建上走出了关键的第一步，以利于旅游者与智慧旅游景区间的互动。例如，首尔开发了一个带有交互式地图的游客网站，并提供用于游客参与互动的 Facebook 和 Twitter 账号，向游客提供到达前的信息，此外，向游客提供交互式视频、在线交互式旅行计划等。

中国作为全球互联网发展最活跃、应用场景最丰富的国家之一，在数字旅游景区的平台建设上已走在世界前列。由故宫博物院发布的"数字故宫"小程序全面整合了故宫在线数字服务。通过这款小程序，观众可以第一时间掌握全部故宫资讯，海量的故宫数字资源也可以一键搜索、一站抵达。借助这个平台，游客可以享受在线购票、路线导览、客流提醒等服务，还可以通过 AR 功能观看宫殿内景，查看故宫展览的设计理念和亮点。

7.3.3　无缝连接

数字旅游观光互动场景能够在和游客与景区的主客互动及共同创造价值的过程中，根据游客新的需求与偏好调整现有信息，提供个性化的服务，这为创造消费者独特的体验起着至关重要的作用。旅游景区观光活动的数字化使旅游观光体验不再是静态的，在实践中，数字旅游观光活动既是由旅游供应商预先设计的，也是由旅游者和旅游供应商及利益相关者之间共同创造的。游客需要的相关信息不仅局限于提前收集，而且还可以在旅游者参与观光活动过程中，通过智能信息工具，"面对面"时实时地收集和更新。同时，为了提高个性化的服务水平，需要旅游企业在和消费者进行交互时不断评估消费者及其行为偏好，这对创造旅游消费者独特的体验至关重要。

为了实现无缝连接的过程，需要创新的机制和信息技术工具，允许企业随时随地收集和更新游客信息，并实现信息与智能化服务的无缝衔接。现在的许多研究都强调了信息通信技术在这一过程中的作用。例如，信息通信技术已使企业直接与客户进行交易（B2C）和互动成为可能，也允许以一种不引人注目，且成本效益高的方式收集信息，即公司可以利用信息通信技术，在较大规模上收集、巩固、操纵和分析消费者需求，为顾客最大化定制旅游体验。

最近出现的各种移动技术解决方案，如基于位置的服务、基于上下文的服务，加上增强现实的技术已经越来越多地应用于帮助游客导航、查找位置、检索信息和进行预订。通过一系列的硬件设备、软件平台和应用程序，企业和消费者在旅游过程中相互联系，从而产生更有意义的相互关系，以及人—技术—个性化的旅游体验之间的融合。由云南省人民政府与腾讯公司联合打造的"一部手机游云南"全域旅游智慧项目是中国数字景区建设的一个标杆，该项目由"一个中心、两个平台"构成，"一个中心"是指旅游大数据中心，为政府决策提供依据，"两个平台"是指游客服务平台和政府监管服务平台。游客到云南旅游，通过 App、公众号和小程序，就可享受"吃、住、行、游、购、娱"各环节"一键订单""一码通行""一键投诉"，享受覆盖旅游前、中、后全过程、全方位、全景式服务。出游前，游客可在手机上远程观看景点 24 小时实时直播；到达景区后，游客可在手机上扫码购票、刷脸入园；游玩时，则能通过 AI 识景长知识。除此之外，游云南平台还可以帮助游客规划行程、查找厕所、智能订车位和无卡乘坐本地公共交通；旅途中，如果游客的合法权益受损，或者遇到困难和危险，可以一键投诉与求助，实时查看反馈结果。"一部手机游云南"已经成为云南旅游产业转型升级的新引擎，是云南数字经济发展的重要标志。

7.3.4　实时同步

在移动互联网普遍使用之前，旅游者与原居住地之间的家人朋友是

"远"的。因为受到地理条件的限制或由于时间、区域的差异，旅游者无法时时与原居住地的家人朋友保持联系并分享旅途经历。沟通仅限于偶尔的几个电话，甚至互联网所能做到的最多也只是在一天之末在社交媒体平台上更新几幅照片。这种通过文字短信或者图片或者语音信息的沟通是非即时的。智能手机和移动互联网的结合以及普遍使用，使现在的旅游者与没有随行的家人朋友们虽是"远"的，却是"近"的。"远"是实际的，是地理位置上造成的；"近"是感知上的，是随时随地沟通维系的。在社交媒体平台（例如微信、Facebook）的支持下，旅游者可以选择时时与没有随行的朋友们保持联系。旅游者还可以将他们的旅行即时分享到社交媒体状态中（例如微信朋友圈、脸书的新闻版），让异地的家人朋友们能够同步更新旅途信息。

旅途中这样"若即若离"的关系对于旅游者的情绪和行为都会产生积极影响。研究显示，旅游者会因与家人朋友保持联系而感到安心。没有同行的家人朋友们对于旅途中各种见闻的关注与评论不但增加了旅游的乐趣，甚至因为采纳其建议而改变了旅游者的旅游线路和节奏。旅游者在旅途中的即时分享对于商家来说已经成为一种情绪指标。基于大数据技术，很多企业已经开始对旅游者在一个目的地或者一个景点的即时分享数据进行实时监控。通过对海量图片和文字的分析，得知游客们对一个目的地或者景点的喜恶。

综上所述，我们可以总结出这样一个数字旅游观光互动的场景，即数字经济时代旅游者的观光体验是由数据驱动的，实时构建的，情景感知的，以及它是由游客和旅游企业及利益相关者共同创造的。而这样一种体验的产生得益于旅游者和旅游景区场景两个方面发生的变化。从旅游者来说，数字时代旅游者即智慧旅游者的显著特征是能够使用智能技术，愿意与旅游供应商共同创造数字化旅游体验，愿意和利益相关者共享数据。从数字旅游活动场景来说，数字旅游场区必须满足数字旅游观光活动过程中的信息聚合、无处不在的连接和实时同步三个方面的要求，以此达到为游客创造个性化体验的目的。

7.4　数字旅游住宿

旅游住宿服务的数字化变革由来已久。从 20 世纪 50 年代起，现代酒店业就利用航空公司的全球分销系统来扩大其销售半径。到了 20 世纪 90年代，当在线旅行代理或中介出现时，酒店业又把它们当作一个额外的销售渠道。后来，在线旅行代理的市场份额越来越高，导致酒店用于网络中介的分销成本上升。为了重新获得市场份额，酒店业开始建立自己的官方网站（直销网站），以便向顾客直接销售住宿服务产品。这也导致在线旅行代理与酒店网络直销的竞争加剧。这个阶段一般被学者称为"电子旅游",其最大的特点是旅游信息和产品的在线化和电子商务化,典型代表是各类旅游资讯和电子商务网站,主要解决消费者和商家之间的信息不对称问题,并且增加消费者和商家之间的互动。现在,旅游产业的数字化使住宿与酒店业进入运营管理数字化历程再造与发展的新时期。

7.4.1 住宿与酒店业数字化

目前,以物联网和移动技术为核心的新一代数字技术的创新与发展,推动了第四次工业革命,其特点是通过各种传感器和移动设备连接数字世界和物理世界,使人们在旅游的每个阶段都处于无处不在的连接之中。现在,消费者可以接收大量的信息和进行各种各样的消费选择,和以往的消费者相比,今天的消费者拥有了更强的选择消费的话语权。在这种环境下,消费者更倾向于选择那些更符合自己个性化需求的体验活动。随着消费者的消费活动从信息时代过渡到体验时代,他们期待更加个性化、差异化和独特的旅游体验,并参与体验的共同创造。这一趋势迫使住宿与酒店业必须在客户服务体验的每个阶段都要以客户为中心,特别是在数字经济的条件下,酒店作为该行业的集中代表,必须确保它们能应用现代的数字技术来最大化它们的数据资产,更好地了解客户,进行更深层次的交互,以获得更高的客户满意度、忠诚度和使用率。

近年来,酒店的数字化,移动技术的应用成效显著,智能手机已成为促进企业与酒店客户互动的技术设备。移动技术(智能手机)可以使客人感受新的服务,也能够使客人与酒店进行酒店产品和服务的价值共创活动。例如,客人在使用智能手机应用程序感受酒店提供住宿服务的同时,还可以参与酒店协同创新的过程,如预订机票、酒店房务,或根据自己的意愿或建议设计住宿服务等。在实践中,越来越多的旅游者通过智能手机助力酒店的服务创新。

同时,物联网技术的发展也在影响酒店管理行业的未来。物联网是日常物理设备(如传感器、执行器、识别标签、移动设备等)的互连,以便它们可以通过本地通信网络或互联网直接或间接地相互通信。物联网模式方便酒店服务提供商与客人互动并收集数据,促使酒店服务提供商更准确地了解客人的行为和偏好,为即时、个性化和本地化服务开辟了新途径。

显然,智能技术和物联网的发展正在推动酒店住宿服务的创新与改革。现在,通过面向客人的智能技术系统,客户与商家的互动正在向屏幕和在线界面迁移,这不仅方便了客户,还为服务提供商提供了收集数据和反馈的机会。而酒店企业通过后台管理系统实施的数字化、智能化可提高运营管理效率、降低销售成本、增加收入以及提高酒店业发展的可持续性。例如,酒店房间内的物联网装置,如恒温器、运动传感器和环境光传感器,

可用于控制酒店房间无人或未售出时的温度和照明，从而将能源成本降低
20%～45%。

因此，酒店数字化是指基于数字产业基础设施，酒店通过有效地利用
数字化技术工具，进行住宿服务与运营管理流程的再造，以提升客户体验
能力和组织运营管理效率的过程。为此，酒店数字化的主要特征是由顾客
参与的，基于数字技术工具应用的数字服务、环境的数字化，以及酒店运
营管理流程的数字化再造，其主要任务是酒店为客户提供的新型数字化服
务体验，以及建设数据驱动的酒店组织管理系统。

7.4.2　数字住宿服务接触

接待服务管理是指在商业化与社会环境变化的背景下，基于接待服务
产品与服务交换过程的主客关系的管理。为此，酒店数字化研究的重点首
先是在数字技术应用的条件下，如何处理接待服务交换行为过程中"产品"
"人"与"环境"的相互关系。这一交换过程的主要特点是：①顾客直接
参与住宿接待服务过程的许多方面，没有顾客参与的存在，就不能直接评
判住宿服务所提供的产品或服务的质量；②住宿接待服务过程以人的服务
为主，主客需要合力才能提供一致、标准的产品与服务，以维持服务质量
的稳定性；③服务是在具体的环境中进行的，基于"物"的服务设施设备
的设计是住宿服务体验的重要基础。因此，在数字经济条件下，住宿接
待服务过程需要有前瞻性的规划，包括接待服务流程的设计。而任何顾
客体验的成功都取决于顾客参与与员工服务行为及服务"环境"之间的互
动关系。

针对上述过程，需要特别指出的是，接待服务产品与服务交换过程顾
客体验的一个基本原则是减少服务接触以及理解服务环境体验的复杂性。
Chase（1981）最早提出了"隔离"服务业务，也就是今天"无接触"服务
的想法。这种"无接触"或"低接触"服务不意味着不接触，只是表明服
务的核心内容可以建立在逐步减少"人"的服务行为的基础上，通过使用
现代技术，用"物"的服务为服务业带来变化。这种思想为在技术变革的
条件下，通过酒店数字化，为顾客提供基于数字服务接触的顾客体验奠定
了基础。

数字住宿服务接触是基于数字化技术的住宿服务企业顾客与员工服
务行为及服务环境之间的关系。酒店的前厅是顾客进入酒店后第一个服务
接触及主客互动的场景。传统的酒店前厅的主要功能是客房预订、办理入
住、信息咨询以及对客服务。这些工作主要由酒店的前厅工作人员完成。
但现代智能技术工具的应用，可以让顾客参与共同设计或共同构建他们自
己的数字服务接触体验。这些智能技术被嵌入"顾客接触点"中，即所谓
的人机交互服务的接触点，它不仅可以减轻酒店员工的工作压力，还可以
增强客人的体验。例如，酒店的自助入住服务使客户能够根据个人喜好选

择完成入住服务的方式（例如自助服务或人工服务）。这打破了以往消费者接受由酒店预先设计好的服务接触体验的模式，消费者成为自身体验的共同创造者与核心参与者。阿里巴巴旗下的菲住布渴酒店是我国第一家全场景人脸识别智能酒店，从预订开始，客户就进入自助模式。下单之后，客户可以通过手机完成入住服务登记，也可以通过 VR 看到每个房间的全景。抵达酒店后，可以选择通过自助服务机来完成入住，从坐电梯到进房间基本可以通过刷脸进行。在住店期间，旅游者可以通过天猫精灵语音对房间里的设备进行操控，传递物品的服务人员也可以用机器人来实现。

随着数字旅游的发展，基于人工智能技术开发的面对面聊天机器人正逐渐渗透旅游业各类线下客户服务。越来越多的旅游服务供应商选择采用机器人替代线下人工客服，如日本的 Henn-na 酒店采用具备多语种沟通功能的酒店管理机器人为客户办理入住和退房手续；美国希尔顿酒店使用一款命名为 Connie 的人工智能礼宾机器人为游客提供旅游咨询服务。此外，人工智能机器人与游客的互动沟通是不断学习的过程，它们基于游客提供的信息，持续完善机器信息系统及知识储备，并为未来客户提供更高质量的服务体验。

7.4.3　数字客房互动场景

近年来，人们已经注意到引入信息通信技术的酒店具有显著的优势，酒店客房服务场景的数字化为顾客提供了全新的住宿服务体验。在智能服务的客房系统中，客人可以通过遥控设备或智能手机与平板电脑控制酒店客房内的设施设备。例如，游客在入住酒店后，只需使用手机下载酒店提供的物联网平台控制程序，即可获取房间的电子钥匙卡，并对房间内部的电视、照明、空调、自动窗帘、沐浴水温等一系列设施设备和环境条件根据游客自身个性化的需求实现统一控制。支持物联网技术的传感器还可以自动监测房间内部自然光照亮度，并在不同时间段将照明设备调节至最适合的亮度，又或者根据对室内温度的自动化感知动态调节中央空调温度，在为客户提供舒适的室内环境的同时，提高了设备利用效率，有效降低了能源消耗水平。

Lai 和 Hung（2017）在关注智能酒店客房控制服务和虚拟管家服务两个功能时，提出了智能房间控制服务的新概念。该概念提出为客房服务建立一个名为"房间主人"的技术系统，该系统提供客房设备的控制功能，如电灯、门、窗帘和空调等；通过这个系统，客人可以根据自身喜好来管理设备及服务。与此同时，酒店管理人员在物联网技术的辅助下，可以对酒店的大堂、餐厅、客房、健身区、休闲区等活动场所的设施设备进行一体化管理。此外，酒店内部支持物联网技术的配套传感器可以根据客人使用设施设备以及酒店日常经营过程中所产生的数据，综合分析并感知酒店各类设施的具体使用情况和运行效率，并对设施设备进行自动化管理。

在酒店客户管理中，Neuhofer 等人（2015）指出，酒店可以为客人创建个人网页，这些信息会被记入客户的个人档案，用于确定客户的偏好，这已成为酒店为客户提供个性化服务和与之沟通的有效工具。同时，客人可以通过个人网页提前与酒店管理人员分享他们的个人信息和喜好（例如对房间温度及额外服务的要求、对迷你酒吧食物和饮料的偏好等）。为此，Petrevska 等人（2016）指出，数字酒店客房既环保又具有成本效益，同时还可以提供卓越的个性化服务。

然而，从数字技术应用的角度看，酒店的数字化也为酒店业的宽带网络连接及安全带来压力，高质量低延时的网络速度已经成为酒店业重要的竞争优势之一。为迎合在数字经济背景下该行业数字化转型发展的要求，当下酒店都布置了大量的数字基础设施设备，如客服机器人、智慧停车系统、一网统管平台等，而这对网络连接的质量要求非常高。5G 移动通信技术为解决这一问题提供了技术支持。例如，伦敦 Premier Inn Hub 品牌智能酒店利用 5G 和其他数字技术为酒店打造综合管理控制平台，旅客仅需要下载酒店提供的应用程序，即可实现对酒店房间内部设施设备的远程控制。

7.4.4　酒店服务流程数字化再造

酒店数字化的关键是拥有与数字技术相匹配的酒店接待服务数字化运营管理系统。随着酒店数字化程度的不断提高，酒店每天产生的数据量也在与日俱增。酒店需要充分发挥这些数据的价值，对其进行收集、处理、建模并最终形成商业洞察力。为此，酒店需要明确实施数字化住宿服务流程再造与重组的重要性，在提升顾客的数字化住宿体验的同时，帮助企业创造新的竞争优势。Buhse（2015）指出，企业组织实施数字化战略的关键是协作文化、数据驱动，并拥有创新思维和以客户为中心的管理团队。面对激烈的渠道竞争和市场份额竞争，酒店管理者需要转变经营方式，以数据驱动进行企业服务管理。

酒店服务流程数字化再造，是在酒店企业传统服务流程的基础上，将数字技术工具无缝隙地嵌入酒店的客户关系与运营管理的日常业务流程和操作中，使之成为顾客住宿服务体验及员工服务工作方式的一部分。为此，要在酒店服务数字化的基础上，平衡酒店顾客、酒店员工及服务三者的关系，要逐步使员工适应酒店服务中"物"的作用和服务系统自动化的趋势，通过数字技术实现服务的革命性变革。另外，网络可以提供丰富的外部语境，酒店员工可以利用这些外部语境，通过酒店客人行为获取相关信息，提升顾客的个性化体验。酒店的数字化运营管理流程再造改变了传统的住宿业和酒店的服务链和服务环境，并为顾客主动参与住宿服务的数字化活动奠定了基础。

现代酒店可以通过数字技术系统支持酒店供应链服务的动态管理，使酒店能够与其供应链成员进行更为广泛、有效的合作，在时间和价格限制条件下寻找最佳解决方案。现代酒店供应链拥有大量的成员，包括但不限于餐饮原材料供应商、房务备品供应商、暖通空调设备（采暖、通风、空调）供应商、技术供应商、维修和服务提供商等。这些供应链成员还拥有其子供应商群体，如农场、葡萄酒厂、运输公司、维护服务和仓储公司等，这形成了酒店业赖以生存的生态系统。尽管这些子生态系统与酒店客人没有直接联系，只在供应链成员之间提供服务，但它们对于酒店客户体验价值的共同创造至关重要。

数字酒店还可以借助运营管理流程的数字化更好地配置资源，提高运营管理的效益。例如，酒店收益管理是依赖历史数据来预测未来业务趋势并推荐合理的定价水平的。在这一过程中，上下文信息、宏观环境变化和即将发生的事件等信息对酒店收益管理系统有重要作用。酒店还可以利用数字技术，根据酒店季节性需求的波动，实施战略性人力资源管理，减少人为的工作错误，提高工作效率和有效性。

7.4.5 酒店数据管理系统

构建以数据驱动为基础的管理决策系统可以显著提高酒店的组织与管理效率。依靠数字技术，酒店得以全面掌握酒店内外部信息，以辅助酒店的管理决策。目前酒店业常用的数据管理系统包括酒店 PMS（property management system，PKS）系统和 CRM（customer relationship management，CRM）系统。

1. 酒店 PMS 系统

酒店 PMS 系统是一个以计算机为工具，对酒店进行信息处理的人机综合系统。在对客人服务管理中，它能准确及时地反映酒店当前的房源状态，快速完成客人从预订入住到财务对账等一系列操作。同时，在运营管理过程中，它是一个可以进行数据统计的数据库，能够提供运营管理需要的各方面的报表，并对数据进行统计分析，从而有利于酒店的经营管理。目前国内主要 PMS 系统有石基、绿云、西软、众荟（中软好泰）、别样红、金天鹅、住哲、云掌柜、番茄来了、佳驰等，国外主要 PMS 系统有 Opera、Sabre 等。

2. CRM 系统

CRM 即客户关系管理。CRM 的主要含义是通过对客户详细资料的深入分析，提高客户满意程度，从而提高企业的竞争力。酒店 CRM 系统可以从不同渠道收集客户数据，比如通过 CRM 系统与酒店的中央预订系统和酒店管理系统对接，获取客户的联系信息、历史消费记录、预订渠道、个人喜好、特殊服务需求、投诉和处理记录、累计消费积分、奖励、忠诚度评估等信息，自动生成各种数据分析报告。该系统还可以进行市场结构分析、客户分析、竞争对手分析、销售成本分析等，以供酒店采取相应策略实时跟进，维护和扩大客户群，进一步提高销量，增加盈利，提高客户满意度。

酒店数据管理系统使酒店与客户可以共创价值体验，为客户提供更具个性化的服务体验。现在，智慧消费者行为的变化改变了顾客的期望，他们寻求能够直接搜索和预订的酒店，并期待个性化、差异化和独特的旅游体验。福布斯（Reiss，2016）在其研究中，采访了一些行业领袖，他们在讨论酒店客户在当下市场中的期望时一致认为，旅游业必须利用数字互联和更深入的客户理解来打造基于客户视角的消费体验。在这种情况下，酒店必须确保它们能够应用正确的技术来最大化它们的数据资产，更好地了解客户需求，以便进行更深层次的交互，获得更高的客户满意度、忠诚度和使用率。

实现酒店运营管理的数字化，要正确理解酒店数字化变革背后的原因，这对提供变革的动力、提高服务质量和追求差异化管理至关重要。这一转型发展的过程不仅受数字技术的易用性和可明显感知的影响，还受管理者主观意愿和个人特征的影响。酒店的数字化、数字住宿服务流程的再造，有时需要处理的不仅仅是单个个体的思维方式，还有整个企业的思维方式，即组织对技术、风险承担和以客户为中心的态度，这是住宿业及酒店数字化转型发展的重要保证。

关键词汇

数字旅游活动场景　数字旅游交通信息服务　数字旅游观光互动场景
信息聚合　无缝衔接　实时同步　酒店数字化　数字住宿服务接触
数字客房互动场景　酒店服务流程数字化再造

思考题

1. 试分析数字旅游互动场景和传统旅游活动场景的区别并举例说明。
2. 数字旅游互动场景包含哪几个维度？
3. 简要概述数字技术在旅游交通场景中的应用。
4. 数字旅游观光互动场景有哪些特征？
5. 酒店的数字化包含哪些方面？

参考文献

[1] Fuchs M, Höpken W, Lexhagen M. Big data analytics for knowledge generation in tourism destinations——A case from Sweden[J]. Journal of Destination Marketing & Management, 2014, 3(4): 198-209.

[2] Gretzel U. Intelligent systems in tourism: A social science perspective[J]. Annals of Tourism Research, 2011, 38(3): 757-779.

[3] Brodie R J, Fehrer J A, Jaakkola E, et al. Actor engagement in networks: Defining the conceptual domain[J]. Journal of Service Research, 2019, 22(2): 173-188.

[4] Ballantyne D, Nilsson E. All that is solid melts into air: The servicescape in digital service space[J]. Journal of Services Marketing, 2017.

[5] Roy S K, Singh G, Hope M, et al. The rise of smart consumers: Role of smart servicescape and smart consumer experience co-creation[J]. Journal of Marketing Management, 2019, 35(15-16): 1480-1513.

[6] Kang H J, Kwon G H, Kim B, et al. A framework for smart servicescape: A case of smart home service experience[J]. IASDR 2017 (International Association of Societies of Design Research), 2017: 1665-1677.

[7] Scardamalia M, Bereiter C. Smart technology for self-organizing processes[J]. Smart Learning Environments, 2014, 1(1): 1-13.

[8] Neuhofer B, Buhalis D, Ladkin A. Smart technologies for personalized experiences: A case study in the hospitality domain[J]. Electronic Markets, 2015, 25(3): 243-254.

[9] Mosley R W. Customer experience, organisational culture and the employer brand[J]. Journal of Brand Management, 2007, 15(2): 123-134.

[10] Frow P, Payne A. Towards the "perfect" customer experience[J]. Journal of Brand Management, 2007, 15(2): 89-101.

[11] Opute A P, Irene B N, Iwu C G. Tourism service and digital technologies: A value creation perspective[J]. African Journal of Hospitality, Tourism and Leisure, 2020, 9(2): 1-18.

[12] Schwab K. The fourth industrial revolution[M]. Currency, 2017.

[13] Brida J G, Moreno-Izquierdo L, Zapata-Aguirre S. Customer perception of service quality: The role of Information and Communication Technologies (ICTs) at airport functional areas[J]. Tourism Management Perspectives, 2016(20): 209-216.

[14] Morosan C. An empirical examination of US travelers' intentions to use biometric e-gates in airports[J]. Journal of Air Transport Management, 2016(55): 120-128.

[15] Morosan C. Information disclosure to biometric e-gates: The roles of perceived security, benefits, and emotions[J]. Journal of Travel Research, 2018, 57(5): 644-657.

[16] Negri N A R, Borille G M R, Falcão V A. Acceptance of biometric technology in airport check-in[J]. Journal of Air Transport Management, 2019(81): 1-11.

[17] Halpern N, Budd T, Suau-Sanchez P, et al. Survey on Airport Digital Maturity and Transformation. 2020.

[18] Halpern N, Mwesiumo D, Suau-Sanchez P, et al. Ready for digital transformation?

The effect of organisational readiness, innovation, airport size and ownership on digital change at airports[J]. Journal of Air Transport Management, 2021(90): 1-11.

[19] Halpern N, Budd T, Suau-Sanchez P, et al. Conceptualising airport digital maturity and dimensions of technological and organisational transformation[J]. Journal of Airport Management, 2021, 15(2): 182-203.

[20] Zaharia S E, Pietreanu C V. Challenges in airport digital transformation[J]. Transportation research procedia, 2018(35): 90-99.

[21] Castillo-Manzano J I, López-Valpuesta L. Check-in services and passenger behaviour: Self service technologies in airport systems[J]. Computers in Human Behavior, 2013, 29(6): 2431-2437.

[22] Wittmer A. Acceptance of self-service check-in at Zurich airport[J]. Research in Transportation Business & Management, 2011, 1(1): 136-143.

[23] Inversini A. Managing passengers' experience through mobile moments[J]. Journal of Air Transport Management, 2017(62): 78-81.

[24] Mears J. Lift-off: Can biometrics bring secure and streamlined air travel?[J]. Biometric Technology Today, 2017(2): 10-11.

[25] 邓贤峰, 李霞. "智慧景区" 评价标准体系研究[J]. 电子政务, 2012 (9): 100-106.

[26] Pine B J, Pine J, Gilmore J H. The experience economy: Work is theatre & every business a stage[M]. Harvard Business Press, 1999.

[27] Ritzer G, Jurgenson N. Production, consumption, prosumption: The nature of capitalism in the age of the digital "prosumer"[J]. Journal of Consumer Culture, 2010, 10(1): 13-36.

[28] Ramaswamy V, Gouillart F J. The power of co-creation: Build it with them to boost growth, productivity, and profits[M]. Simon and Schuster, 2010.

[29] Vargo S L, Lusch R F. Service-dominant logic: Continuing the evolution[J]. Journal of the Academy of marketing Science, 2008, 36(1): 1-10.

[30] Gretzel U, Fesenmaier D R, O'leary J T. The transformation of consumer behaviour[J]. Tourism Business Frontiers: Consumers, products and industry, 2006(9): 18.

[31] Neuhofer B, Buhalis D, Ladkin A. Conceptualising technology enhanced destination experiences[J]. Journal of Destination Marketing & Management, 2012, 1(1-2): 36-46.

[32] Buhalis D, Amaranggana A. Smart tourism destinations enhancing tourism experience through personalisation of services[M]//Information and communication technologies in tourism 2015. Springer, Cham, 2015: 377-389.

[33] Boes K, Buhalis D, Inversini A. Conceptualising smart tourism destination dimensions[M]//Information and communication technologies in tourism 2015. Springer, Cham, 2015: 391-403.

[34] Buhalis D, Amaranggana A. Smart tourism destinations[M]//Information and communication technologies in tourism 2014. Springer, Cham, 2013: 553-564.

[35] Xiang Z, Fesenmaier D R. Big data analytics, tourism design and smart tourism[M]//Analytics in smart tourism design. Springer, Cham, 2017: 299-307.

[36] Choe Y, Fesenmaier D R. The quantified traveler: Implications for smart tourism development[M]//Analytics in smart tourism design. Springer, Cham, 2017: 65-77.

[37] 王丹. 人在旅途的演变: 智能手机与移动互联网结合之效果[J]. 旅游学刊, 2020, 35(1): 3-5.

[38] Buhalis D, Wagner R. E-destinations: Global best practice in tourism technologies and applications[M]//Information and communication technologies in tourism 2013. Springer, Berlin, Heidelberg, 2013: 119-130.

[39] Gupta S, Vajic M. The contextual and dialectical nature of experiences[J]. New Service Development: Creating memorable experiences, 2000(15): 33-51.

[40] González G, López B, De La Rosa J L. Smart user models for tourism: A holistic approach for personalized tourism services[J]. Information Technology & Tourism, 2003, 6(4): 273-286.

[41] Buhalis D, Law R. Progress in information technology and tourism management: 20 years on and 10 years after the Internet—The state of eTourism research[J]. Tourism management, 2008, 29(4): 609-623.

[42] Raento M, Oulasvirta A, Eagle N. Smartphones: An emerging tool for social scientists[J]. Sociological methods & research, 2009, 37(3): 426-454.

[43] Lamsfus C, Grün C, Alzua-Sorzabal A, et al. Context-based semantic matchmaking to enhance tourists' experiences[J]. Journal for the Informatics Professional (eingeladen), 2010(203): 17-23.

[44] Yovcheva Z, Buhalis D, Gatzidis C. Engineering augmented tourism experiences[M]//Information and communication technologies in tourism 2013. Springer, Berlin, Heidelberg, 2013: 24-35.

[45] Wadhera M. The Information Age is over: Welcome to the Experience Age[J]. Tech Crunch, 2016(9).

[46] Morosan C, DeFranco A. Co-creating value in hotels using mobile devices: A conceptual model with empirical validation[J]. International Journal of Hospitality Management, 2016(52): 131-142.

[47] Munir A, Kansakar P, Khan S U. IFCIoT: Integrated Fog Cloud IoT: A novel architectural paradigm for the future Internet of Things[J]. IEEE Consumer Electronics Magazine, 2017, 6(3): 74-82.

[48] Kasavana M L. Hospitality industry: Connecting the unconnected, the internet of everything[J]. Hospitality Upgrade, 2014.

[49] Chase R B. The customer contact approach to services: Theoretical bases and practical extensions[J]. Operations Research, 1981, 29(4): 698-706.

[50] Lai W C, Hung W H. Constructing the smart hotel architecture–A case study in Taiwan[C]//The 17th International Conference on Electronic Business, December. 2017: 4-8.

[51] Petrevska B, Cingoski V, Gelev S. From smart rooms to smart hotels[J]. Zbornik radova sa XXI međunarodnog naučno-stručnog skupa Informacione tehnologije-sadašnjost i budućnost, Žabljak, 2016(21): 201-204.

[52] Bhatt G D, Grover V. Types of information technology capabilities and their role in competitive advantage: An empirical study[J]. Journal of Management Infor-

mation Systems, 2005, 22(2): 253-277.

[53] Buhse, W. Operating Like a Startup: How a Digital Mindset Can Be Established in Traditional Companies. Retrieved September 16, 2016, from. https://doubleyuu. com/en/blog/2015/06/18/digital-mindset/.

[54] Camisón C. Strategic attitudes and information technologies in the hospitality business: An empirical analysis[J]. International Journal of Hospitality Management, 2000, 19(2): 125-143.

[55] Smith B C, Leimkuhler J F, Darrow R M. Yield management at American airlines[J]. Interfaces, 1992, 22(1): 8-31.

[56] Buhalis D, Foerste M. SoCoMo marketing for travel and tourism: Empowering co-creation of value[J]. Journal of Destination Marketing & Management, 2015, 4(3): 151-161.

[57] Zhang X, Song H, Huang G Q. Tourism supply chain management: A new research agenda[J]. Tourism Management, 2009, 30(3): 345-358.

[58] Wang Y, Qualls W. Towards a theoretical model of technology adoption in hospitality organizations[J]. International Journal of Hospitality Management, 2007, 26(3): 560-573.

第 8 章　数字旅游共享平台

Chapter 8　Sharing platform of digital tourism

学习目标

- 掌握共享的概念及与相关概念的区别
- 了解共享经济平台商业模式的类型和要素
- 掌握共享住宿的定义、特征和类型
- 理解共享住宿带来的主客关系的变化
- 掌握共享住宿对交换行为、服务方式和顾客体验的影响

共享经济作为当今互联网时代下诞生的新现象，被视为一种通过交换或出租资源而非拥有商品的消费活动过程。近年来，共享经济的实践在我国商业领域（包括旅游业）取得了巨大成功，其独特的价值主张也逐渐渗透到人们的日常生活。共享经济的各种具体实践形式形成的一系列新产品成为许多传统产品的替代品，并对相关传统行业产生了深远的影响。在旅游住宿业，随着共享住宿在住宿服务业领域的扩张，为住宿服务业的改革发展带来了"颠覆性创新"的影响，共享住宿平台则是基于共享经济理论与实践的数字旅游共享平台的典型代表。

8.1　共享与协同消费

共享（sharing）作为人类社会的普遍行为，是关于不计算投资回报的经济产品及服务的分配。在早期的人类社会，共享可以视为出于我们与他人的需要而相互给予或获取的分配行为或过程。因此，提及共享，人们往往很容易将惠赠（gift exchange）、非互惠的亲社会行为（nonreciprocal pro-social behavior）与商品交换（commodity exchange）混淆，但它们之间是存在区别的。在这一研究领域，2007 年 Belk 发表的经典文章 *Sharing* 中指出，共享或惠赠和商品交换不同，共享是家庭内部的特色活动，而非发生于外部世界中工作和市场交换的活动。与商品交换相比，共享和惠赠均表达了通过给予联系他人的渴望。商品交换则较少与其他人建立情感联系，也不会构建虚拟社群。

基于此，我们发现共享有三个重要特征。第一，非互惠性。非互惠性是共享的一个重要特征，其强调共享是一种亲社会的、以他人为指向的行为，是一个基于他人需要而对产品或服务进行分配的过程。第二，"使用替代拥有"，也是共享独有的特征。该特征是指人们可据其所需暂时性地使用产品而非购买和拥有它们，在这一过程中所有权并未发生转移。第三，共享还具备与他人产生社会联系的特点。共享是一种公共性行为，可能会使我们与他人联结起来建立一种团结与联系的情感。这一特征对数字旅游共享平台给予旅游消费者与旅游供应商之间的资源共享和互动关系（即价值共创）具有特殊的意义，因为智慧旅游者参与旅游活动的个性化体验，也是一种社会化的体验。

在人类社会发展的过程中，共享的范畴与内容在不断扩大与丰富。共享是早期人类社会中的一种交换形式，协同消费的概念源于共享，而共享经济的概念是建立在协同消费的概念基础上的。1978 年 Felson 与 Spaeth 提出了"协同消费"（collaborative consumption）这一概念，并将其定义为"人们在与他人互动过程中所进行的合作消费商品或服务的经济活动"。协同消费作为一种新的消费范式，指消费者通过与其他人联合或协作来共同消费产品或服务。显然，这一定义侧重于探讨消费的联合活动，但未能充分阐述资源的获取与分配问题。Bostman 和 Rogers 认为，协同消费是对传统共享、物物交换、借贷、贸易、出租、赠予和交换的合并。但 Belk 认为这一定义过于广泛，融合了市场交换、赠予和共享数个概念。更准确地说，协同消费应当是指人们协调资源的获取和分配，以获取费用或其他补偿的过程。这一定义不包括永久转让所有权的赠予，以及不予补偿的共享活动。

随后，诸多学者在研究中将共享经济与协同消费现象相联系，并系统定义了协同消费的概念与类型等问题。在理论上，协同消费被定义为人们利用在线市场和社交网络技术，实现个人之间资源对等共享的活动，使用者可能既是供应商又是消费者。在实践中，协同消费可以作用于有机系统或网络，参与者通过交易产品、服务、运输方案、空间或金钱等形式来参与共享。Botsman 和 Roger 认为，协同消费案例可分为三种类型：①产品服务系统，在该系统中人们可以共享某个企业提供的产品或 P2P（点对点）式地共享、租用别人分享的私人产品；②再分配市场，在市场中，通过减少、循环、再利用、修补和再分配来实现物品的流转；③协同式生活方式，其强调通过虚拟资产的共享实现群体聚集。同样地，共享经济的实践亦涉及如共享商用车这样的 B2C 业务，以及以再分配市场形式或协同生活方式呈现的 C2C 共享，如共享住宿市场。

8.2　共享经济的概念

共享经济是人类进入互联网时代基于"协同消费"行为而形成的一种新型的经济现象与模式。2008 年，Lessig 提出"共享经济"这个概念来指代在互联网技术变化驱动下的"协同消费"，实现"共享、交换、租赁而不拥有资源"。Barnes 等学者认为共享经济就是利用在线交易平台和社交网络技术来推进个人之间点对点的资源共享过程，每个人既是产品或服务的提供者，也是消费者。可以说，共享经济就是一个基于网络平台的去中介化和再中介化的过程。去中介化指个体之间的商品与服务交换不再依附传统商业组织，如共享住宿使房屋拥有者与住宿需求者直接进行匹配；再中介化则指一个新的网络共享平台成为供需双方所依附的"新中介"，供需双方借助共享网络平台以实现供需匹配。

共享及协同消费是一个古老的命题，但共享经济却是一种新现象。在现代社会里，它既是基于协同消费产生的经济模型，也是一个系统用以实现社会新旧经济活动重构的方式。基于具有显著多样性的共享实践活动来界定共享经济的概念是极具挑战的，基于不同的视角，可能会形成不一样的认识，进而产生各种与其相似的术语。目前，国外相关文献研究中涉及与共享经济相似的概念有如下。

1. 零工经济

2009 年，"零工经济"（gig economy）一词在美国新闻网站 The Daily Beast 所刊登的《零工经济》一文中被提及，指人们可依照自身兴趣与技能，通过第三方平台，灵活地选择工作机会，而不长期依托于某一组织或机构。简单来说，就是指人们通过 Airbnb、Uber、Lyft、TaskRabbit 等平台获得灵活的工作机会来赚取报酬。这种新型社会分工形式改变了传统雇佣模式，促使个体向自雇型劳动者的角色转变。

2. 网格经济

网格是一个互联网术语，指的是一个集成的计算与资源环境，它将计算与资源转化成一种随处可得的、可靠的、标准的，并且相当经济的计算能力。共享性是网格的重要特征，网格上的任何使用者都可以使用网格上的任何资源。网格经济（mesh economy）强调数字化技术的使用为人们提供了以崭新和有趣的方式来获取产品和服务，人们通过网络数字技术去接触使用他们需要的商品或者服务，同时强调互联网社交媒体在连接人与人之间的价值。

3. 点对点经济

点对点经济（P2P/peer economy）指那些建立在个体与个体之间的商业行为，个体之间通过第三方平台以租、售、借或者分享的方式与他人进行物品或服务的商业交换，而不是与某个生产销售商品或服务的机构组织发生交易，实现端到端的信息直接沟通、交易，打破了中间环节和中介服务。P2P 经济已被运用到 P2P 商业模式的组织中，人们可通过使用平台与他人进行出租、销售、借贷与共享，这一过程中无商店、银行或机构的参与。

4. 协同经济

协同经济（collaborative economy）指使用互联网技术来联系分散的人群，使其更好地使用产品、技能以及其他有用的东西，其中包括协同消费、协同生产、协同学习和协同金融等内容。

共享经济的概念与上述概念内容的表述有所不同，它是一个更为综合性的概念。目前，国内外学术界对共享经济的概念并无统一定义，总结部分国外学者对共享经济的定义，如表 8-1 所示。

表 8-1　共享经济的概念

研究者	年份	概念
Botsman	2010	共享经济是一种基于营利或非营利目的而分享空间、技能、货品等未被完全利用的资产而形成的经济模型
Heinrichs	2013	共享经济作为包含多个围绕协同消费信息交流技术的伞形概念，它能够通过网络平台来分享产品与服务的消费，从而实现新旧经济活动的重构
Botsman	2014	共享经济是通过有效和易得的模式与市场来激活各种类型资产未开发价值的统一系统
Cohen 和 Kietzmann	2014	共享经济是人们通过点对点网络共享未充分利用资源的系统
Wosskow	2014	共享经济需要依托在线平台促进资产、资源、时间和技能的分享
Allen	2015	共享经济是一系列新兴软件平台，这些平台作为私人买家与私人卖家的中介，使他们能够分享现有资源
Lampinen 等	2015	共享经济是围绕网络工具的使用来实现大范围内诸如接待服务交换、共乘和回收可再利用品的分享、交换和实践的新兴现象
Schor	2015	共享经济是由数字化平台所促进的点对点或是个人对个人的经济活动所构成
Richardson	2015	共享经济是通过在线平台促进交换的一种形式，因此包括广义上通过"共享"概念开放存取未被充分利用资源的盈利或非盈利的活动
Matofska	2016	共享经济是围绕人类物质资源共享而构建的社会经济系统

上述学者对共享经济定义的界定各有侧重，但其中均涉及一些共性特征，如 P2P、闲置资源以及在线平台，这三个特征可概括性地描述共享经济的主体、客体和中介，从而构建起共享经济概念的认知框架。其中，在

线网络平台作为中介是共享经济作为互联网时代下诞生的新现象的最重要的特征。

在共享经济的主体要素方面，部分学者认为以个人参与为主，突出共享经济的 P2P 特征。P2P 指向在线用户间的协同活动现象，如消费者对消费者的交换，基于此，可构建起在线对等市场（online peer to peer maketplace），它由直接与其他个人（提供者）进行交易的个人（消费者）组成，而市场平台本身则由第三方来维持。但需要明确的一点是，目前共享经济的实践活动主体虽以个体为主，但并不局限于此，将来可能会衍生到企业、政府等。因此，在一定程度上，可将共享经济的主体泛化，认为其主体是具有买卖意向与能力的双方，这可以是个人，也可以是企业或组织等。而共享经济的客体内容则包括各种未被完全利用的资源，广义上指可共享的任何资源、产品和服务。

同时，共享经济是依托在线网络平台这个中介发挥作用的。在新技术发展的时代背景下，共享经济是基于互联网平台，以分享、团购、交易和租赁等多种方式共享物品、知识、时间或服务的新兴文化和新型经济形态。事实上，共享经济的实践形式已经是卖方基于营利或非营利目的，将闲置资源（有形或无形）通过在线平台与他人进行分享和交换而形成的统一系统。因此，我们认为共享经济是个人可以借助互联网平台通过物物交换、租赁、贸易、出租、馈赠、互换等多种协作方式实现的对闲置或未充分使用的资产、技能、时间等资源进行再利用或分享，进而获得收入的经济现象。

8.3 共享经济平台商业模式

共享经济平台的商业模式是一个动态系统，能够决定主客之间跨边界互动的内容与过程。互联网时代的到来，促使传统的商业模式发生变革，共享经济平台的商业模式应运而生，其作为共享经济的实践形式，旅游者的个体参与，特别是其个性化的行为及体验方面的变化，可能为旅游行业的发展带来变革和挑战。

8.3.1 共享经济平台商业模式的类型

共享经济平台商业模式是在传统资源共享模式 B2B（企业对企业）、B2C（企业对个人）的基础上进一步扩散到 C2C（个人对个人）等范畴而形成的新型商业模式。基于此，简单来说，依据共享经济的供给双方的不同，可将共享经济平台的商业模式划分为 B2B、B2C、C2C、C2B 等类型。Schor 认为，共享经济平台是由"市场导向"与"市场结构"塑造的，这两个维度构建了共享经济的商业模式、交易逻辑和对传统商业颠覆的潜力。因此，共享经济平台可划分为营利和非营利两类，并根据供给者角色的不同划分为 P2P（个人对个人）和 B2P（企业对个人），进而将共享经济的商业模式再具体划分为（P2P，非营利）、（P2P，营利）、（B2P，非营利）和（B2P，营利）四种类型，（如表 8-2 所示）。Puschmann 的划分逻辑与 Schor 相似，也基于供应商类型（初创企业、成型企业）和互动方式（B2C、C2C）两个维度，将共享经济分为（初创企业，B2C）、（初创企业，C2C）、（成型企业，B2C）、（成型企业，C2C）四类。上述提及的分类较为强调个人对个人以及企业对个人的互动，但这并不意味着否认了企业之间的共享模式。企业也可通过与商业伙伴、消费者的合作，建立基于生态环保与合作共赢的价值链，实现价值共创，从而获得成功。

表 8-2　共享经济平台的类型

平台导向	供应商类型	
	P2P	B2P
非营利	Food Swap, Time Banks	Makerspaces
营利	Relay Riders, Airbnb	Zipcar

资料来源：Schor（2014）

8.3.2　共享经济平台商业模式研究

共享经济平台的商业模式研究是共享经济研究的重要内容，而对商业模式的研究最终可归结为两个问题：一是商业模式包括哪些基本要素，二是这些要素具有哪些基本关系。有学者通过对具体案例的研究来探讨共享经济平台商业模式的构成要素。例如，Cohen 和 Kietzmann 基于代理理论，以 Boons 和 Ludeke-Freund 建立的 BMFSs 商业模式框架为依据，从价值主张、供应链、用户接口和财务模型四个方面认识共享汽车（carsharing）、拼车（ridesharing）和共享单车（bikesharing）这三种共享移动案例的商业模式（shared mobility business models）。Muñoz 和 Cohen 通过文献回顾认识到，共享经济商业模式有七个要素，分别是协同平台（platforms for collaboration）、未被利用资源（under-utilized resources）、点对点交互（peer-to-peer interactions）、协同管理（collaborative governance）、使命导向（mission-driven）、替代性资金（alternative funding）以及技术依存（technology reliance），并通过对 36 家共享经济商业模式的企业进行模糊集定性比较分析（fs/QCA）并进一步根据其核心要素的不同，将共享经济的商业模式划分为五类。

企业对共享经济的商业模式的应用研究是业界和学界关注的重点，这其中包括两个方面：一是传统成型企业的应对举措，二是新型初创企业的发展对策。大部分共享经济平台的商业模式创新都源于初创企业。它们的快速成长对传统成型企业的持续发展造成一定压力。针对传统成型企业如何应对新的商业模式并突破困局获得创新这一问题，Belk 概括总结了三大策略：①提供需付费的服务内容或寻找其他收入来源；②收购共享经济领域新的突破性技术；③评估突破性技术带来的对传统商业模式的反应。

Winterhalter 等人则针对基于硬件业务的传统企业提出了四大策略：①强调顾客参与的业务模式；②延续业务模式促进产品的再利用；③对硬件业务进行数字化改造；④让产品从协同消费中获得有价值的信息。此外，Pedersen 等人通过对时尚图书馆（fashion libraries）案例的研究发现，采用共享经济商业模式的企业也会面临与传统模式相类似的发展障碍，如资金与人力的局限性，对此，企业需致力于创造收入的新来源，吸引新的客户群。

8.3.3　数字旅游共享平台的个体参与

作为共享经济的实践形式，数字旅游共享平台是源于共享经济网络平台理念建设的基于旅游者与旅游供应商之间互动的资源分享平台。共享经济平台能够让使用者参与新兴社会经济活动中，从而打开私人与公众界限来利用资源，因此，数字旅游共享平台参与主体的重要性不言而喻。不同的数字旅游共享平台的参与主体及其动机、行为和影响因素都各有不同，而参与主体的动机主要包括内部动机和外部动机，不同的动机和影响因素对参与主体的行为产生不同的影响。

从使用者和供应者两个视角，可以将其参与数字旅游共享平台的动机总结为经济、社会与环境动机。在动机、态度与行为意向之间的关系研究中，大量的分析发现，个体参与共享平台的动机主要包括内部动机（可持续性、享受）和外部动机（经济利益和获得声望），内部动机对态度有正向影响，其中享受和经济利益动机对行为意向有正向作用。Möhlmann 基于 Car2go 和 Airbnb 两个不同研究案例，探究影响参与者满意度和再次选择参与共享经济活动的因素，发现有不一样的结果，而其中一致的结论是，节约成本、熟悉度、信任以及有用性等因素均对满意度产生正向影响，有用性与再次选择行为显著正相关。

因为数字旅游共享平台参与主体的动机、行为及影响因素不尽相同，因而可据其将参与主体划分为不同的类型。Ozanne 和 Ballantine 通过对玩具图书馆（toy library）397 名用户的定量研究，按照友谊、归属感、责任感、反消费、父母调节、节约、实利主义、有效性和共享价值等不同动机的权重，将参与者划分为四种类型：社交主义者（socialites）、市场逃避者（market advoiders）、安静的反消费者（quiet anti-consumers）和消极成员（passive members）。

同时，共享经济对个体的价值重塑具有重要作用。共享经济使消费者能够逃离传统消费逻辑的束缚，参与到生产过程中，实现消费者与生产者的共同生产。此外，旅游者个体在参与共享平台的互动中可获得多重价值，既包括产品和服务价值，也包括给予社会交往的个体交流的价值。

显然，在可自由支配的市场中进行共享能够培育个人幸福感以及构建共享社区。

8.4　共享住宿主客关系

数字旅游共享平台实践最典型、应用最普遍的形式是共享住宿平台，它是共享经济背景下衍生的住宿产品与服务资源分享与交换的平台，即不同的旅游目的地居民（也是消费者）或组织之间通过社会化的数字旅游共享网络平台，常态化地将自身拥有且处于闲置状态的房屋及设施、技能、时间等资源的使用权暂时性相互给予，以获得经济效益并实现资源价值的最大化。《中国共享住宿发展研究报告 2020》将共享住宿平台定义为，个人或者组织以互联网平台为依托，如 Airbnb、小猪短租、美团民宿等网络平台，通过整合共享住宿资源来提高信息匹配效率和闲置房源利用率，实现多方利益共享的过程。

从产业发展的角度，共享住宿是共享经济应用于现代住宿服务业市场形成的一个新业态。根据国家信息中心分享经济研究中心的《中国共享住宿发展报告 2019》显示：2018 年我国主要共享住宿平台房源量约 350 万个，覆盖国内近 500 座城市，较 2017 年增长 16.7%；2018 年，我国共享住宿市场交易额为 165 亿元，同比增长 37.5%，2015—2018 年，共享住宿产业对整个住宿服务业年均增长的拉动作用为 2.1 个百分点。共享住宿的快速发展为我国现代住宿业市场注入了新的活力，推动了传统住宿服务业转型升级，带动了相关服务产业的更快增长，同时住宿业的结构也发生了深刻的变化。我国已形成了以星级标准酒店市场为核心，品牌标准酒店市场为基础，非标准旅游住宿设施快速增长，三重住宿业态结构并存的现代住宿产业发展新格局。以共享住宿为标志的非标准住宿与传统接待住宿业一起共同形成了一个结构更加完善、业态更加丰富的中国现代住宿服务产业。

8.4.1　共享住宿的概念

早期流行于国外的共享住宿主要指具有非标准化特征的、个人对个人的住宿形式（P2P accommodation），房屋共享平台作为第三方中介，本身不拥有房源，由房东将自有房屋的部分空间和设施出租给房客，宾主共享生活空间，以获取经济和社交收益。也有学者认为共享住宿是一种短期的房屋租赁（P2P rental），是以个人或企业自有住宅为依托，借助在线平台或在线度假租赁运营商，向以度假为目的游客提供短租住宿和有限服务的住宿新业态。而共享住宿研究与实践应用主要是集中于由个人房屋所有者向个人消费者提供个人房源（P2P 或 C2C）这一住宿形态。

在具体的实践中，共享住宿并非传统意义上的住宿产业部门，而是涵盖租赁、互惠和自由的共享住宿服务平台。这一平台使普通人（与商业实体相对的）能够出租他们的空余房间，以及闲置的房子或公寓来服务旅游者或顾客。因此，我们可以认为共享住宿是基于数字旅游共享平台，由信息通信技术驱动，可以由消费者而不仅仅是服务供应商在短期内可以租赁、交换、借用或借出的私人拥有的空闲的住宿设施。共享住宿作为共享经济在住宿业的新型应用实践，不仅具备了共享经济平台商业模式的独特特征，同时也拥有着区别于传统住宿的特点，与传统的住宿方式相比，共享住宿具有以下方面的特征。

（1）住宿供给依托个人闲置的房屋资源。共享住宿的房源来自社会居民自身拥有的闲置房屋或空间，而非专门提供接待服务的商业经营性场所。

（2）交易过程依赖住宿共享平台。共享住宿的实现有赖于互联网技术的进步，作为第三方中介的共享平台直接匹配拥有闲置房源的房主与具备住宿需求的消费者，并提供构建信任与安全体系等额外服务，保障共享过程中双方的权益。

（3）服务平台采用轻资产的运营模式。共享住宿平台的核心能力主要在于运用现代信息技术来整合分散的闲置住宿资源而不需拥有任何房屋的产权，一方面通过营销手段为房主推广资源，另一方面为消费者创建信息流通的渠道。

（4）住宿服务过程注重顾客的体验性与社交性。大多数共享住宿产品都蕴含着"如家一般""贴近当地"等温馨的住宿理念，旨在为房主与房客创造社交互动的共识，带来独特的住宿体验。

在上述特征中，共享住宿的交易过程依赖共享平台是其最本质的特征。在数字经济背景下，网络的普及和信息智能技术的发展，使共享住宿作为数字旅游的核心新业态具有了无限发展的潜力。近年来，共享住宿在中国的发展推动着住宿服务市场的繁荣，伴随着旅游市场需求的日益旺盛，国内海量的个人闲置房屋资源有望持续被盘活，共享住宿服务的个体参与未来也具有广阔的发展空间。

8.4.2　共享住宿的类型

共享住宿不仅是一种新型的住宿服务方式，而且还演变为一种新的时尚生活方式，并成为中国旅游产业数字化转型发展的一部分。由沙发客至"像当地人一样旅游"，从自有产权到与陌生人共享居住空间，共享住宿的蓬勃发展推动着住宿服务市场的繁荣。越来越多的企业，如地产开发商、房屋中介、传统酒店企业等组织介入共享住宿的市场，成为旅游住宿的提供者，并对其进行统一管理，同时也力求使共享住宿的产品形态变得更加多样化。中国互联网协会分享经济工作委员会（2016）根据共享住宿的产品形态，把共享住宿划分为 C2C（customer to customer）、B2C（business to

customer）和"产权共享+换住共享"的二维共享三种模式，具体如表
8-3 所示。

表 8-3　共享住宿的产品类型

模式	特征	代表性平台
C2C	房屋的私人所有者和个人消费者借助共享住宿平台直接进行供需匹配，主要构成是个人房源，提供比传统酒店性价比更高、更有个性的住宿服务	Airbnb、蚂蚁短租、小猪、住百家、途家
B2C	住宿分享平台从地产开发商、房屋中介、酒店式公寓等相关住宿企业批量获得闲置房屋资源并对其集中管理，针对住宿设施、标准、流程等方面制定并执行标准化的规范；重资产运营，企业需要收购或者与合作伙伴一起经营房源	途家、YOU+国际青年公寓、安途
产权共享+换住共享	消费者通过分权度假平台购买度假物业，按份共有产权，拥有相应份额时段的独家时间；物业的所有权可以转让或继承	Weshare 我享度假

共享住宿产品形态的多样化为旅游住宿服务市场提供了更加多元的
产品选择，更好地满足了旅游消费者日益多样的个性化需求。当前，国内
共享住宿的交易主体仍以由个人房屋所有者向个人消费者提供个人房源
（P2P 或 C2C）这一住宿形态为主体，本书所探讨的共享住宿也指向这一
部分的产品类型以区别国内的民宿等其他住宿形式。

由于国内存在海量的私有闲置房屋资源有待盘活，伴随着旅游市场需
求的日益旺盛，未来共享住宿服务市场仍会不断扩大；国际游客对中国文
化兴趣渐增，也使中国有望成为共享住宿消费的重要国际市场；此外，部
分国内知名酒店集团正积极搭建共享住宿服务新平台，探索共享住宿服务
产业化发展的新形式。可见，共享住宿作为一种创新性的住宿服务产品，
在中国具有广阔的发展空间，因此深入研究其服务属性，对整体住宿服务
业的发展具有重要的启示作用。

8.4.3　共享住宿：主客关系的变化

智慧旅游者尽管基于数字旅游共享平台参与数字旅游活动，但其行为
仍建立于社会关系之上，社会属性仍是其根本属性，理解数字旅游消费必
须立足于涉及他们之间的社会关系，共享住宿亦然。从社会文化的视角
来看，商业背景下的住宿服务是一种特殊形式的主客关系，而共享住宿
服务是在数字旅游共享平台商业模式基础上，聚焦于住宿服务过程中人
与人之间的互动，是在现代社会生活中理解共享住宿主客关系变化的重
要路径。

1. 传统住宿服务的主客关系

从社会性的视角来看，住宿服务本质是在一定的社会环境下，凭借服
务产品的供给，在商业交换过程中形成的主客关系，具体包括以下本质特
征：①由主人将服务赋予离家在外的客人；②服务过程涉及提供者和接收

者双方的互动；③服务产品是有形要素与无形要素的结合；④安全、精神和生理上的舒适程度很重要。在这种社会关系中，主人乐意为客人提供愉悦的服务，并凭借尊重、机敏得体和社会仪式，通过面对面的互动形式，慷慨且完美地将舒适感与幸福感传递给客人。

Teng 的研究从社会文化视角关注商业化情境中的住宿服务，认为住宿服务涉及五个不同维度的核心要素，包括人际互动（interpersonal interaction）、心理联系（phychological connection）、文化包容性（openness to different culture）、感官满意度（sensation satisfaction），以及价值感知（perceived value）。基于此，他提出了一个传统接待服务的模型并对其进行解释。我们在 Teng 的模型基础上进行了改进，得到了一个传统住宿服务的主客关系模型，具体如图 8-1 所示。

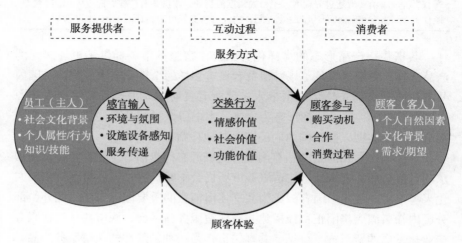

图 8-1　传统住宿服务的主客关系模型

在这个传统住宿服务的主客关系模型中，住宿服务是一个动态的循环，包含三个关键的组成部分：①服务提供者，包含员工（主人）和感官输入（环境与氛围、设施设备感知、服务传递）；②消费者，包括顾客（客人）和顾客参与（购买动机、合作、消费过程）；③互动过程，员工（主人）和顾客（客人）的交换行为所形成的情感、社会与功能价值。这三个部分相互关联，服务提供者与消费者之间的互动受一系列复杂的社会文化因素影响，继而影响着他们之间的交换行为、服务方式以及由此创造的顾客体验。

2. 共享住宿主客关系的变化

基于数字经济条件下的数字旅游共享平台商业模式的特征来理解共享住宿，其主客关系呈现出与传统住宿服务不同的特点。

（1）提供住宿与服务的主体性质不同。共享住宿的服务提供者以个人为主，即便大多出于盈利的目的提供住宿服务，但同时也高度认同"共享"的社会关系价值，与以逐利为唯一追求的传统住宿服务企业及其员工存在明显差异。

（2）进行主客互动的场所与情境不同。共享住宿多为私人住宅，是真正的家，在此情景下，房主既作为当地居民与接待者，又作为服务人员，与房客进行交流与互动。而房客除了是顾客，也是前来造访的客人。

（3）住宿服务消费者的期望与诉求发生改变。共享住宿的顾客通常寻求更多的社会归属感和认同感，希望通过这种住宿方式融入当地社会，以获得互动的本真性。

可见，共享住宿主客关系的变化使住宿服务的主客互动过程也随之发生改变。在共享住宿中，尽管顾客在市场维度中占据绝对优势，但是互动场所的转换使其在空间维度往往处于被动的状态。作为提供交往活动空间的真正主人，房主通过掌握房屋的控制权而在主客互动中处于主导地位；作为旅游目的地的居民，房主对当地的社会环境更为熟悉，在特定的文化空间中拥有更多话语权，这与传统酒店中客人拥有绝对支配的权利大相径庭。由此看来，数字经济条件下，共享经济本质上是对社会关系的重塑，共享住宿对住宿服务业的影响在于对主客关系的重构，进而表现为对住宿服务过程中主客互动的交换行为、服务方式和顾客体验的影响。

8.5　共享住宿的影响

现代住宿服务的本质是建立于互惠原则之上的主客关系，服务提供者通过同时发生的、暂时的、自愿的社会交换为顾客提供产品与服务。共享住宿在一定程度上改变了传统住宿服务业中主客交换行为的价值倾向性，增进了接待服务主客双方之间的交流与信任，为住宿企业的顾客关系管理提出了新的思路，有利于改善整体住宿服务业中主客互动的质量，从而提升了住宿消费者的幸福感和住宿从业者的愉悦感。

8.5.1　共享住宿对服务交换行为的影响

首先，共享住宿弱化了住宿服务交换行为中的商业化气息，重新定义了住宿服务提供者在与客人互动过程中的角色。传统的住宿服务基本是一种以利润为驱动力，高度组织化与制度化的商业性活动。服务提供者与消费者之间主要是关于经济利益的互动，获得经济收入是当地居民接待旅游者的主要目的。在酒店等商业组织的支持下，主人与客人之间基于互惠原则自愿进行交换，担当主人角色的服务提供者寻求如何取悦客人，而这种互惠只有在客人为此付出金钱时才会成立，因此传统酒店中主客双方实质所饰演的角色为"商家"与"顾客"。而共享住宿所强调的"共享"价值，削弱了他们之间仅以金钱维系社会关系的唯一性，使主客双方的角色在一定程度上还原为社会意义的"主人"与"客人"。在 Airbnb 官方网站的评价中，大多数用户将房主亲切地称呼为房东、小姐姐、大哥、阿姨等，而非老板、服务员、员工，充分展示了共享住宿中房主作为主人招待外来访客时的好客。为此，共享住宿价值观中所倡导的"去商业化"，更新了传统接待服务企业的顾客关系管理思路，为现代接待服务企业由高度组织化、制度化的管理逐渐向自由化、松散化运营方式的过渡提供了启发性的参考。

其次，共享住宿转变了接待服务行为发生的传统场所，平衡了商业情境中主客关系与权利不对称的问题。一般而言，基于服务与被服务的契约关系，酒店服务与产品的传递直接发生在酒店的服务人员和顾客之间，顾客在酒店可以一定程度地支配酒店员工的行为，员工则不得不尽量满足一切职责范围内的要求。即使酒店要求员工与顾客建立友好的关系，但更多的也是管理顾客关系的手段。对顾客来说，他们可能并不希望与服务人员建立真正的朋友关系，因为这会使他们在酒店服务不到位时不便于维护自己的权益。而共享住宿中，住宿场所特定的情境使互动双方的关系与权利趋于平等、相互制衡，房客可能会下意识地降低或放弃以酒店的标准来衡量主人提供的服务，并自觉以客人应尽的义务来约束自己的行为。尽管由于房主承担着服务人员的责任，客人的基本需求仍然支配着主人的行为，但顾客在传统酒店中的主导地位被淡化，因为主人反过来也会对申请入住的客人进行筛选，并有权力要求客人在自己领地内遵守相关规则。这意味着，共享住宿中的主客交换行为，是一种双向约束的社会交往行为，客人的个体行为面临着社会规范的制约，但他们不会因为失去主导权而不愉快，因为他们的目的就是住进当地人的家里感受私人性或社会性的体验。

最后，共享住宿搭建了基于兴趣或相似价值观的社群集聚平台，强化了住宿服务空间的社交功能，给予了主客双方平等接触与交流的机会，提升了接待服务业中主客关系的互动质量。在传统酒店的服务环境中，员工与顾客的接触通常是短暂而浅层的，他们基本只依照各自的权利与义务进行互动，社交功能并不显著。而共享住宿的用户群体，无论是房东还是房客，大多彰显出年轻有趣、热爱生活、钟情社交等共同特点，结交兴趣或价值观相投的新朋友是共享住宿达成交易的重要原因之一。共享住宿为房主与房客打造了一个理想化的交流空间，在这个空间营造的氛围中，双方不会刻意强调彼此日常生活里的身份及角色，也不会过分关注各自所处的社会阶层及地位，共处的当下让他们放下过去与人交往的世俗准则，摒弃往日对待陌生人的敷衍、冷漠、疑虑或抗拒，自然而平等地接触与交流，建立起一种从陌生人到朋友的社会关系，从而获得社交层面的精神愉悦，实现了更高质量的互动。

8.5.2 共享住宿对住宿服务方式的影响

共享住宿一方面改变了传统的住宿服务方式，丰富了非标准化住宿服务的内涵，为多样化的顾客需求提供更为广泛的产品与服务选择；另一方面共享住宿有助于抓住顾客的情感诉求，打造真正的个性化住宿场景与服务，打破千房一面的住宿格局，推进非标准化住宿的持续发展。

首先，共享住宿房屋来源的广泛性决定了其产品与服务的多样化和非标准化，它能够促进旅游住宿服务市场的多元化，更加贴合旅游住宿消费者日益增长的个性化需求。在旅游活动中，旅游者失去了平日生活场景的熟悉和温暖，此时功能化、标准化的服务使他们在陌生的旅途中更有安全感。但随着人们自我意识的增强，单一的标准化酒店难以适应细分市场的消费者需求，而非标准住宿则凸显出满足差异化与个性化需求的优势，能够有效弥补传统酒店的一些不足。共享住宿在产品上的非标准化，主要体现在住宿类型更丰富和住宿形式更新颖。非标准化在服务方面的体现，则更多在于作为服务提供者的房东具有多重身份。许多房东还兼有其他的身份标签，如知名互联网公司的设计师、从事时尚工作的摄影师，或者是极限运动的爱好者等，拥有独特的个人特质与经历，可能会在为房客提供服务的过程中融入自己的魅力与情怀，提供超出客人预期的个性化服务，这也是诸多共享住宿顾客极为期待的收获之一。

其次，共享住宿将主客双方交往互动的社会情境由公共场所转换为私人场所，便于房主从情感层面与顾客进行互动且建立联系，赋予住宿产品以情感价值，力求顾客在入住期间获得超越普通酒店住宿的满足感。传统酒店所主张的个性化，事实上是依照酒店服务标准塑造的个性化，仅囿于酒店员工在履行职责过程中提供的服务，很少能对每个顾客给予充分的情感关怀。真正的个性化服务强调服务提供者融入情感与顾客进行交流，从心理上打动客人，引起情感上的共鸣。共享住宿的核心在于"人情味"，比如，Airbnb 为旅游者在旅途中住进当地家庭创造了机会，令他们在异地也能感受到亲友般的招待；客人允许自由使用房主提供的家居设施，如厨房、洗衣机、家庭影院等；房主通常十分乐意为客人的旅游行程提供实用的信息与建议，以当地人的视角帮助他们获取愉悦的旅途体验；房主甚至会邀请客人共同外出游玩，带领他们体验景区之外的本土生活。共享住宿所主张的个性化，既能让旅游者根据自己的喜好选择更具特色的住宿，又能得到主人足够真情实感的关怀，并且不拘泥于住宿场景与标准化的服务流程，为旅游者制造预期以外的惊喜。对大部分注重个性化的旅游者而言，共享住宿价值主张下的产品属性要优于传统酒店，共享住宿独特的价值属性可以抵消在其功能属性方面表现的不足，从而为顾客留下满意难忘的回忆，成为共享住宿的忠诚用户。

8.5.3　共享住宿对住宿顾客体验的影响

共享住宿为旅游住宿顾客体验真实的当地社会环境开辟了新的途径，使旅游者可以在旅程中住在特定酒店区域之外的普通住宅里，融入旅游目的地的当地社区，有助于减弱住宿服务企业在提供服务过程中的"表演"性质，为旅游住宿顾客构建更真实的旅游目的地及住宿体验，从而使旅游者获取更高层次的心理与精神层面的满足，提升顾客体验的满意度。

寻求本真性是现代旅游的主要动机之一，也是旅游者渴求获得的旅游体验之一，希望像当地人一样体验旅游目的地，通过更有意义的方式去了解当地的社区，与当地社区建立联系并进行互动，是旅行者使用共享住宿的重要原因。游客对于访问这种"后台地区"的渴望，源自这些区域与当地社会关系的亲密度以及体验的真实性相关。然而，现代旅游的产业化与商品化难免使旅游者所游历的旅游场景或体验的旅游事件所展示出来的所谓的本真性其实是为了迎合游客需求而经过商业改造的"舞台的真实"。旅游住宿作为旅游活动中必不可少的环节，传统酒店作为旅游者进行旅游体验的重要场景，同样不可避免地存在着"舞台化"的问题。住宿服务中的顾客体验是"企业有意识地提供的一种独特的经济提供物"，服务提供者必须要像"表演"戏剧一样，在整个服务过程中提供"大量的惊喜"，为客人制造兴奋的感觉，从酒店的环境到员工的服务，或多或少都是由商家针对消费者喜好包装出来的商品。酒店员工所展现的待客态度，实际也是经过计算的、以利润为驱动的商业性好客。因此很多旅游者将传统酒店的服务视为丧失本真性的"表演"，难以全面展示当地的风土人情与社会习俗，而不满足于这种充斥着虚假成分的旅游住宿体验。在现实的旅游活动中，融入东道主的社会生活，成为越来越多旅游者心驰神往的旅游体验。

区别于传统酒店，共享住宿不仅为旅游者提供一个落脚的居所，提供基本的服务，更特别的是，它为旅游者在旅途中打造了一处真正的"家"。这个"家"不是基于营利目的建造或模拟的，而是当地居民真实的家，展示出没有经过任何粉饰的氛围，反映出当地居民自然的生活状态。共享住宿提倡洋溢着浪漫主义色彩的住宿理念，如 Airbnb 的"像当地人一样旅游"、途家的"旅途中的家"、小猪短租的"居住自由主义"等，并将这份情怀映射到现实。旅游者可以感受在"老上海弄堂风情的公寓里，与摇着蒲扇的阿婆聊天"；可以体验在"北京胡同里的四合院，与房东温顺的猫咪和兔子在小花园玩耍"；也可以经历在"老广州城区的独栋复式别墅，早上与房东一起晨跑之后钻进附近的小巷子寻找地道的早餐"……共享住宿使旅游者得到深入了解旅游目的地当地居民日常生活的机会，而房主则流露出真诚的待客态度，让客人感觉到舒适自在。这种理想化的产品特性，在一定程度上减少了商业化给住宿服务业带来的舞台化，使顾客在旅游住宿过程中也能够跳出"表演的舞台"去真切感受旅游地本土的人文风貌和生活状态，这契合追求真实性体验旅游者的精神需求，有助于他们接触到住宿环境及旅游目的地原有的面貌，实现本真性的旅游住宿体验需求，提升顾客体验的满意度。

关键词汇

共享　协同消费　共享经济　零工经济　网络经济　点对点经济
协同经济　数字旅游共享平台　共享住宿　住宿交换行为
住宿服务方式　顾客体验

思考题

1. 试述共享的概念及其与协同消费的联系。
2. 简述共享经济的概念。
3. 共享经济平台的商业模式有哪些类型？请举例说明。
4. 与传统的住宿方式相比，共享住宿具有哪些特征？
5. 共享住宿有哪些类型？请举例说明。
6. 共享住宿模式下的主客关系发生了哪些变化？
7. 试述共享住宿对传统酒店服务业的影响。

参考文献

[1] Puschmann T, Alt R. Sharing Economy[J]. Business & Information Systems Engineering, 2016, 58(1): 93-99.

[2] Guttentag D. Airbnb: Disruptive innovation and the rise of an informal tourism accommodation sector[J]. Current Issues in Tourism, 2015, 18(12): 1192-1217.

[3] Belk R W. Why not share rather than own[J]. Annals of the American Academy of Political and Social Science, 2007, 611: 126-140.

[4] Benkler Y. Sharing nicely: On shareable goods and the emergence of sharing as a modality of economic production[J]. Yale Law Journal, 2004, 114: 273-358.

[5] Belk R W. Sharing [J].Journal of Consumer Research, 2010, 36(5): 715-734.

[6] Bardhi F, Eckhardt G. Access based consumption: The case of car sharing[J]. Journal of Consumer Research, 2012, 39: 881-898.

[7] Belk R. Possessions and the extended self[J]. Journal of Consumer Research, 1988, 15(2): 139-168.

[8] Felson M, Speath J. Community structure and collaborative consumption[J]. American Behavioral Scientist, 1978(41): 614-624.

[9] Botsman R, Rogers R. What's mine is yours: The rise of collaborative consumption[M]. New York: Harper Collins Publishers, 2010.

[10] Belk R W. You are what you can access: Sharing and collaborative consumption online[J]. Journal of Business Research, 2014, 67(8): 1590 -1600.

[11] Barnes S, Mattsson J. Understanding current and future issues in collaborative consumption: A four-stage Delphi study[J]. Technological Forecasting and Social Change, 2016, 104(3): 200-211.

[12] Möhlmann M. Collaborative consumption: Determinants of satisfaction and the likelihood of using a sharing economy option again[J]. Journal of Consumer Behaviour, 2015, 14(3): 193-207.

[13] 郑志来. 共享经济的成因、内涵与商业模式研究[J]. 现代经济探讨, 2016, 411(3): 32-36.

[14] 刘冠峰. 基于网格经济模型的资源分配策略研究[D]. 青岛：青岛大学, 2008.

[15] Heinrichs H.Sharing Economy:A Potential New Pathway to Sustainability[J]. Business & Information Systems Engineering, 2013, 56(1): 93-99.

[16] Schor J. Debating the sharing economy[N]. Great Transition Intiative, 2014-11-21.

[17] 倪云华. 共享经济缺乏一个"共享"的名称[EB/OL]. http://news.163.com/17/0906/10/CTL5QI58000197V6.html,2017.

[18] Richardson L. Performing the sharing economy[J]. Geoforum, 2015(67): 121-129.

[19] Botsman R. Sharing's not just for start-ups[J]. Harvard Business Review, 2014, 92(9): 23-25.

[20] Cohen E. A phenomenology of tourist experiences[J]. The Journal of the British Sociological Association, 1979, 13(2): 179-201.

[21] Wosskow D.Unlocking the sharing economy: An independent review[EB/OL]. https://www.gov.uk/government/publications/unlocking-the-sharing-economy-independent-review, 2014.

[22] Allen D.The sharing economy[J]. Institute of Public Affairs Review, 2015, 67(3): 24-27.

[23] Lampinen A, Huotari K, Cheshire C. Challenges to participate in the sharing economy: The case of local online peer-to-peer exchange in a single parents' network[J]. Interaction Design and Architecture(s), 2015(24): 16-32.

[24] Matofska B.What is the sharing economy[EB/OL]. http://www.thepeoplewhoshare.com/blog/what-is-the-sharing-economy/, 2017.

[25] Ert E, Fleischer A, Magen N. Trust and reputation in sharing economy: The role of personal photos in Airbnb[J]. Tourism Management, 2016(55): 62-73.

[26] 马化腾等. 分享经济[M]. 北京：中信出版社, 2016.

[27] 李力, 陈晓琪. 国外共享经济研究述评与展望[J]. 长安大学学报, 2007(19): 59-67.

[28] 程愚, 孙建国. 商业模式的理论模型:要素及其关系[J]. 中国工业经济, 2013(1): 141-153.

[29] Muñoz P, Cohen B. Mapping out the sharing economy: A configurational approach to sharing business modeling[J]. Technological Forecasting & Social Change, 2017.

[30] Winterhalter S, Wecht C. H, Krieg L. Keeping reins on the sharing economy: Strategies and business models for incumbents[J]. Marketing Review St. Gallen, 2015, 32(4): 32-39.

[31] Pedersen E. R. G, Netter S.Collaborative consumption: Business model opportunities and barriers for fashion libraries[J]. Journal of Fashion Marketing and Management, 2015(19): 258-273.

[32] Böcker L, Meelen T. Sharing for people, planet or profit? Analysing motivations for intended sharing economy participation[J]. Environmental Innovation and Societal Transitions, 2017(23): 28-39.

[33] Hamari J, Sjoklint M, Ukkonen A. The sharing economy: Why people participate in collaborative consumption[J]. Journal of the Association for Information Science and Technology, 2015, 67(9): 2047-2059.

[34] Ozanne L K, Ballantine P W. Sharing as a form of anti-consumption? An examination of toy library users[J]. Journal of Consumer Behavior, 2010(9): 485-498.

[35] Guttentag D, et al. Why Tourists Choose Airbnb: A Motivation-Based Segmentation Study[EB/OL].(2017-04-27)[2017-05-20]http://journals.sagepub.com/doi/10.1177/0047287517696980.

[36] Binninger A-S, Ourahmoune N, Robert I.Collaborative consumption and sustain-

ability: A discursive analysis of consumer representations and collaborative website narratives[J]. The Journal of Applied Business Research, 2015, 31(3): 969-986.

[37] 罗云丽. 旅游共享经济的基本特征、运行机制与发展对策[J]. 商业时代, 2016(14): 174-176.

[38] 殷英梅, 郑向敏. 共享型旅游住宿主客互动体验研究——基于互动仪式链理论的分析[J]. 华侨大学学报(哲学社会科学版), 2017(3): 90-98.

[39] Hepple J, Kipps M, Thomson J. The concept of hospitality and an evaluation of its applicability to the experience of hospital patients[J]. International Journal of Hospitality Management, 1990, 9(4): 305-318.

[40] King C A. What is hospitality?[J]. International Journal of Hospitality Management, 1995, 14(3-4):219-234.

[41] Teng C C. Commercial hospitality in restaurants and tourist accommodation: Perspectives from international consumer experience in Scotland.[J]. International Journal of Hospitality Management, 2011, 30(4): 866-874.

[42] 张机, 徐红罡. 民族旅游地区家空间的主客角色冲突研究——以丽江白沙村为例[J]. 地理科学, 2016, 36(7): 1057-1065.

[43] Brotherton B, Wood R. Hospitality and hospitality management[J]. In search of hospitality: Theoretical perspectives and debates, 2000: 134-156.

[44] Shamir B. Between bureaucracy and hospitality: Some organizational characteristics of hotels[J]. Journal of Management Studies, 1978, 15(3): 285-307.

[45] Cohen E. Authenticity and commoditization in tourism[J]. Annals of Tourism Research, 1988, 15(3): 371-386.

[46] Berno T. When a guest is a guest: Cook Islanders view tourism[J]. Annals of Tourism Research, 1999, 26(3): 656-675.

[47] Dann G M S, Cohen E, Apostolopoulos Y, et al. Sociology and tourism.[J]. Annals of Tourism Research, 1991, 18(1): 155-169.

[48] Ariffin A A M. Generic dimensionality of hospitality in the hotel industry: A host-guest relationship perspective[J]. International Journal of Hospitality Management, 2013(35): 171-179.

[49] Holbrook M B, Hirschman E C. The Experiential Aspects of Consumption: Consumer Fantasies, Feelings, and Fun[J]. Journal of Consumer Research, 1982, 9(2): 132-140.

[50] 肖建勇. 论旅游标准化的本质——基于现象学社会学的视角[J]. 企业经济, 2017(1): 83-87.

[51] Guttentag D A, Smith S L J. Assessing Airbnb as a disruptive innovation relative to hotels: Substitution and comparative performance expectations[J]. International Journal of Hospitality Management, 2017(64): 1-10.

[52] Tussyadiah I P, Pesonen J. Impacts of peer-to-peer accommodation use on travel patterns[J]. Journal of Travel Research, 2016, 55(8): 1022-1040.

[53] MacCannell D. Staged authenticity: Arrangements of social space in tourist settings[J]. American Journal of Sociology, 1973, 79(3): 589-603.

[54] Cohen E. Traditions in the qualitative sociology of tourism[J]. Annals of Tourism Research, 1988, 15(1): 29-46.

[55] Pine B J, Gilmore J H. Welcome to the experience economy[J]. Harvard Business Review, 1998(76): 97-105.

[56] Hemmington N. From service to experience: Understanding and defining the hospitality business[J]. The Service Industries Journal, 2007, 27(6): 747-755.

[57] 李正欢. 旅游业"好客"研究的多维视野审视[J]. 北京第二外国语学院学报, 2009, 31(11): 25-31.

[58] 王宁. 旅游中的互动本真性: 好客旅游研究[J]. 广西民族大学学报(哲学社会科学版), 2007, 29(6): 18-24.

第9章 旅游者共享住宿体验

Chapter 9 Tourist experience of peer-to-peer accommodation

学习目标

- 理解什么是体验及体验经济的特征
- 掌握住宿体验的概念
- 理解共享住宿体验的平台属性、互动属性与非标准化的主要内容
- 区别共享住宿客体真实性体验和存在真实性体验的不同
- 熟悉共享住宿真实性体验对顾客满意度影响的模型

　　共享住宿是数字旅游活动在旅游住宿领域的典型代表。随着旅游住宿产业的数字化，共享住宿获得了旅游者特别是年轻一代旅游者的热衷和追捧。在数字旅游条件下，作为一种非标准住宿，共享住宿与标准住宿（例如酒店）给予顾客的体验不同，它是依托数字共享住宿互动平台，旅游者与他人（也可以作为旅游者）通过出租或分享他们的空余房间或是闲置房屋，再借由充分的互动作用，给予旅游者收获个性化生活空间的住宿体验。在实践上，随着共享住宿的发展以及技术的进步，尤其是互联网的快速发展，旅游者共享住宿体验，不再是旅游者个人的事情，共享住宿体验呈现出的新的个人参与旅游活动经历，正深刻改变着传统住宿业的发展趋势。

9.1　体验与住宿体验

　　"体验"一词，最初由美国学者阿尔·托夫勒（Alvin Toffler）提出，后来，派恩（Pine）和吉尔摩（Gilmore）于 1998 年在《体验经济》一书中提出了体验经济（experience ecnoomy）这一术语，并指出："从经济视

角来看，体验可被看作一种经济提供物，虽然目前由于它较新，还未得到广泛认知，但其作为继农业商品、工业商品和服务之后又一新型经济提供物，区别于其他商品，体验经济是以'难忘'为特点的，它强调个体需经过自己的高度参与，才能获得一种个性化的感觉。"这一术语的提出推动了各产业领域对体验经济的研究。体验理论研究的主要特征是将"体验"一词引入不同的具体实践情境，进而派生出不同的概念。例如，将体验经济理论运用到旅游管理中，解决旅游发展问题，便产生了旅游者体验这一研究领域。而旅游者体验也逐渐成为旅游学科的重点研究领域。

9.1.1　体验经济的视角

体验经济是以消费者的某种身心感受或心理体验为价值生成基础，并为此提供个性化生产与服务而获取利润的经济模式。从本质上讲，体验经济以创造体验为生产与服务的目的，以消费者的实际体验为消费产品，以体验状态为品质并据此获取报酬。按照体验经济理论，经济发展经历了四个时代，分别是物品经济（未加工）时代、商品经济时代、服务经济时代和体验经济时代。与产品经济或服务经济相比，体验经济的主要特征如下。

（1）体验经济具有生产过程的短周期性。一般来说，农业经济的生产周期是以年为单位的，工业经济的周期则多以月为单位，服务经济的周期以天为单位，但体验经济的生产周期则是以小时甚至以分钟为单位。

（2）体验经济的生产过程具有消费者的直接参与性。农业经济、工业经济和服务经济产品的产出过程都停留在顾客之外，不与顾客发生直接关系。体验经济则多表现为消费者参与到生产或服务过程之中，实现消费者的价值共创，消费者在消费体验中完成产品的生产与交换，一项体验的结束表明一个经济活动周期的完成。

（3）体验经济的"产品"具有不可复制性。产品经济和服务经济提供的大多是标准化产品，体验经济为消费者提供的产品是某种心理感受，这种感受因个体的差异而有所不同，导致生产与消费的个性化。从这个意义上讲，体验的个性化是体验经济的灵魂。

（4）体验经济是依据体验所达到的感受程度或体验效果而形成市场价格的。在体验经济中，就生产者来说，创造某种特有的感觉是一种独立的经济提供物，能够满足消费者情感和个性化的需求。消费者为某种希望得到的体验而支付费用，生产者依据所提供的体验感程度决定价格。

因此，体验经济实际上是经营者利用消费大众对于亲身体验的渴求心理，将原本不需消费者亲力亲为的生产或服务过程，以一定的价格卖给消费者的经济活动。它追求的是消费和生产的个性化。企业以服务为舞台，以商品为道具，以消费者为中心，创造能够使消费者参与，值得消费者回忆的活动。体验经济理论认为消费者在参与的过程中，获得了美好的、独特的体验的同时，心甘情愿地为此付出相应的费用。Cohen 按照旅游体验把旅游者划分成体闲、消遣、获取经验、实验、存在这五类。这五类分别对应恢复健康、逃离喧嚣、寻求美感、寻找可选择的生活方式、接受异域文化这五大体验。

9.1.2 住宿体验的内涵

目前国内学术界对旅游体验的定义较多，且大多是基于体验经济的视角来定义旅游体验或住宿体验的内涵。与国外普遍将旅游体验定义为一个人对与他/她的旅游活动相关的事件与经历（情感的、认知的和行为的）的主观评价不同，国内学者普遍认为旅游体验是旅游者在与其当下情境深度融合时所获得的一种身心一体的愉悦感受，它是旅游个体借助观赏、交往、模仿和消费等活动，通过与外部世界取得暂时性的联系，即旅游者的内在心理活动与旅游客体所呈现的表面形态和深刻含义之间相互交流和相互作用的结果。还有学者基于主客互动及多因素作用的观点对旅游体验进行阐述。例如，旅游体验可以表述为：①旅游者体验是一个过程，在这个过程中，旅游者需通过与"他者"建立联系，从而在理解和收集"他者"的差异性中进行学习；②旅游体验是一种满足程度，这种满足是基于旅游过程，在旅游者的动机和行为与旅游地各种要素之间相互作用后获得满足感；③旅游体验是一种结果，这种结果是在旅游主体开展旅游活动过程中与旅游客体相互作用而形成的；④旅游体验就是主生活场、客生活场、情境场和旅游场四者之间的交互和作用。

虽然目前学者对旅游体验研究较多，但住宿作为旅游过程中的一个重要环节，却未得到相应关注。如范梦丹所指出的，目前国内学者对"住宿体验"这一概念界定的研究并不多，主要还是对"旅游体验"这一概念进行研究和剖析，相对而言，中国台湾学者对"住宿体验"这一概念的运用和阐述更多。如褚丽娟、林志钧等就提出，住宿者在住宿过程中，会与民宿的周边环境以及各种活动产生持续的互动作用，住宿者会从这些互动作用中产生生理与心理的知觉，而这种知觉程度就是住宿的体验感受。王郝则认为，一定意义上，住宿体验从属于旅游体验，是旅游者对于住宿产品和服务的心理感受，是通过切身参与所获得的，这种参与包括其形体、情绪以及知识等多个方面。

基于上述对旅游体验概念界定的研究，从旅游体验的性质来说，旅游体验是在一定旅游情境下基于旅游活动过程中个体与外界相互作用而产生的身心感受。住宿体验是旅游体验的一种具体表现，是旅游者在住宿过程中与住宿所涉及的各种要素，如住宿产品、从业人员以及周围环境等之间的互动而形成的感官及心灵感受。住宿体验具有综合性，它囊括了不同住宿形式和各个要素所形成的旅游者体验，由于旅游者在住宿活动中对各个要素会有不尽相同的体验期待，因而对各要素的体验感知也会有所不同。旅游者与不同住宿产品的不同要素之间因相互作用而形成的身心感受是住宿体验的基本内涵。

9.1.3　住宿体验的分类与维度

对于旅游体验，目前学术界对其分类与维度的研究虽然较多，但由于研究者依据各自的研究目的从不同的角度切入，使旅游体验的维度划分呈现各种不同的观点。综合目前不同学者的分类标准可以发现，其中以体验内容进行分类的相关研究较多，此外，也有学者根据旅游的目的或是从时间轴的角度对旅游体验的过程维度进行审视，各种不同的分类标准形成了不同的研究结论，旅游体验分类的具体研究成果如表 9-1 所示。

表 9-1　旅游体验的分类

分类标准	研究者	分类
体验目的	Cohen 等	休闲的方式、消遣的方式、经验的方式、实验的方式和存在的方式
	Chhetria	期望体验、迫使性体验、忧惧的体验和社交的体验
	邹统钎，吴丽云	娱乐、教育、逃避、美感和移情
体验内容	谢彦君	补偿性旅游体验、寻找精神家园的遁世性旅游体验、认知性旅游体验、另类色彩的极端旅游体验
	窦清	情感体验、文化体验、生存体验、民族风情体验、学习体验、生活体验、自然体验、梦想实现体验及娱乐体验
	李晓琴	情感体验、知识体验、实践体验和转变经历
	宋咏梅，孙根年	消遣娱乐、逃逸放松、知识教育、审美猎奇和置身移情
	武虹剑，龙江智	审美、认知、交往、模仿、游戏和娱乐
体验过程	Clawson 和 Knetsch	预期阶段、去程、现场活动、回程及回忆阶段
	龙江智，卢昌崇	预期体验、现场体验、追忆体验

目前学者对旅游体验的分类研究纷繁众多，关于旅游体验的分类也并未形成统一定论，对其分类与维度的探讨仍较为模糊。从总体上来说，研究成果较多，但实质上，这些不同分类中会有交叉重叠的内容，而具体到旅游住宿体验这一层面，关于其分类与维度的研究则相对较少，其中，部分学者以酒店这一标准住宿作为主要的研究类型，从顾客体验的角度提出了住宿体验的数种分类。关于住宿体验的划分维度具体如表 9-2 所示。

此外，随着住宿市场的不断发展，有学者针对其他非酒店的住宿方式进行探究，如学者杨疏以乡村家庭旅馆为研究情境，通过扎根理论和 AHP 法构建了乡村家庭旅馆体验性要素指标，提出了环境体验、文化体验、招待和活动体验以及基础设施四个维度。王郝则关注旅游者的生态旅游体验，提出游客的生态住宿体验包括住宿产品体验、解说服务体验和环保实践体验三个组成部分。范梦丹通过实证研究的方法提出旅游者的住宿体验由行动体验、情感体验和关联体验三个维度构成。

表 9-2   住宿体验的分类

研究者	分类
Holbrook	经济体验、享乐体验、社会体验、利他体验
曾武英	感觉体验、感受体验、思维体验和关联体验
彭雪蓉	遁世体验、审美体验、教育体验、愉悦体验、基本食宿体验
王馨	功能体验、享乐体验、社会体验
杨锟，陈永杰	经济体验、享乐体验、社会体验
达瓦拉姆	感官体验、情感体验、社会体验、行为体验、关联体验
徐凤增等	环境、便捷性、满意度、激励和转换成本
赵梦梦	生理体验、情感体验、思维体验、社会体验、服务体验、盈溢体验、品牌体验
李长亮	审美体验、食宿体验、愉悦体验
焦彦，臧德霞	静态环境中的文化真实性感知、动态情境中的文化真实性感知、情感真实性感知、现代功能性感知

9.2   旅游者共享住宿体验

在共享经济的具体实践中，强调对闲置资源的利用，而可用于共享的空闲能力通常是在五个部门：汽车、技术、零售和消费品、旅游和接待服务、媒体和通信。共享经济被应用到旅游与接待服务业中，衍生出了如Airbnb、9Flats、Uber 与 Lyft 等旅游共享住宿和旅游共享交通的实践产物。共享住宿是个人通过在线平台，将私人闲置房屋及其设施设备租借给他人使用从而获得经济收入的非标准住宿方式。Palgan 等人指出，共享住宿并非传统意义上的部门，而是涵盖租赁、互惠和自由的平台。这一平台使"普通人"（与商业实体相对的）能够出租他们的空余房间，以及闲置的房子或公寓来服务于旅游者。Palgan 等人还认为共享住宿是基于点对点平台，由信息通信技术驱动，在短期内租赁、交换、借用或借出现有私人空闲住宿设施。

需要指出的一点是，选择共享房屋的消费者主要有两种类型：一种是将共享住宿作为旅游住宿选择的旅游消费者；另一种则是由于求学、求职、就医等原因需要前往异地进行短期租赁的消费者。其中，第二种消费者的租住时间一般较长，从成本角度考虑，短租并不是他们的最佳选择，所以这部分消费者所占的比例一般较少，共享房屋的受众还是以旅游消费者为主。因此，这种共享住宿更多地表现为旅游业中的共享型旅游住宿。这也是构成共享住宿体验的基础。

9.2.1   共享住宿体验的属性

共享住宿体验是在共享住宿这一新情境下形成的住宿体验，因此，对于共享住宿体验这一本研究的核心概念，综合已有的研究，结合共享住宿的特征，即"平台属性、普通人特性、闲置资源的利用以及非标准化"，对其进行界定和认识，可认为共享住宿体验是旅游者自线上与房东进行互动开始，到入住指定房屋，直至住宿结束后的互动全过程中所形成的感官和心灵感受。共享住宿体验的特征主要包括平台属性、互动属性和非标准化。

1. 平台属性

共享住宿本身并不直接提供酒店住宿或者其他住宿产品，它是一个信息服务平台，为房主和房客提供一个可直接联系和沟通的平台，从而满足二者的需求，既能够为房客解决住宿问题，又能够为房主盘活闲置空间资源，并且获得经济收入。借助于共享住宿的分享平台，旅游者既是消费者也是拥有者（暂时的拥有者），共享住宿体验首先是由数字旅游共享平台的属性决定的。这使共享住宿的体验可以从线上与线下两种情景来考察。许多学者基于"表演理论"，从线上与线下两个方面探究游客的实践行为，指出线上展示设定了房屋主人的基本情况，在线互动则界定了主客之间的互惠关系；"线下表演"是基于旅游者焦虑（tourist-angst）现象展开的，空间在其中发挥着重要作用。

2. 互动属性

互动属性强调的是个体参与，共享经济为普通个体赋权。基于对等联系，所有参与者均成为消费者和供给者。这是主客关系的转变，使一种新型的主客关系由此得以重塑。在共享旅游住宿的过程中，主客之间的互动仪式主要包括互动准备、互动进行和结果评价三个阶段。在互动准备过程中，主客双方通过情境塑造、情感动机和情感预热形成了互动准备，房主怀着对"友"的期待，做好"家"的氛围塑造，而客人则怀着对"家"的向往和期待展开交往。在互动过程中，主客双方身体共在，形成共同关注的焦点，进而收获情感体验。良好互动的最终结果是形成群体团结、情感深化，并获得成员身份的认同。在这其中主客之间保持互动，形成共同关注物，进而完成主客之间的情感共享。

3. 非标准化

共享住宿是个人通过在线平台，将私人闲置房屋及其设施设备租借给他人而形成的非标准住宿方式。共享住宿作为非标准住宿的一种，与酒店、客栈、旅馆等标准化住宿方式相比，有着显著的非标准化特征。关于非标准住宿，需要关注的是，它有别于传统酒店，是由个人业主、房源承租者或商业机构为旅游度假、商务出行及其他居住需求消费者提供的除基础性硬件设施外，更多个性化和多样化的设施及服务的住宿选择。非标准住宿的房源具有多样性，包括度假别墅、客栈、民宿、公寓等较为传统的住宿类型，还提供如小木屋、帐篷、房车、集装箱等较为个性化的房源。除房源多样外，非标准住宿产品还具有房源更分散、单点房源量较少、单个房间产品更个性化、经营主体多元化、提供个性化设施与服务等特点。

9.2.2　旅游体验真实性的研究

2016 年，Tussyadiah 和 Zach 通过内容分析法对在线评论的主要内容和主题进行研究，对旅游者的共享住宿体验特点进行探讨，发现旅游者着重关注共享住宿三个方面的内容。一是位置（毗邻景点及区域特征），即共享房屋的地理位置，尤其是住宿与各个景点之间的距离；二是主人（服务状况与好客程度），旅游者在共享住宿过程中关注房主的服务供给和好客程度，这是他们体验感知的重要内容；三是（房屋）性质（设施与氛围），这一要素包括两个层次，一个层次是房屋的基本情况，如设施设备，另一个重要的层次是内在氛围，旅游者选择共享住宿是希望在旅行中能有"家的体验"，因而他们对家的氛围的敏感度较高。因此，旅游者共享住宿体验与体验的真实性高度相关，或者说旅游者共享住宿体验的真实性是影响旅游者作为共享住宿顾客的满意度最直接因素之一。

自 19 世纪 60 年代起，真实性被引入旅游与接待服务研究领域，现在已经成为旅游研究的核心主题之一，并被应用于对一系列的旅游现象的观察与分析。真实性的概念最初是在博物馆管理的实践中被提出，用来指代人类的存在性和过去人类活动的证明，之后衍生到旅游研究的相关领域中，具体分为旅游物品的体验和旅游情感体验两个层面，并由不同流派的学者衍生出了四个具有代表性的含义，即客观主义真实性、建构主义真实性、后现代主义真实性和存在主义真实性。其中，客观主义真实性从旅游客体层面认为真实性是旅游客体自身固有的一种特性，是不可模仿重塑的。建构主义真实性在审视旅游客体的同时，更加注重旅游主体的观念意识，强调真实性是游客自身观念、信念、偏好等对参观对象的投射，这是一种基于客观对象加入主观的自我构建。而后现代主义真实性的含义已经脱离了对客体本身的依赖性，强调旅游过程带来的真实感。存在主义真实性则作为一种主观性真实性体验，它是基于旅游活动本身获得自身感觉，而并非都由旅游客体导致。王宁基于存在主义真实性概念的视角，对自我内在的本真和寻求人际关系本真进行了分析。相比而言，存在主义真实性这一概念的引入，能解释更广泛的旅游现象。

旅游学术界对真实性的讨论，始终都是围绕旅游动机或旅游体验展开，从存在于旅游对象中的、有待游客去观察和发现的客观真实，到游客参与其中、对客观旅游对象做出主观评判的建构真实，再到游客在自我体验过程中、在与本地东道主及其他旅游者的接触交往中所体验的存在性真实，人们对真实性的理解由片面到全面，由模糊到清晰，由肤浅到深刻。

首先，旅游活动中的客体真实性问题是基于客观主义真实性和建构主义真实性产生的概念，对旅游活动中客观方面的原始属性的研究，强调真实的旅游体验源于旅游物品客体的真实性。高芳等人对旅游节庆、仪式、服饰和建筑的真实性客观内容进行了要素分解，以探寻民族文化旅游产品的旅游真实性内涵和表现规律。王培茗的研究认为判断旅游文化产品是否具有真实性的标准是这些产品是否在原生态的文化基础之上创造出来的，旅游产品其价值就在于它的"原真性"。张军研究发现游客对民俗旅游产品质量进行评判的标准就是其真实度。

其次，随着旅游真实性研究的深入，学者们纷纷转入对旅游真实性与旅游主体关系的探索。其中，以王宁基于存在主义真实理论从旅游者角度不断探索的旅游真实性研究最具代表性。早期他将存在主义真实性概念进一步细分，解释为旅游者旅游活动中的自我真实性和人际真实性。其中，自我真实性指的是在旅游过程中对自我价值观或者身体感觉的反思，而在之后的研究中着重分析提炼出"人际间的真实性"的一个重要组成部分是互动真实性，它表现为旅游者与旅游东道主之间交流互动的真实性和旅游者相互之间关系的真实性两大类。在互动真实性中，旅游者不再是被动的看客，而是积极地参与东道主的生活，与东道主一起建构双向互动体验的真实性。而且这种真实性不是一成不变的，它随着主客接触与互动不断被重新组合和构建。

近 30 年来，真实性作为旅游研究的热点问题，也有学者将真实性引入旅游住宿服务研究中。最初真实性这一概念在住宿服务体验研究中是源自国外的寄宿家庭的旅游体验。Mura 根据对马来西亚寄宿家庭的研究提出，游客在寄宿服务中的真实性体验过程受多个因素的影响，如经济社会因素和个人期待值因素。基于对泰国寄宿体验的研究，Dolezal 认为权力距离、语言障碍和文化差异是影响住宿服务真实性体验的重要因素。焦彦的研究表明虽然游客在住宿过程中注重真实性体验，但是住宿设施的现代化也间接导致了游客对真实性体验程度的降低。在此层面上，旅游者住宿体验真实性或多或少是集中建立在旅游住宿客体的存在与其相应的社会文化环境之上的。而近年来的研究表明，越来越多的旅游者可能更关注主体真实，而非客体真实，即主体和客体一起构建原真环境，从而产生定制化真实的住宿服务。

9.2.3　共享住宿真实性体验

对共享住宿中的顾客真实性体验进行深入研究显然对住宿运营管理有重要的影响。住宿服务体验本来就是一个社会建构的过程，顾客不仅在入住过程中对住宿服务的客观环境进行评价，同时也把与房东的互动交往作为住宿的一个重要体验。凌云等人指出分享型住宿形式的兴起是因为它能够同时满足房客对客体本真性和存在本真性的双重追求。也有学者通过对中国台湾地区民宿主客文本的分析提炼，对建构主义真实性和存在主义真实性分别进行了辨析。结合真实性本身性质的分类和共享住宿特征的研究，本书将共享住宿中的真实性体验分为客体真实性体验和存在主义真实性体验两大类。

1. 共享住宿客体真实性体验

共享住宿顾客服务设施大多是在当地居民自有民居基础上，进一步对其进行适度改造或者仿建而形成。其内部设施、布局、风格等自然保留了原汁原味的当地文化且具有客观真实性。也正是由于共享住宿具有的最本真的当地旅游目的地文化，并给顾客带来强烈的客观真实性体验，共享住宿才如此大受欢迎。共享住宿拥有的别具风格的建筑和带有强烈个人居家特色的室内装饰，能够让住客逃离原来的日常生活，找到在异地居住的真实感。这种客体的真实性使共享住宿拥有非标准化的、具有当地传统特色的客观环境，并能将当地的传统民俗与文化进行直观丰富的展现，这与标准化的、"类工业产品化"的商业酒店客房完全不同。在共享住宿中，除了住宿设施及文化的独特性之外，房东及其生活方式的特色也是客体真实性体验最重要的构建者与提供者。尽管这种客体真实性体验会因为不同类型的游客对房东个人这种客体真实性提供者关注程度的不同存在显著差别，但游客能够体验到经营者为其提供的具有明显地方风土人情的气息和家的感觉，结合当地的人文特点和天然资源，它可以让游客享受舒适的休闲生活。

尽管顾客才是住宿过程中客观真实性的最终评判者，但住宿真实性体验一般是建立在住宿客体的存在之上的，因为缺乏人类主体的参与，客体的真实性也没有意义。以此为基础，我们进一步发现，在共享住宿服务中越来越多的旅游者其实更关注主体真实性体验，而非客体真实性。显然，旅游者的真实性体验是一种主客观整合的产物，而以主客互动为基础的存在真实性体验，是共享住宿最显著的特征。

2. 共享住宿存在真实性体验

对于共享住宿过程的存在真实性体验而言，主客关系和互动过程的独特性及意义对于住宿服务的体验尤为重要。这首先是因为住宿服务提供者的角色的特殊性。共享住宿服务中的主客互动关系是通过共享平台建立的主客之间的一种分享关系，它为家庭或个人出游者提供了全新的体验，使客人感觉享受住宿服务就像是去另一个城市的自己的"小家"一样。这种因主客关系互动而产生的真实性体验，让顾客感觉是在旅游目的地的"当地社区生活"，而不仅仅是购买了一个旅游住宿服务，这极大地增强了房客和房东之间的亲密度。有学者通过对共享住宿主客双方的调查发现，主客双方都希望通过分享住宿，得到一种更亲密的关系和更真实的主客互动的体验。

共享住宿中存在的主客关系真实性体验，是顾客对当地特色文化与风俗及生活习惯的一种深层次体验，其中的真实性是在共享住宿的主客互动感觉中对顾客住宿期望或感知的印证。在这一过程中，顾客总是试图寻找与主人之间的特殊关系，并希望借此能够逐渐了解他们的生活，最终进入另一个他们认为更加真实的"精神中心"。同时，顾客在享受真诚接待的过程中，能够了解基于主体个人特征的当地社区真实的文化和生活空间的意义。总之，这种非商业化的共享住宿的主客关系为顾客提供了新的真实性主客互动体验，它表现为亲密的交谈、互惠（例如相互交换礼物）和自然的共同活动（如就餐），使顾客在共享住宿中找到属于当地的、自己的归属感。

9.3　共享住宿真实性体验与顾客满意度

共享住宿真实性体验对顾客满意度有直接的重要影响。关于真实性体验与顾客满意度的关系，近年来国内外有学者进行了大量旅游活动相关的理论与实证研究。早期的研究文献大多是以旅游目的地的真实性作为研究对象，包括研究旅游地历史主题公园和民族旅游背景下的真实性体验与满意度之间的积极关系，甚至直接选取一个有特色的目的地进行深入研究，如冯淑华和沙润以婺源县为研究地，通过问卷和访谈形式建立了游客"真实感—满意度"测评模型。此外，许多学者用模型证实了真实感、真实度和游客满意度有着显著的相关性。随着近年来共享住宿的兴起，真实性体验被慢慢引入共享住宿中顾客满意度的研究中。陈瑶等学者在 2020 年的最新研究中通过文本内容分析得出真实性体验是中国游客入住共享住宿的满意度的主要影响因素。顾客入住中的真实性体验同时影响着顾客体验价值与更好的住宿满意度，其中顾客住宿服务满意度是本小节共享住宿真实性体验对顾客满意度影响机制的最主要变量。

那么，共享住宿中的真实性体验是如何影响顾客满意度的呢？事实证明，无论是客体真实性体验还是存在真实性体验都会在不同程度上以不同的路径影响顾客住宿服务顾客满意度。殷英梅在研究共享旅游住宿真实性体验中，根据扎根理论提炼出了功能真实、环境真实、情感真实和互动真实等范畴。我们可以以顾客共享住宿中真实性体验的理论研究为基础，通过突出共享住宿与传统住宿服务不同的特征体验，构建共享住宿真实性对顾客满意度的影响机制，如图 9-1 的概念模型反映了共享住宿真实性对顾客满意度影响机制中内在的居家功能真实性、入住环境真实性、当地文

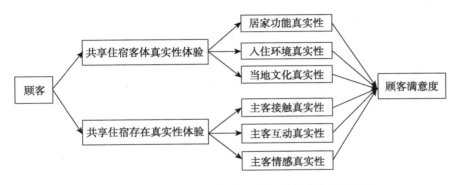

图 9-1　共享住宿真实性体验对顾客满意度的影响过程

化真实性、主客接触真实性、主客互动真实性和主客情感真实性这六个不同变量结构维度的逻辑作用关系和作用顺序，与此相对应的不同分析路径可以得出共享住宿真实性对顾客满意度影响的新机制。

9.3.1　客体真实性体验与满意度

如上所述，共享住宿的客体真实性，一般指住宿内部设施的原汁原味与布局、风格等呈现的入住环境及当地文化的真实性。居家功能性真实性体验是顾客对共享住宿产品或服务最普遍的实用性评价，它主要依附于消费对象的自身属性。共享住宿为顾客提供的当地社区不同家庭里一应俱全的住宿设施功能，如厨房、洗衣机等作为居家生活的典型生活符号，有明显的居家真实性特征，这显然与传统住宿的标准化住宿服务设施差异明显。而共享住宿作为东道主的自有居所，其建筑设计和装饰装潢体现的居家氛围，可以让顾客感受到浓浓的"居家功能真实性"。居家设施和氛围的真实性将家的情怀映射到了现实，顾客虽在异地，更真切自如地感受了"家"的温馨回忆，使其在不同"居家"场景内体验不一样的生活方式。有学者通过问卷调查证实了住宿设施内的特色设施对顾客满意度有重要影响。

共享住宿的入住环境真实性意味着顾客关于"家"的外在环境，跳出了原有的生活圈，进入了共享住宿当地真实的环境，接触到其住宿环境和旅游目的地原有的面貌，实现了入住环境真实性体验的诉求。这种客体的真实性，可能是房东的方言，也可能是当地的市井生活。对此，顾客可以深入地感受当地的人文环境和烟火气息，自由而随意地凝视当地人的日常生活，并像当地人一样去感受这个世界。许多研究都发现旅游者选择共享住宿，是为了更好地融入当地生活的社区和获得更多的社会交往。共享住宿供应的房源虽多为普通私人居民住宅，但也不乏森林里的树屋、高山下的洞穴、城郊的古堡，甚至是海上私人岛屿等特色房源，可更好地契合消费者贴近自然的个性化的入住环境真实性体验需求。

最后，共享住宿借助了地理、建筑、空间等极具意义的符号，对地域民俗风情或民族习俗的文化进行真实的再现展示，让顾客获得了深刻的当地文化本真性体验。这些带有地域性的住宿服务，既融合了当地自然和文化风情，又自成一派，独具一格。共享住宿服务不仅是带有当地特色的房源本身，而且还有着鲜明个人特色的房东及其日常生活。这些都在一定程度上表征着当地文化的某些特征，成为游客了解当地文化最直接、最亲切的窗口。因此在共享住宿服务中，顾客既体验房源和房东自身的个体文化，又通过体验生活方式了解他们所承载的当地共有文化，从而感受到异地文化的真实性。这种文化真实性是需要房东去亲自呈现，顾客全方位体验的真实性，显然只有被游客真实感知到的有吸引力的当地生活方式和文化才能提高顾客的住宿服务满意度。

9.3.2　存在真实性体验与满意度

在入住共享住宿的过程中，顾客不仅希望住宿功能、周边环境和当地文化体验是真实的，同时也希望寻求真实的自我和真实的人际交往。共享住宿中存在的主客真实性体验是在主客交往中对顾客住宿期望或感知的印证。顾客总是希望能够在当地社区真实的文化和生活空间中，享受热情真诚的个性化接待，进而在异地找到归属感。共享住宿服务中，房东和客人的交往分为初步接触、频繁互动和增进感情三个阶段，这三个阶段的存在真实性体验相互交织，互相转化。

主客接触真实性指的是客人到达住宿之前的初步了解和咨询过程，包括预订服务、信息咨询和个性化需求等。主客接触中的隔空接触越充分，正式见面后的主客互动越顺畅。入住前顾客可以通过预订平台了解房东的性格特点及房源特色。Mao 等人在分析房东在平台设置的个人照片对销量和房间价格产生影响的研究中发现，用户会通过照片去判断房东的可信程度，相对更真实的房东照片会降低用户的不确定性以及在线平台的匿名性。超过 95% 的游客在预订房源时会阅读他人的在线点评，通过在线点评数据的相对真实性来对房东进行初步的判断和接触。显然，那些在短租平台中展示的房东信息如个人属性、其他房客的点评信息和历史预订信息等，将对房客的信任程度产生重要影响。房东们将根据订单接触过程中对客人的喜好和个性化需求，提前将房间布置得舒适温馨有特色，甚至像朋友一样耐心为客人定制专属行程，让客人感觉像在朋友家做客般自在。这种初步的接触和了解是对房东和房源进行真实性的评判，也是对主客关系满意的催化剂。甚至在住宿体验结束后，顾客可以对住宿设施、房主的态度和旅游体验在平台上实时进行评价反馈，有助于房东及时对服务态度和设施进行调整和互动，实现再次接触。这种事后接触也是对主客关系满意度的印证。

主客互动真实性对应了存在主义真实性类别中的人际真实性，这是一种源于游客和本地东道主的互动与交流的真实性。随着旅游消费升级和人们观念的开放，人们出游目的越来越自主化、休闲化、本地化。顾客想去体验真情实意的好客，体验那种能够激发主客之间互动真实性的好客。入住过程中，房东兼具主人和当地人双重角色，不仅能给顾客提供独具特色的居住生活环境，而且还可以提供租车、预订门票、导游等服务，让外地顾客拥有深度化、本地化的旅行体验。Sha 和 Hung（2015）以丽江民宿为例，研究发现主客互动是民宿经营成功的核心要素之一。Kim 等人（2015）的研究进一步表明分享住宿中的房客与房东的互动会最终有助于建立超越经济交换的社会关系，从而提高入住满意度。因此积极的主客关系成为影响共享住宿满意度进一步提升的关键因素。共享住宿中主客互动的真实性体验对顾客满意度的影响引发了对传统住宿业管理的思考，其良好的主客互动关系在一定程度上缓解了商业化了的好客产业与好客现象非商业交换本质的冲突。

与此对应的，主客情感真实性则是对应存在主义真实性类别中的另一个维度——个人内在的真实性，包括对自我身体、感受的唤醒和放松及自我实现的动机，也是情感和感官享受的内在源泉。共享住宿注重人的精神满足，核心在于"人情味"，也就是"主客情感真实性"。这种情感真实性反映了顾客心境感觉的变化和主观感情的体验，在一定程度上满足了顾客的某种归属需求，如幸福感和认同。共享住宿的入住接待没有固定的程序和范式，这种不拘一格的接待方式使顾客感觉更像是到朋友家做客。房东由地道的当地人在作为后台的"自己家中"提供充满个性化的服务，给住惯了标准酒店的客人以别样的感受，产生强烈的新鲜感和归属感。在住宿服务的过程中，房主不但提供功能性的服务，而且付出大量的情感劳动，这成为区别于标准酒店的重要特征。这里的情感真实是出自真情实意，而非舞台建构的真实。与此相对，酒店住宿有分工明确的职能部门、训练有素的服务人员和标准化的入住流程。虽然标准化的酒店也强调情感服务，但只是将这种商业化的服务作为市场营销的方式。而通过在对不同国家民宿游客的深入访谈发现，业主和游客之间不仅仅存在交易关系，更有情感上的联系；而选择入住家庭旅馆的客人认为情感的传递是影响顾客满意度和态度的最重要因素。在共享住宿的大背景下，越来越多的顾客希望通过和当地人居住在一起交往互动，增进情感，从真实的旅行体验中获得满足感。

9.3.3　共享住宿真实性体验与传统住宿业

共享经济背景下诞生的共享住宿服务产品为传统住宿业的发展带来了许多机遇与挑战。共享住宿顾客真实性体验的意义在于可以重新看待传统接待服务企业的主客关系变化及其影响，特别是在新顾客和新的信息技术应用条件下，为现代接待服务企业由组织高度层级化、制度化的管理逐渐向以建立新型主客关系为基础的运营方式的过渡提供启发性的参考。

第一，共享住宿所固有的一些真实性体验特征，如功能与环境体验特征、文化氛围的融入、居住场所设计的多样化和区域文化的体验等，将是推动传统酒店与住宿业发展的动力。居家功能真实性可能在标准装修的传统住宿企业中很难触及，但是入住环境真实性和当地文化真实性则可以作为发力的着眼点。传统住宿企业也可以做到标准中存差异，在标准化运营模式下，通过用心布置的设施细节、不拘束的轻松环境、相得益彰的地域风情和不同主题的客房，让入住的顾客客观地感受到探索未知的惊喜，使顾客入住时感受到不同的真实性体验。其中，带有当地文化风情的建筑和展现个性特征风格的经营方式，将是中国传统接待服务企业发展与改革的重点，也是今后以民族品牌为主要特征的中国住宿与酒店业与国际酒店品牌竞争的主要手段。

第二，共享住宿服务中产品与服务"传输"过程的真实性体验对改变传统接待服务企业程式化和照本宣科的服务模式有重要影响。从服务接触真实性来看，在传统接待服务企业入住预约时提供预订服务的前台人员和提供客房管理的人员就像是流水线上的零件拼接，不能很好地对客人进行从始至终的接待服务，无法在入住过程中保证顾客的忠诚度和复住率。在当代信息爆发式增长的情况下，传统接待服务企业可以通过建立客户档案数据库与客户进行多角度、全方位的了解，包括客户的经历、价值观、地位、行为、喜好、兴趣等进行精准接触，从而实现后续更好的互动体验。顾客住宿服务过程的主客互动真实性和情感真实性更应该得到传统接待服务企业提升体验管理的重视。从互动真实性体验考虑，酒店可以弱化住宿服务交换行为中的商业化气息，重新定义住宿服务提供者与客户互动过程中的角色。

第三，从情感真实性体验考虑，传统接待服务产品交换过程主客关系的重塑是酒店和住宿业提升顾客情感体验的重要手段。此时顾客不再是上帝，而是你远道而来、未曾谋面的朋友。服务人员作为当地的东道主带领着新朋友了解当地的文化风情，感受异域体验，提供热情的个性化接待服务。这是传统接待服务企业最原始也是最理想的模样。也许在不远的将来，传统接待服务企业的房间能够以客房模块制形式给服务人员赋能，服务人员作为某一模块的"主人"，会包揽所负责客房所有客人的预订、接待、咨询、客房管理等综合需求服务，这样既可以提高服务人员的能动性，主动积极自发营销，又可以不断优化顾客的入住体验，形成新型的主客关系。

关键词汇

体验经济　旅游体验　住宿体验　共享住宿客体真实性
共享住宿存在真实性　居家功能真实性　入住环境真实性
当地文化真实性　　主客接触真实性　主客互动真实性
主客情感真实性

思考题

1. 从体验经济的角度理解什么是体验？
2. 解释旅游体验与住宿体验概念的差别。
3. 旅游者共享住宿体验的三个属性的内容是什么？
4. 你认为共享住宿的客体真实性体验与存在真实性体验有什么不同？
5. 从不同的维度，试分析共享住宿真实性体验对顾客满意度的影响。
6. 请分析共享住宿真实性体验对传统住宿业的影响。

参考文献

[1] 约瑟夫·派恩, 詹姆斯·吉尔摩.体验经济[M]. 夏业良, 鲁炜译. 北京: 机械工业出版社, 2002.

[2] 谢彦君. 基础旅游学[M]. 第二版. 北京: 中国旅游出版社, 2004.

[3] Yiping L. Geographical consciousness and tourism experience[J]. Annals of Tourism Research, 2000, 27(4): 863-883.

[4] 伍海琳. 论旅游体验[J]. 经济师, 2006(1): 166-167.

[5] 范梦丹. 游客住宿体验、旅游涉入和行为意向的关系研究[D]. 福州: 福建农林大学, 2017.

[6] 林志钧, 戴瑞芬. 台湾民宿顾客住宿动机、住宿体验与网路口碑之关系——以Airbnb 为例[J]. 育达科大学报, 2016(42): 15-40.

[7] 王郝. 生态住宿体验和个人涉入度对游客环保行为意向的影响研究[D]. 广州: 中山大学, 2008.

[8] Chhetria P, et al. Determining hiking experiences in nature-based tourist destinations[J]. Tourism Management, 2004(25): 31-43.

[9] 邹统钎, 吴丽云. 旅游体验的本质、类型与塑造原则[J]旅游科学, 2003(4): 7-10.

[10] 谢彦君. 旅游体验研究———一种现象学的视角[M]. 天津: 南开大学出版社, 2005.

[11] 窦清.论旅游体验侧[D]. 南宁: 广西大学硕士学位论文, 2003:166-167.

[12] 李晓琴. 旅游体验影响因素与动态模型的建立[J]. 桂林旅游高等专科学校学报, 2006(10): 609-611.

[13] 宋咏梅, 孙根年. 论体验经济的理论构架与塑造原则[J]. 社会科学家, 2006(6): 115-119.

[14] Clawson M, Knetcsh J L. Alternative method of estimating futureuse[J]. Economics of Outdoor Recreation, 1969, 21(7): 36.

[15] 武虹剑, 龙江智. 旅游体验生成途径的理论模型[J]. 社会科学辑刊, 2009(3): 46-49.

[16] 龙江智, 卢昌崇. 旅游体验的层级模式——基于意识谱理论的分析[J]. 北京: 第二外国语学院学报, 2009(11): 9-19.

[17] Holbrook M B. The millennial consumer in the texts of our times experience and entertainment[J]. Journal of Macro Marketing, 2000(20): 180.

[18] 曾武英. 试论饭店体验服务产品及其开发[J]. 集美大学学报, 2003, 6(4): 42-47.

[19] 彭雪蓉. 基于顾客体验的主题酒店产品研究[D]. 杭州: 浙江大学, 2006.

[20] 王馨. 上海市精品酒店顾客体验实证研究[D]. 上海: 上海师范大学, 2013.

[21] 杨韫, 陈永杰. 度假酒店顾客体验的探索研究及实证启示[J]. 旅游学刊, 2010, 25(4): 49-54.

[22] 达瓦拉姆. 藏文化主题酒店顾客体验与行为倾向的关系研究[D]. 杭州: 浙江大学, 2014.

[23] 徐凤增, 周键, 李云贺. 高档酒店顾客体验量表的设计与检验[J]. 山东大学学报(哲学社会科学版), 2015(5): 141-149.

[24] 赵梦梦. 酒店顾客体验的影响因素研究[D]. 泉州: 华侨大学, 2013.

[25] 李长亮. 大连主题酒店产品与顾客体验关系研究[D]. 沈阳: 辽宁师范大学, 2016.

[26] 焦彦, 臧德霞. 现代性与真实性的结合: 入境游客对旅游配套设施的体验研究[J]. 旅游学刊, 2015, 3(10): 28-36.

[27] 杨疏. 乡村家庭旅馆体验性要素指标体系构建及应用[D]. 杭州: 浙江工商大学, 2012.

[28] Pw C. Consumer Intelligence Series[EB/OL]. http://www.pwc.com/us/en/technology/pub-lications/assets/pwc-consumer-intelligence-series-the-sharig-ecnomy,2015.

[29] Palgan Y V, Zvolska L, Mont O. Sustainability framings of accommodation sharing, Environmeal Innovation and Societal Transitions[J]. Envirnomental Innovation and Transitions, 2017(23) 70-83.

[30] Heinrichs H. Sharing Economy: A Potential New Pathway to Sustainability[J]. Business & Information Systems Engineering, 2013, 56(1): 93-99.

[31] 廖淑凤. 论旅游住宿共享中的非正规就业: 影响因素与行为倾向[D]. 青岛: 青岛大学, 2017.

[32] Tussyadiah I, et al.Identifying salient attributes of peer-to-peer accommodation experience[J]. Journal of Tourism Marketing, 2016, 55(8): 1022-1040.

[33] 王宁. 代表性还是典型性? ——个案的属性与个案研究方法的逻辑基础[J]. 社会学, 2002(5): 123-125.

[34] 王文慧. 互联网时代共享住宿产品的问题研究[J]. 中国商论, 2016, 16(32): 144-145.

[35] Schor, J. B. Walker, E.T. On the sharing economy[J]. Contexts, 2014(14): 12-19.

[36] Richardson L. Performing the sharing economy[J]. Geoforum, 2015(67): 121-129.

[37] 王玲, 光善军, 吴晓隽. 基于 Airbnb 网络文本数据的旅游者民宿体验感知研究[J]. 长安大学学报(社会科学版), 2017, 19(5): 49-56.

[38] Trilling, L. Sincerity and Authenticity[M]. Oxford University Press, 1972.

[39] MacCannell D. Staged authenticity: Arrangements of social space in tourist settings[J]. American Journal of Sociology, 1973, 79(3): 589-603.

[40] Bruner, E. M. Transformation of Self in Tourism[J]. Annals of Tourism Research, 1991(18): 238-250.

[41] Silver, I. Marketing Authenticity in Third World Countries[J]. Annals of Tourism Research, 1993(20): 302-318.

[42] Hollinshead, K. Heritage Tourism under Post-modernity: Truth and the Past. In The Tourist Experience: A New Introduction[J]. Chris Ryan, ed., 1997: 170-193.

[43] Wang Ning. Rethinking authenticity in tourism experience[J]. Annals of Tourism Research, 1999, 26(2).

[44] 赵红梅, 李庆雷. 回望"真实性"(authenticity)(上)——一个旅游研究的热点[J]. 旅游学刊, 2012, 27(4): 11-20.

[45] 赵红梅, 董培海. 回望"真实性"(authenticity)(下)——一个旅游研究的热点[J]. 旅游学刊, 2012, 27(5): 13-22.

[46] 高芳. 国内游客观看民族歌舞的真实性体验研究——以《云南映象》为例[J]. 昆明大学学报, 2008(2): 5-9.

[47] 王培茗. 论民俗文化旅游产品的艺术真实性[J]. 贵州民族研究, 2008(5):

116-119.

[48] 张军. 对民俗旅游文化本真性的多维度思考[J]. 旅游学刊 2005, 20(5): 38-42.

[49] 王宁. 旅游中的互动本真性: 好客旅游研究[J]. 广西民族大学学报(哲学社会科学版), 2007, 29(6): 18-24.

[50] Mura, Paolo. Perceptions of authenticity in a Malaysian homestay—A narrative analysis[J]. Tourism Management, 2015(51):225-233.

[51] Dolezal, C. Community-based tourism in Thailand:Disillusions of authenticity and the necessity for dynamic concepts of culture and power[J]. Austrian Journal of South-East Asian Studies, 2011, 4(1): 129-138.

[52] Wang Y. Customized authenticity begins at home[J]. Annals of Tourism Research, 2007, 34(3): 789-804.

[53] 凌云, 刘雪宸, 丁婧, 等. 青年选择分享型住宿的本真性动机研究[J]. 中国青年研究, 2018(3): 28-34.

[54] 焦彦, 徐虹, 徐明. 游客对商业性家庭企业的住宿体验: 从建构主义真实性到存在主义真实性——以台湾民宿住客的优质体验为例[J]. 人文地理, 2017, 32(6): 129-136.

[55] 孙九霞. 旅游中的主客交往与文化传播[J]. 旅游学刊, 2012, 2(3).

[56] Paul A. Lynch. The commercial home enterprise and host: A United Kingdom perspective[J]. International Journal of Hospitality Management, 2004, 24(4).

[57] Yu-Chin (Jerrie) Hsieh,Yueh-Hsiu (Pearl) Lin. Bed and Breakfast operators' work and personal life balance: A cross-cultural comparison[J]. International Journal of Hospitality Management, 2009, 29(4).

[58] Cohen E. Authentication: Hot and Cool[J]. Annals of Tourism Research, 1988, 15(1): 29-46.

[59] Lalicic, L., Weismayer, C. The role of authenticity in Airbnb experiences.[J]. Tourism Management, 2016(52): 110-122.

[60] 高燕, 凌常荣. 游客对黑衣壮民族文化的真实性感知差异与满意度[J]. 旅游学刊, 2007(11): 78-84.

[61] 冯淑华, 沙润. 游客对古村落旅游的"真实感—忠诚度"测评模型初探[J]. 人文地理, 2007(6): 85-89.

[62] 陈瑶, 刘培学, 张建新, 等. 远方的家——中国游客共享型住宿的入住选择与体验研究[J]. 世界地理研究. 2020(1): 181-191.

[63] 殷英梅. 分享型旅游住宿游客真实性体验研究[J]. 淮阴师范学院学报, 2019(41): 284-290.

[64] Stringer R. P F. Hosts and guests the bed and breakfast phenomenon[J]. Annals of Tourism Research, 1981, 8(3). 357-376.

[65] Khan N, Kadir S L S A, Wahab S A. Investigating Structure Relationship from Functional and Relational Value to Behavior Intention: The Role of Satisfaction and Relationship Commitment[J]. International Journal of Business & Management, 2010, 5(10).

[66] 殷英梅. 基于"家"感知塑造的台湾地区民宿主客互动研究[J]. 华人旅游研究, 2016, 2(10): 173-185.

[67] John Urry. Consuming Places[M]. Taylor and Francis, 2002.

[68] 李正欢. 旅游业"好客"研究的多维视野审视[J]. 北京第二外国语学院学报,

2009, 11.

[69]　李超然, 张超. 游客对民宿的原真性体验研究——以丽江古城"亲的"客栈为例[J]. 旅游纵览(下半月), 2016(7): 72-73.

[70]　殷英梅, 郑向敏. 共享型旅游住宿主客互动体验研究——基于互动仪式链理论的分析[J]. 华侨大学学报(哲学社会科学版), 2017(3): 90-98.

[71]　Mao Zhenxing, Lyu Jiaying. Why travelers use Airbnb again?[J]. International Journal of Contemporary Hospitality Management, 2017, 29(9).

[72]　Sha, W., Hung, K. Customer perceptions of critical sucess factors for guest houses[J]. International Journal of Hospitality Management, 2015, 48(7): 92-101.

[73]　Kim H, Jam T. Touristic quest for existential authenticity[J]. Annals of Tourism Research, 2007, 34(1): 181-201.

[74]　王亚力, 王楚君, 向小辉. 存在本真性视角下寻求本真自我的旅游动机分析框架[J]. 地理学报, 2018, 73(8): 194-207.

[75]　WooMi. J., Choong- K. L. Yvette R Behavi. ral intentions of international visitors to the Korean hanok guest houses: Quality, value and satisfaction[J]. Annals of Tourism Research, 2014, 47 (7): 83-85.

第三篇

数字旅游管理

第 10 章　数字旅游需求重构

Chapter 10　Demand reconfiguration of digital tourism

学习目标

- 通晓数字旅游需求重构的概念
- 掌握用户画像的概念，考察智慧旅游者画像是如何构建的
- 分析影响旅游需求预测的直接决定因素和大数据因素的重要性
- 熟悉旅游需求预测的一般方法和各种类型方法的应用情景
- 掌握个性化推荐系统的概念和了解常用的推荐技术及适用情境

随着数字经济的发展，旅游者需求不再是旅游者个人的事情，而是通过数字旅游互动场景和数字旅游共享平台，由智慧旅游者与旅游供应商及其他利益相关者共同决定的。数字旅游需求重构就是基于网络海量的旅游者行为数据，通过旅游者画像和需求预测，建立数据驱动的客户关系，并对旅游者消费行为进行引导与购买需求重构的过程。在具体的旅游者个体参与的旅游活动中，企业根据旅游者行为的具体特征，为旅游者画像，精准地掌握不同旅游者的行为特征和个人偏好的数据；然后通过对数据信息的重新分拆处理，对旅游者需求进行精准预测与分析，以建立维护基于数据驱动的新型客户关系，最后通过进行个性化的消费项目推荐行为，引导和重置旅游者消费需求。数字旅游需求的重构，使旅游者、旅游产业和旅游目的地的关系发生了重大变化，为旅游商业和服务带来了新挑战。

10.1　智慧旅游者画像

在旅游活动中，旅游者在网络世界的行为信息集合代表了其在网络世

界中的"性格"，表达了旅游者在网络世界中的个性和特征。从数据的拥有者，即旅游供应商的角度来看，旅游产业的数字化意味着企业可以通过处理分析不同旅游者行为数据，集中了解其在网络世界中"某一方面"的行为习惯，如用户浏览了哪些网页、搜索了哪些关键词、购买了哪些商品、留下了哪些评价等。但如何将网络世界中庞大的消费者行为特征的数据收集整理并转换为有意义的商业价值，将成为旅游企业越来越关注的问题。面对旅游活动高质量、多维度的海量数据，旅游企业首先要建立精准的用户行为模型，为此，智慧旅游者的用户画像概念应运而生。

10.1.1　用户画像的概念

随着互联网的蓬勃发展，每时每刻都会产生大量数据信息，旅游者的消费行为也会因为互联网的普及和数字技术的广泛应用而留下数字轨迹。出于商业运行的需要，旅游供应商会将反映这些轨迹的数据收集、记录和存储，经过一系列的处理，以有价值信息的形式再传输给旅游者，就可以重建旅游者的新需求。基于所收集的网络信息，根据旅游者的行为特征建立抽象的用户行为模型，我们可以为每个旅游者的行为特征信息打上"标签"。这些标签通常是指人为规定的，经过数字技术高度精炼的旅游者个人特征，如年龄、性别、活动场景的参与程度及行为偏好等。旅游供应商将所有标签综合起来，就可以勾勒出该旅游者的"画像"，并利用这些标签来引导旅游者的购买行为，从而有机会为用户提供具有针对性的旅游产品与服务。

Alan Cooper 在交互设计领域最早提出了用户画像的概念，他指出用户画像是真实用户的虚拟表示，是基于真实数据挖掘和用户构造的目标建立的用户模型。在早期阶段，由于用户数据的来源渠道较少，数据量相对较小，用户画像主要是基于统计分析的方法为用户构建相应的肖像标签。例如，通过收集网站用户对网络页面的满意度，进行数据统计分析，逐步构建了用户兴趣模型。随着互联网和信息采集技术的发展，研究人员可以通过数据采集器在互联网上记录不同用户的浏览行为和兴趣，这进一步丰富了用户兴趣模型，增加了构建用户画像的信息选项。随着数据的不断积累和扩展，该兴趣模型还会继续更新。

随着数据生成渠道的日益多样化和数据采集技术的不断完善，用户画像的基础数据集越来越大，基于算法模型的用户画像研究逐渐兴起，用户画像的定义也随之发生变化。现在，用户画像指一个从海量数据中获取的、由用户信息构成的形象集合，通过这个集合可以描述用户需求、个性化偏好以及用户兴趣等。因此，有学者将用户画像定义为识别用户感兴趣领域的数据重组的过程，认为用户画像的作用主要体现在两个方面：一是企业通过用户画像可以更有效地了解客户需求；二是企业根据用户需求的数据信息可以推荐用户感兴趣的产品与服务（项目）。企业在不断收集旅游者行为数据和进行分析的过程中，既考虑了用户的静态特征，如年龄、性别等，又考虑了用户的动态搜索行为特征。经过动态和静态属性特征信息的多次提炼，企业最终挖掘出"典型用户"。由此抽象出的典型用户的特征、兴趣偏好和行为动机等更精确、更易识别，从而有利于做出更为科学的决策。

10.1.2　用户画像构建

用户画像构建是通过网络信息平台对旅游者静态特征数据（年龄、性别、教育程度等）和动态行为特征数据（网络搜索行为数据、社交网络分享行为数据、交易数据等）进行处理后，从多个维度对用户特征进行分析和刻画，以抽象出真实用户的虚拟数据的过程。用户画像构建的要素主要有三个，即用户属性、用户兴趣和用户行为。其中，用户属性主要来源于已知的用户基本信息，一般可以通过用户注册时填写的如年龄、性别等信息获得，这是产品原型设计的来源，据此，可以基于统计分析的角度对用户有一个全面的了解，进而进行需求分析和原型设计。用户兴趣可以通过已知用户的兴趣数据直接获得，用户行为和用户兴趣偏好的研究类似，预测用户行为趋势有助于制定相应的推荐策略。根据市场需求特点，通过查阅文献、调研、访谈和结合专家建议，用户画像模型构建的要素如图 10-1所示。

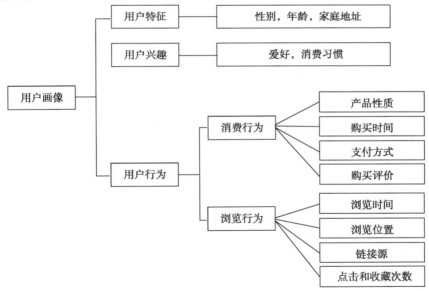

图 10-1　用户画像模型构建的要素

资料来源：Wu T, Yang F, Zhang D, et al. Research on recommendation system based on user portrait[C]//2020 IEEE International Conference on Artificial Intelligence and Information Systems (ICAIIS). IEEE, 2020: 462-465.

10.1.3　智慧旅游者画像构建

智慧旅游者画像的意义在于旅游企业通过预测旅游者的真实需求及

潜在需求，建立稳定的客户关系，提升企业的核心竞争力。智慧旅游者画像应用广泛，常见于众多应用程序中，例如在个性化搜索或访问电子旅游网站时，基于智慧旅游者画像应用程序，可以向旅游者提供个性化旅游建议。再如，基于旅游者用户画像，在线广告营销可以更有针对性，不仅针对用户的兴趣，还可以针对用户当前的情境进行营销。因此，完整的智慧旅游者画像对于提供高质量的数字旅游产品和服务非常重要。因为在以用户需求为导向的产品研发中，企业通过对获取的大量目标用户数据进行分析、处理、组合，初步搭建用户画像，从而设计出更加符合客户需求的产品，为用户提供更好的体验和服务。

在具体的应用中，智慧旅游者画像构建是基于用户画像构建的一般要素，利用海量用户信息数据的标签建模的过程。不同的标签可以从不同的角度描述旅游者用户特征，建立用户画像的过程就是"标记"用户标签的过程。旅游者用户画像的构建主要包括四个阶段，如图 10-2 所示。

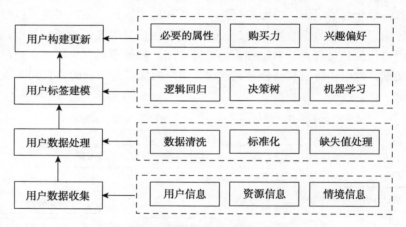

图 10-2　旅游者用户画像构建阶段

资料来源：Wu T, Yang F, Zhang D, et al. Research on recommendation system based on user portrait[C]//2020 IEEE International Conference on Artificial Intelligence and Information Systems (ICAIIS). IEEE, 2020: 462-465.

1. 用户数据收集

用户数据收集是指通过用户个人信息、资源信息和上下文情景信息收集用户数据的过程。用户个人信息包含用户的基本注册信息和用户行为信息。对于资源信息，可以通过对资源本身的介绍获得，这通常与用户行为相关联。上下文情景信息需要通过智慧旅游者在数字旅游活动场景中的活动行为获得。一般来说，获取的用户信息越多，构建的用户画像模型越能精准体现现实生活中智慧旅游者的具体特征。

2. 用户数据处理

用户数据处理阶段主要是对旅游者行为原始数据的处理，包括数据分布的统计、数据的标准化、数据清理、归一化和缺失值处理。通过大数据平台对网络用户行为数据进行处理是构建智慧旅游者精准画像的基础。

3. 用户标签建模

用户标签建模是旅游者画像构建的关键部分，它通过用户的相关数据，推断智慧旅游者的个人偏好。这里的标签是通过对收集到的用户信息进行深入分析后得出的用户特征标识，特征标识可以高度概括用户的信息属性。如果我们把能体现用户属性的所有标签综合起来，就基本可以勾勒出用户的立体画像。可见，如何给用户贴标签是构建用户画像的关键环节。一般情况下，一部分用户的标签通过分析用户的行为数据可以直接获得（如用户年龄、学历层次、通信工具等），也有一部分用户的标签需要通过一定的挖掘算法获得（如用户偏好、行为趋势等）。

4. 用户构建更新

用户构建更新阶段是对用户标签建模深化的过程。通过结合资源信息和上下文信息对用户的基本信息、行为信息、兴趣偏好进行标注建立的用户画像，可以有一个更新深化的过程，其方法是根据用户的偏好预测新标签，以不断更新当前用户的画像。构建的旅游者画像使用目的不同，应用领域也不同。在自适应系统中，用户画像用于提供自适应效果，即根据不同用户的行为提供不同的服务。在推荐系统中，企业用于向具有类似品味或兴趣的用户推荐可能感兴趣的项目。

10.2　智慧旅游者需求预测

旅游需求预测对旅游业至关重要，旅游企业的运营管理效益在很大程度上取决于旅游需求预测的水平和质量，它既是旅游企业相关产品服务定价和运营管理决策的基础，也是政府确定基础设施投资和旅游政策制定的基础。例如，旅游行政管理部门需要准确的旅游需求预测，以便在旅游住宿业项目规划建设等问题上做出明智的决策；旅游行业组织也需要旅游需求预测来做出与旅游宣传相关的决策。此外，由于旅游产品具有不可储存性，空置的酒店客房、未售出的活动门票和未消费的食品都是沉没成本和未获取的收入，旅游和酒店管理人员需要在准确的需求预测基础上做出成本控制决策。

显然，当今的社会由于内部和外部波动，包括经济和技术变化以及一系列风险事件的发生，旅游需求发生了显著的变化，这对旅游需求的预测带来挑战，而由于智慧旅游者使用智能技术工具导致的旅游需求变化尤其如此。影响数字旅游需求的因素基于不同的标准，分类方法不同。基于现代通信技术的应用，本书将旅游需求预测的影响因素分为直接决定因素和大数据因素。

10.2.1　需求预测的直接决定因素

在传统的经济学理论中，需求预测的决定性因素主要是经济因素。消费行为理论和效用理论的研究都认为，价格、收入和营销等经济因素都会影响旅游需求。一般来说，传统经济学研究采用定量研究的方法，通过经济计量模型分析旅游需求预测的影响因素，包括游客的收入水平、汇率、目的地旅游产品相对于原产地的价格（即相对价格）以及竞争性目的地的旅游产品价格（即替代价格）等。在旅游实践中，如果某一旅游目的地的旅游产品与服务的价格和替代价格被确定为重要的决定因素，相关的其他旅游目的地应密切关注其定价策略。一旦它推出新的价格策略，其他旅游目的地就会立即采取相应行动，以保持其核心竞争力。

在数字旅游需求预测中，根据旅游者与客源市场的联系来确定影响数字旅游需求推测的直接决定因素具有特殊的意义。这些直接决定因素可分为旅游需求的市场推动因素、拉动因素和阻力因素。旅游者需求的拉动因素是目的地旅游市场的固有属性，如自然资源的质量和促进旅游发展的外国直接投资。旅游者需求的推动因素是旅游者行为与客源市场相关的联系属性，如休闲时间、人均收入、消费者情感和情绪等。旅游者需求的阻力因素则主要指从客源市场到旅游者参与旅游活动的相关限制性因素，如游客感知的旅游产品与服务的不良形象及相对价格等。

同时，旅游需求预测的其他影响因素，如气候变化、政治稳定、一次性事件、恐怖袭击和金融危机等也被认为对旅游需求有重要影响。需要指出的是，在旅游需求预测中，一般定性的经济因素由于量化困难很少被纳入预测模型，与之相比，定量经济因素因其可测量性经常被纳入大多数旅游需求预测模型中。当然，鉴于旅游需求的性质，仅仅包括定量的经济决定因素分析显然是不够的。有的研究引入了需求预测的非经济决定因素，包括特殊事件、气候指数和休闲时间指数，进一步提高了预测精度，一些被视为次要因素的领先指标也被纳入预测模型。

10.2.2　需求预测的大数据因素

大数据时代，丰富的趋势数据成为影响旅游需求预测的重要因素，通过大数据分析提取新的信息可以用于预测旅游需求，并被作为影响旅游需求预测的有效指标。现在，大数据已经成为有价值的预测的因素，并被引入各种旅游需求预测模型中。许多旅游学者和企业管理人员都承认，可以从数字经济发展的宏观角度来解决旅游需求预测建模和预测的方法问题，敦促收集超越传统经济变量的新指标进行需求预测，如谷歌和百度指数的搜索引擎数据，以及由用户生成的信息互动内容和在线旅游论坛的评论信息等。随着网络技术的进步，大多数旅游者借助于搜索引擎来获取用于旅行规划的各方面信息，从选择目的地、预订航班到预订旅游住宿等。实践证明，使用搜索引擎数据可以使旅游需求预测更加精确和及时，因为来自搜索引擎和在线评论平台的网络数据代表了游客的意图和偏好。

在具体的实践中，有学者根据目的地营销组织的网络流量数据来评估旅游需求预测的质量。在这项研究中，研究者使用了两个流量数据：访问特定网站的用户数量（通过 cookies 识别）和访问行业组织网站的次数。研究结果表明，目的地营销组织的网络流量数据，能够提高目的地酒店需求预测的准确性。这表明，与传统的经济变量，如游客收入和旅游价格相比，搜索引擎数据、网络流量数据等旅游大数据内容的生成，在旅游需求预测方面有其自身的优势。因为这些数据的获得，通常是免费和实时的，这使预测人员能够及时预测旅游需求。而且这些数据的出现频率很高，通常每天都会生成，因此可以对旅游者需求进行高频预测。另外，这些数据也是对游客行为的直接测量，因此对游客行为的变化非常敏感。这些优势使此类在线数据成为传统旅游需求预测决定因素的有效补充。

数字旅游背景下的需求预测研究将旅游相关大数据和新变量集的分析整合到传统模型中，提高了预测的准确性，这也是数字旅游需求重构过程的一部分。互联网大数据显著提高了旅游需求预测的质量，而基于多个信息来源的旅游需求预测优于其他来源模型，因为通过互联网搜索查询数据，包括其信息的内容和数量，可以捕获游客对旅游目的地的注意力，并有助于准确预测游客数量。例如，Pan 等人使用与五次旅行相关的谷歌搜索量数据，以外生模型的自回归移动平均值预测酒店客房需求；Bangwayo-Skeete 和 Skeete 使用谷歌搜索和混合数据抽样模型来提高游客到达量的预测性能；Yang 等人使用百度和谷歌搜索趋势数据，使用自回归移动平均模型预测中国游客流量，并评估了两次搜索查询数据的性能；Choi 和 Varian 利用谷歌趋势指数对 9 个来源国到中国香港的旅游需求进行预测，验证了搜索引擎指数数据的有效性；Pan 和 Yang 研究了搜索引擎指数数据在酒店入住率预测中的有效性；等等。以上都是利用大数据指标预测旅游需求的重要研究成果。

10.2.3　旅游需求预测的一般方法

在预测模型方面，旅游需求预测引入了多种方法，一般分为定性方法和定量方法两类。其中，定性方法，如专题讨论会、德尔菲法等，通常依赖于具有丰富经验和综合分析能力的人员和专家对旅游市场的直觉、经验和洞察力，这些方法通常被认为是"艺术性的"，泛化能力较差。因此，旅游需求预测研究中应用较多的方法为定量方法，用以估算旅游数据中不同观测值之间的定量关系。人工智能技术的广泛运用，使旅游需求预测定量方法除了时间序列模型和计量经济学模型，还包括人工智能模型。

1. 时间序列模型

时间序列模型根据历史模式预测旅游需求。这类模型试图识别时间序列数据之间的趋势、斜率和周期（即使用连续期间的测量序列）。与基于观察随机样本的方法不同，时间序列预测模型基于连续值进行预测，这些连续值是以固定间隔进行连续测量（如每月、每季度或每年的测量）获取的。一旦建立起模式，时间序列模型就会生成未来时间序列值的预测结果。时间序列模型可进一步分为基本时间序列技术和高级时间序列技术。基本的时间序列技术包括朴素模型、自回归、单指数平滑、移动平均和历史平均等模型。由于时间序列模型易于实现，并且能够合理地捕捉历史模式，因此时间序列模型经常用于旅游需求预测研究。Song 等人通过文献研究发现，朴素模型是旅游预测文献中最容易采用和最流行的方法。

由于旅游活动的性质，季节性一直被认为是旅游需求预测的一个关键特征。事实上，上述许多模型都考虑了季节性。基于朴素模型的概念，许多旅游需求研究采用了季节性朴素模型。霍尔特—温特斯类型的单指数平滑（包括季节性成分）在预测澳大利亚亚洲游客的旅游需求方面优于其他类型的单指数平滑。各种类型的趋势分析和基本结构模型版也被用于分解和分析旅游需求的季节模式。除了这些常用的方法外，在旅游需求文献中还可以找到一些对季节性敏感的经典时间序列模型。这些模型包括用于分析国际旅游入境人数的季节自回归、用于调查入境旅游的整合移动平均自回归季节分解模型和用于评估旅游需求的季节分数整合移动平均自回归模型等。

2. 计量经济模型

与时间序列模型相比，计量经济模型的主要优势之一在于能够分析旅游需求（因变量）与其影响因素（解释变量）之间的因果关系，或确定各种解释变量对未来需求的影响程度。旅游需求预测中，计量经济分析模型发挥了许多价值，而不仅仅是作为预测的工具。就旅游需求而言，计量经济分析在从经济学家的角度解释旅游需求变化、评估现有旅游政策的有效性。

最基本的计量经济预测模型是单一静态回归，此类简单模型的主要用途是确定导致当前数值的各种因素的影响。为了避免虚假回归问题，这些回归中包含的变量通常要求是平稳的。许多早期的旅游需求分析研究都属于这一类。近年来，单一静态回归有时被用作旅游需求预测评估的基准。为了解释旅游需求与其各种影响因素之间的关系，现代计量经济学方法如分布滞后模型、自回归分布滞后模型和误差修正模型被引入该领域。分布滞后模型不仅考虑当前值，还考虑影响当前旅游需求的影响因素的先前值。然而，分布滞后模型在旅游需求预测中的应用受到了限制，因为它与更通用、更先进的自回归分布滞后模型存在竞争。分布滞后模型通常用作预测评估和比较的基准之一。除了评估滞后影响因素的影响外，自回归分布滞后模型还集成了滞后需求变量的影响。在建立自回归分布滞后模型的基础上，误差修正模型进一步考虑了旅游需求与其影响因素之间的长期关系，以及确定旅游需求的短期误差修正机制。自回归分布滞后模型和误差修正模型在旅游需求分析中都发挥着重要的作用。

3. 人工智能模型

由于基于人工智能模型中使用的数据驱动和无模型方法能够解释非线性数据，且无须事先了解输入和输出变量之间的关系，因此基于人工智能的模型经常被用于预测旅游需求。它与回归和时间序列模型相比，在旅游需求预测方面的准确性更高。但是，目前人工智能模型还缺乏理论基础，无法从经济角度解释旅游需求，因此在政策评估方面的作用还有待进一步评估。这也限制了人工智能技术在旅游需求分析中的实际应用范围。尽管存在理论和方法上的局限性，人工智能的技术仍被广泛应用于旅游需求预测。

人工智能方法在旅游需求预测中的应用包括支持向量回归、模糊时间序列、粗糙集方法和灰色理论。其中，人工神经网络是最常用的基于人工智能的模型，且已被证明在处理不完美数据或处理几乎任何类型的非线性数据方面具有很强的可行性和灵活性。这些能力解释了为什么人工神经网络已经成为预测研究中的重要工具。各种人工神经网络模型，如多层感知器、径向基函数和 Elman 网络，已被用于旅游需求预测的各种实证研究。实证结果表明，当时间序列数据的质量有问题时，神经网络模型往往表现良好。Pattie 和 Snyder 应用神经网络方法预测旅游需求，取得了较好的效果。在他们的研究之后，20 世纪 90 年代末开始出现了其他比较神经网络和经典预测技术预测性能的研究。这些研究比较了人工神经网络与多元回归和时间序列模型的性能。Kon 和 Turner 证实，神经网络方法可以很好地进行短期预测，这一发现为不稳定旅游条件下旅游需求信息数据相对较短的新兴目的地提供了实际意义。

在大数据时代，知识体系的变化通常是由于知识对象的变化而产生的。因此，大数据已成为基于人工智能的预测模型发展的重要推动力。来自谷歌趋势、谷歌分析和百度指数等来源的搜索引擎数据已成为旅游需求预测的新数据来源。然而，当这些数据驱动技术应用于我们的知识领域时，对分析结果的贡献和解释仍然存在疑问。许多技术挑战仍然存在，需要探索更好的数据缩减方法加以解决。在考虑这些方法提高旅游需求模型的预测性能的同时，也要防止使用大数据对模型进行过度参数化。

通过上述分析我们可以发现，目前常用的定量旅游需求预测方法主要分为三类：时间序列模型、计量经济学模型和基于人工智能模型。但随着技术的不断发展和研究的不断深入，越来越多的预测模型将被应用于旅游和酒店业领域。就预测精度而言，没有任何模型能够普遍优于所有其他模型，未来各种模型的组合或混合方法的蓬勃发展，将是新的发展趋势。尽管大数据在旅游预测中的应用仍处于初级阶段，但大数据在提高预测准确性方面的潜力巨大。然而，旅游从业者在进行旅游预测时在很多方面仍面临挑战，例如，开发新的模型和预测技术以及同时处理传统时间序列和高频大数据的估计方法；利用现有和新的消费者行为理论构建预测研究问题，以期更好地利用旅游大数据，而不是仅仅专注于数据挖掘；吸引来自不同领域的研究人员，如计算和工程领域，他们可能会提供更好的解决方案来降低计算成本和提升预测效率。

10.3　智慧旅游者个性化推荐

个性化推荐系统的概念是由 Resnick 在 1997 年出版的文献中首次提出的。他认为，在我们的生活中，经常需要对不知道的事情做出决定。在这种情况下，我们只能根据他人的口头意见、书评、电影评论、推荐信或中立机构的调查结果做出判断。如今，网络世界的个性化推荐越来越流行，它是数字旅游需求重构的核心部分，并广泛应用于在线服务。

10.3.1　个性化推荐系统的价值

在复杂信息环境下，个性化推荐为旅游消费者提供了一种旅游需求重构的购买决策的选择。个性化推荐系统是一种信息过滤系统，它根据旅游者的偏好、兴趣或观察到的其参与旅游活动的行为特征，通过从大量动态生成的信息中过滤出重要信息片段进行重组，向旅游者提供个性化和专有内容的产品和服务推荐。显然，这解决了旅游者通常遇到的各类信息平台的旅游信息过载问题。

基于数字旅游需求重构的个性化推荐系统对旅游供应商和旅游者都有重要的价值，特别是降低了智慧旅游者网上购物环境中查找和选择商品的交易成本，个性化推荐系统也被证明可以改善旅游者的购买决策的质量。在电子商务环境中，个性化在计算机科学领域有着非常重要的地位，尤其是在推荐系统的应用中，它提高了网络代理的收入，成为在线业务极其有效的收入驱动因素。Marketing Sherpa 研究公司进行的一项研究表明，相关电子商务网站购物环节产生的收入中有 11.5%是通过个性化推荐购买的产品收入。大数据时代，旅游者接触到广泛和多样的旅游信息资源，旅游者的需求呈现从追求感官体验向追求情感、精神、智慧等内涵化的综合体验转变。个性化推荐在旅游业中越来越受关注。

个性化推荐系统需要根据旅游需求推荐，旅游者画像有助于推荐系统了解用户需求，并在需求预测信息重组的基础上，进行更有效的推荐。现在，个性化已被视为旅游业有效提升产品与服务附加值和商业成功的关键因素。个性化推荐就是基于用户画像的一对一的推荐，个性化推荐服务旨在推荐基于旅游者偏好和需求的产品和服务，帮助游客节省一定的时间和精力。随着移动旅游需求的快速增长，基于数字旅游者位置的个性化推荐服务成为一个重要的研究课题和实践问题。基于位置的个性化推荐主要根据用户的当前位置提供信息推荐，共包括两个方面：一是找到吸引游客的景点位置，二是根据旅游者偏好的景点位置向其提供最佳游览路线。例如 Huang 和 Bian 运用贝叶斯网络和层次分析法提出了特定目的地旅游景点的个性化推荐系统；Yu 等为主题公园开发了一个推荐服务系统，设计了一种基于位置的动态调度功能，根据每位游客最喜欢的景点、首选景点优先级和位置，为游客提供个性化定制的旅游建议（推荐景点和推荐时段）。

10.3.2　个性化推荐系统的技术应用

数字旅游个性化推荐系统通常采用不同的推荐技术，常用推荐技术主要有基于内容的过滤技术、协同过滤技术和混合过滤技术。如图 10-3 所示，显示了个性化推荐系统不同技术应用的结构。

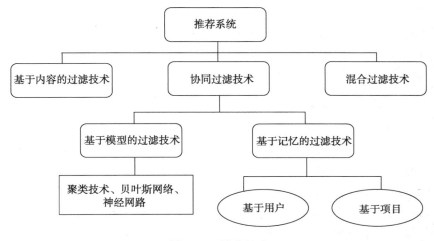

图 10-3　推荐技术

资料来源：Isinkaye F O, Folajimi Y O, Ojokoh B A. Recommendation systems: Principles, methods and evaluation[J]. Egyptian informatics journal, 2015, 16(3): 261-273.

1. 基于内容的过滤技术

基于内容的过滤技术是一种独立领域的算法，它更强调对推荐产品与服务，即项目属性的分析，以预测与重组旅游需求。在网络媒体，特别是商业推荐网页、出版物和新闻等类似文档的项目，基于内容的过滤技术最为成功。基于内容的过滤技术的应用，可以使用旅游者过去评估过的项目内容中显示的需求项目特征，即基于用户需求特征文件提出推荐建议，如图 10-4 所示。显然，推荐给旅游者的旅游产品与服务建议，主要与对该类旅游产品与服务的积极评价相关。为此，基于内容的过滤可以使用不同类型的模型来查找文档之间的相似性，以便生成有意义的项目建议。

基于内容的过滤技术不需要其他用户的配置文件，因为它们不会影响推荐。该系统的推荐标准是基于内容的相似性的用户需求重组或用户在某类旅游产品与服务上表达的偏好，而不是旅游者或用户的相似性。如果用户画像发生变化，基于内容过滤技术仍有可能在很短的时间内调整建议。

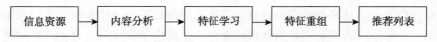

图 10-4　基于内容的推荐系统

资料来源：Raghavendra C K, Srikantaiah K C, Venugopal K R. Personalized recommendation systems (PRES): A comprehensive study and research issues[J]. International Journal of Modern Education & Computer Science, 2018, 10(10).

所以，这种技术需要对概要文件中项目的特征有深入的了解和描述，而且，这种内容的相似性是用户项目需求的相似性，而没有考虑其他相似用户的意见，以便为意外和有用的项目生成推荐建议，因此，用户容易被限制在与已经评级或之前对其感兴趣的类似项目上。

基于内容的个性化推荐在数字旅游管理中应用广泛。例如，旅游地点包括旅游目的地位置、旅游景点的用户评价、旅游景点的分类等属性。基于内容推荐是获取旅游景点的属性，计算旅游景点的相似度，然后查找用户历史旅游数据，获取用户喜欢或旅游过的旅游地点，通过已知的旅游信息来查找相似度较高的旅游景点推荐给用户。

2. 协同过滤技术

协同过滤是一种被广泛采用的推荐技术，它的工作原理是建立一个数据库（用户项目矩阵），其中包含旅游者对项目的偏好，然后通过计算用户画像之间的相似性，匹配具有相关兴趣和偏好的用户，从而提出建议。基于用户的协同过滤的推荐是通过用户的基本信息找到与之相似的用户，根据相似用户的活动产生推荐。例如当 A 用户预订酒店时，由于选择性太多，A 用户并不知道哪个是最好的选择，这个时候如果有一个跟其年龄相当，性别相同且收入水平等其他信息也比较相似的 B 用户出现，B 用户告诉 A 用户他预订了哪类酒店并向 A 用户推荐，那么 A 用户选择预订与 B 用户同类酒店的概率就会比较大。基于用户的协同过滤技术就是代替 A 用户寻找这样一个 B 用户，并将 B 用户的购买信息推荐给 A 用户，帮助 A 用户选择需要购买的商品。这些用户就形成了相似用户群体小组。用户可以获得对那些他以前没有评分但已经被与他相似的用户肯定的项目的推荐。协同过滤产生的建议可以是预测性的，也可以是推荐性的。协同过滤技术可分为三类：基于用户的协同过滤算法、基于项目的协同过滤算法和基于模型的协同过滤算法。

（1）基于用户的协同过滤算法。首先分析在推荐系统中的用户，计算用户间的相似度。根据相似度大小找到与当前用户相似度较高的用户群体，收集这个用户群体对商品的评分，通过对商品的评分的高低来预测目标用户对商品的喜好，从而实现个性化推荐。基于用户的协同过滤算法如图 10-5 所示。

（2）基于项目的协同过滤算法。基于项目的协同过滤算法和基于内容的协同过滤算法是不一样的，它是利用系统中的产品的不同属性来计算相

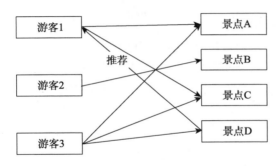

图 10-5　基于用户的协同过滤算法

似度大小，通过分析目标用户的历史记录，找出与目标用户感兴趣的产品相似度较高的其他产品，从而为用户推荐，如图 10-6 所示。基于项目的协同过滤算法步骤有两步：计算产品相似度和生成推荐结果。其优势在于虽然在推荐系统中产品数量巨大，但是可以离线计算产品间的相似度，这大大降低了推荐系统的计算压力。

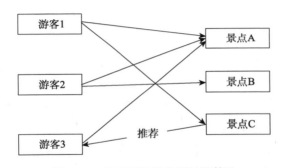

图 10-6　基于项目的协同过滤算法

（3）基于模型的协同过滤算法。常见的基于模型的协同过滤算法包括用聚类算法做协同过滤和用回归算法做协同过滤。基于聚类算法做协同过滤时，聚类算法是按照用户或者物品基于一定的距离度量来进行聚类的。基于用户的聚类算法则通过设定的距离来将用户分成不同的目标人群，这样在同一个目标人群中优先给距离较近的用户推荐评分高的商品。基于物品的聚类是将商品分成不同的商品组，然后在同一个商品组中将用户评价更高的商品推荐给目标用户，常见的聚类推荐算法有 K-Means、DBSCAN 聚类和谱聚类。基于回归方法做协同过滤是以用户标注或打分为特征向量进行相似度计算。由于用户的标注是一个连续的值而非离散的值，可以通过训练回归模型来得到目标用户对某商品的预测打分。常见的回归推荐算法有 Ridge 回归、回归树和支持向量回归。

协同过滤技术的主要缺点，一是任何添加的新项目在被其他用户评价或选择为感兴趣的项目之前都不会被推荐，即面临"冷启动问题"。二是"数据稀疏问题"，这意味着，当所需的用户评级数量与可用项目数量相比非常少时，推荐的质量将受到影响。

3. 混合过滤技术

协同过滤技术和基于内容的过滤技术都有局限性和缺点。为了克服这些短板，引入了混合过滤技术推荐系统。混合过滤技术结合不同的推荐技术，以获得更好的系统优化，从而避免纯推荐系统的局限性和缺点。混合技术背后的理念是，由于一种算法的缺点可以被另一种算法克服，因此组合算法将比单一算法提供的建议更准确、更有效。使用多种推荐技术可以抑制组合模型中单个技术的弱点，在没有关于用户或其评级的信息的情况下，混合推荐系统基于内容的部分可以有助于检索有用信息以生成推荐。

关键词汇

数字旅游需求重构　用户画像　智慧旅游者画像构建
数字旅游需求预测　个性化推荐系统　基于内容的过滤技术
协同过滤技术

思考题

1. 什么是用户画像？构建用户画像主要包含哪几个要素？
2. 如何构建智慧旅游者画像？如何理解构建智慧旅游者画像的意义？
3. 影响数字旅游需求预测的因素有哪些，主要分为哪几类？
4. 如何理解影响旅游需求预测的大数据指标因素的重要性？
5. 简述旅游需求预测的一般方法和各个方法的优缺点。
6. 数字旅游推荐系统的常用推荐技术有哪些？如何应用？

参考文献

[1] Hai Liu, Hui Lu. Research on Accurate Marketing Segmentation Model Based on User Portrait Mining[J]. Journal of Silk, 2015, 12(52): 37-42.

[2] 曾鸿，吴苏倪. 基于微博的大数据用户画像与精准营销[J]. 现代经济信息，2016 (16): 306-308.

[3] Ni C, Wang L. The Application of User Portrait Based on Big Data Analysis in Industrial Design Teaching[C]//E3S Web of Conferences. E3S Web of Conferences, 2020, 179.

[4] Cooper A. The Inmates are Running the Asylum: [Why high-tech products drive us crazy and how to restore the sanity][M]. Indianapoils, IN: Sams, 2004.

[5] Pazzani M, Muramatsu J, Billsus D. Syskill&webert: Identifying interesting websites. Proc. 13th AAAI and 8th IAAI, 1996, 1(4)54-61.

[6] Amato G, Straccia U. User profile modeling and applications to digital libraries[C]. International conference on theory and practice of digital libraries.

Springer, 1999: 184-197.

[7] Quintana R M, Haley S R, Levick A, et al. The persona party: Using personas to design for learning at scale[C]//Proceedings of the 2017 CHI Conference Extended Abstracts on Human Factors in Computing Systems, 2017: 933-941.

[8] Kanoje S, Girase S, Mukhopadhyay D. User profiling trends, techniques and applications[J]. arXiv preprint arXiv: 1503. 07474, 2015.

[9] 刘海鸥, 孙晶晶, 苏妍嫄, 等. 国内外用户画像研究综述[J]. 情报理论与实践, 2018, 41(11): 155-160.

[10] Wu T, Yang F, Zhang D, et al. Research on Recommendation system based on user portrait[C]//2020 IEEE International Conference on Artificial Intelligence and Information Systems (ICAIIS). IEEE, 2020: 462-465.

[11] Lai X, He L, Zhou Q. Personalized product service recommendation based on user portrait mathematical model[C]//Proceedings of 2018 International Symposium on Communication Engineering & Computer Science (CECS), Hohhot, China. 2018: 328-333.

[12] Tang J, Yao L, Zhang D, et al. A combination approach to web user profiling[J]. ACM Transactions on Knowledge Discovery from Data (TKDD), 2010, 5(1): 1-44.

[13] 王洋, 丁志刚, 郑树泉, 等. 一种用户画像系统的设计与实现[J]. 计算机应用与软件, 2018, 35(3): 8-14.

[14] Brusilovsky, P. , Millán, E. User Models for Adaptive Hypermedia and Adaptive Educational Systems[C]. In: Brusilovsky, P. , Kobsa, A. , Nejdl, W. (eds.) Adaptive Web 2007. LNCS, vol. 4321, pp. 3-53. Springer, Heidelberg. 2007.

[15] Resnick P, Varian H R. Recommender systems[J]. Communications of the ACM, 1997, 40(3): 56-58.

[16] Chan Y M, Hui T K, Yuen E. Modeling the impact of sudden environmental changes on visitor arrival forecasts: The case of the Gulf War[J]. Journal of Travel Research, 1999, 37(4): 391-394.

[17] Law R, Li G, Fong D K C, et al. Tourism demand forecasting: A deep learning approach[J]. Annals of Tourism Research, 2019(75): 410-423.

[18] Song H, Qiu R T R, Park J. A review of research on tourism demand forecasting[J]. Annals of Tourism Research, 2019, 75(C): 338-362.

[19] Goh C, Law R, Mok H M K. Analyzing and forecasting tourism demand: A rough sets approach[J]. Journal of Travel Research, 2008, 46(3): 327-338.

[20] Li G, Song H, Witt S F. Recent developments in econometric modeling and forecasting[J]. Journal of Travel Research, 2005, 44(1): 82-99.

[21] Song H, Li G. Tourism demand modelling and forecasting——A review of recent research[J]. Tourism Management, 2008, 29(2): 203-220.

[22] Meleddu M, Pulina M. Evaluation of individuals' intention to pay a premium price for ecotourism: An exploratory study[J]. Journal of Behavioral and Experimental Economics, 2016(65): 67-78.

[23] Martins L F, Gan Y, Ferreira-Lopes A. An empirical analysis of the influence of macroeconomic determinants on World tourism demand[J]. Tourism Management, 2017(61): 248-260.

[24] Poprawe M. A panel data analysis of the effect of corruption on tourism[J]. Applied Economics, 2015, 47(23): 2399-2412.

[25] Saha S, Yap G. Corruption and tourism: An empirical investigation in a non-linear framework[J]. International Journal of Tourism Research, 2015, 17(3): 272-281.

[26] Song H, Lin S, Witt S F, et al. Impact of financial/economic crisis on demand for hotel rooms in Hong Kong[J]. Tourism Management, 2011, 32(1): 172-186.

[27] Yang Y, Pan B, Song H. Predicting hotel demand using destination marketing organization's web traffic data[J]. Journal of Travel Research, 2014, 53(4): 433-447.

[28] Yang X, Pan B, Evans J A, et al. Forecasting Chinese tourist volume with search engine data[J]. Tourism Management, 2015(46): 386-397.

[29] Colladon A F, Guardabascio B, Innarella R. Using social network and semantic analysis to analyze online travel forums and forecast tourism demand[J]. Decision Support Systems, 2019, 123.

[30] Dergiades T, Mavragani E, Pan B. Google Trends and tourists' arrivals: Emerging biases and proposed corrections[J]. Tourism Management, 2018(66): 108-120.

[31] Wen L, Liu C, Song H, et al. Forecasting tourism demand with an improved mixed data sampling model[J]. Journal of Travel Research, 2021, 60(2): 336-353.

[32] Bangwayo-Skeete P F, Skeete R W. Can Google data improve the forecasting performance of tourist arrivals? Mixed-data sampling approach[J]. Tourism Management, 2015(46): 454-464.

[33] Pan B, Yang Y. Forecasting destination weekly hotel occupancy with big data[J]. Journal of Travel Research, 2017, 56(7): 957-970.

[34] Choi H, Varian H. Predicting the present with Google Trends[J]. Economic Record, 2012(88): 2-9.

[35] Moutinho L, Witt S F. Forecasting the tourism environment using a consensus approach[J]. Journal of Travel Research, 1995, 33(4): 46-50.

[36] Peng B, Song H, Crouch G I. A meta-analysis of international tourism demand forecasting and implications for practice[J]. Tourism Management, 2014(45): 181-193.

[37] Claveria O, Monte E, Torra S. Tourism demand forecasting with neural network models: Different ways of treating information[J]. International Journal of Tourism Research, 2015, 17(5): 492-500.

[38] Önder I. Forecasting tourism demand with Google trends: Accuracy comparison of countries versus cities[J]. International Journal of Tourism Research, 2017, 19(6): 648-660.

[39] Turner L W, Witt S F. Forecasting tourism using univariate and multivariate structural time series models[J]. Tourism Economics, 2001, 7(2): 135-147.

[40] Gil-Alana L A. International arrivals in the Canary Islands: Persistence, long memory, seasonality and other implicit dynamics[J]. Tourism Economics, 2010, 16(2): 287-302.

[41] Koc E, Altinay G. An analysis of seasonality in monthly per person tourist spending in Turkish inbound tourism from a market segmentation perspective[J]. Tourism Management, 2007, 28(1): 227-237.

[42] Gil-Alana L A, De Gracia F P, CuÑado J. Seasonal fractional integration in the Spanish tourism quarterly time series[J]. Journal of Travel Research, 2004, 42(4): 408-414.

[43] Clements M, Hendry D. Forecasting economic time series[M]. Cambridge University Press, 1998.

[44] Laber G. Determinants of international travel between Canada and the United States[J]. Geographical Analysis, 1969, 1(4): 329-336.

[45] Martin C A, Witt S F. Tourism demand forecasting models: Choice of appropriate variable to represent tourists' cost of living[J]. Tourism Management, 1987, 8(3): 233-246.

[46] Athanasopoulos G, Hyndman R J, Song H, et al. The tourism forecasting competition[J]. International Journal of Forecasting, 2011, 27(3): 822-844.

[47] Guizzardi A, Stacchini A. Real-time forecasting regional tourism with business sentiment surveys[J]. Tourism Management, 2015(47): 213-223.

[48] Wan S K, Song H. Forecasting turning points in tourism growth[J]. Annals of Tourism Research, 2018(72): 156-167.

[49] Chen R, Liang C Y, Hong W C, et al. Forecasting holiday daily tourist flow based on seasonal support vector regression with adaptive genetic algorithm[J]. Applied Soft Computing, 2015(26): 435-443.

[50] Hong W C, Dong Y, Chen L Y, et al. SVR with hybrid chaotic genetic algorithms for tourism demand forecasting[J]. Applied Soft Computing, 2011, 11(2): 1881-1890.

[51] Tsaur R C, Kuo T C. The adaptive fuzzy time series model with an application to Taiwan's tourism demand[J]. Expert Systems with Applications, 2011, 38(8): 9164-9171.

[52] Wang C H. Predicting tourism demand using fuzzy time series and hybrid grey theory[J]. Tourism Management, 2004, 25(3): 367-374.

[53] Sun X, Sun W, Wang J, et al. Using a Grey–Markov model optimized by Cuckoo search algorithm to forecast the annual foreign tourist arrivals to China[J]. Tourism Management, 2016(52): 369-379.

[54] Chen C F, Lai M C, Yeh C C. Forecasting tourism demand based on empirical mode decomposition and neural network[J]. Knowledge-Based Systems, 2012(26): 281-287.

[55] Pattie D C, Snyder J. Using a neural network to forecast visitor behavior[J]. Annals of Tourism Research, 1996, 23(1): 151-164.

[56] Law R, Au N. A neural network model to forecast Japanese demand for travel to Hong Kong[J]. Tourism Management, 1999, 20(1): 89-97.

[57] Uysal M, El Roubi M S. Artificial neural networks versus multiple regression in tourism demand analysis[J]. Journal of Travel Research, 1999, 38(2): 111-118.

[58] Kon S C, Turner L W. Neural network forecasting of tourism demand[J]. Tourism Economics, 2005, 11(3): 301-328.

[59] Claveria O, Torra S. Forecasting tourism demand to Catalonia: Neural networks vs. time series models[J]. Economic Modelling, 2014(36): 220-228.

[60] Nor M E, Nurul A I M, Rusiman M S. A hybrid approach on tourism demand forecasting[C]//Journal of Physics: Conference Series. IOP Publishing, 2018, 995(1): 012034.

[61] Chen K Y. Combining linear and nonlinear model in forecasting tourism demand[J]. Expert Systems with Applications, 2011, 38(8): 10368-10376.

[62] Law R. Back-propagation learning in improving the accuracy of neural network-based tourism demand forecasting[J]. Tourism Management, 2000, 21(4): 331-340.

[63] Li S, Chen T, Wang L, et al. Effective tourist volume forecasting supported by PCA and improved BPNN using Baidu index[J]. Tourism Management, 2018(68): 116-126.

[64] Song H, Liu H. Predicting tourist demand using big data[M]. Analytics in smart tourism design. Springer, 2017: 13-29.

[65] Park S, Lee J, Song W. Short-term forecasting of Japanese tourist inflow to South Korea using Google trends data[J]. Journal of Travel & Tourism Marketing, 2017, 34(3): 357-368.

[66] Önder I, Gunter U. Forecasting tourism demand with Google Trends for a major European city destination[J]. Tourism Analysis, 2016, 21(2-3): 203-220.

[67] Serdyukov P, Murdock V, Van Zwol R. Placing flickr photos on a map[C]//Proceedings of the 32nd international ACM SIGIR conference on Research and development in information retrieval. 2009: 484-491.

[68] Konstan JA, Riedl J. Recommender systems: From algorithms to user experience[J]. User Model User-Adapt Interact, 2012(22): 101–123.

[69] Hu R, Pu P. Potential acceptance issues of personality-ASED recommender systems[C]//Proceedings of ACM conference on recommender systems (RecSys'09), New York City, NY, USA, October 2009: 22–25.

[70] Wang C, Zheng Y, Jiang J, et al. Toward privacy-preserving personalized recommendation services[J]. Engineering, 2018, 4(1): 21-28.

[71] Gavalas D, Kenteris M. A web-based pervasive recommendation system for mobile tourist guides[J]. Personal and Ubiquitous Computing, 2011, 15(7): 759-770.

[72] Huang Y, Bian L. A Bayesian network and analytic hierarchy process based personalized recommendations for tourist attractions over the Internet[J]. Expert Systems with Applications, 2009, 36(1): 933-943.

[73] Yu F C, Lee P C, Ku P H, et al. A theme park tourist service system with a personalized recommendation strategy[J]. Applied Sciences, 2018, 8(10): 1745.

[74] Burke R. Hybrid recommender systems: Survey and experiments[J]. User Model User-adapted Interact, 2002, 12(4): 331–370.

[75] Isinkaye F O, Folajimi Y O, Ojokoh B A. Recommendation systems: Principles, methods and evaluation[J]. Egyptian Informatics Journal, 2015, 16(3): 261-273.

[76] 李永杰. 基于旅游推荐的协同过滤算法的研究与改进[D]. 青岛: 青岛科技大学, 2019.

[77] 孙辉, 马跃, 杨海波, 等. 一种相似度改进的用户聚类协同过滤推荐算法[J]. 小型微型计算机系统, 2014, 35(9): 1967-1970.

[78] 肖文强, 姚世军, 吴善明. 基于用户谱聚类的 Top-N 协同过滤推荐算法[J]. 计

算机工程与应用, 2018, 54(7): 138-143.

[79] Kardan A A, Ebrahimi M. A novel approach to hybrid recommendation systems based on association rules mining for content recommendation in asynchronous discussion groups[J]. Information Sciences, 2013(219): 93-110.

[80] Schafer J B, Frankowski D, Herlocker J, et al. Collaborative filtering recommender systems[M]//Brusilovsky P, Kobsa A, Nejdl W, editors. The Adaptive Web, LNCS 4321. Berlin Heidelberg(Germany): Springer, 2007: 291-324.

[81] Yu C C, Chang H. Personalized location-based recommendation services for tour planning in mobile tourism applications[C]//International Conference on Electronic Commerce and Web Technologies. Springer, Berlin, Heidelberg, 2009: 38-49.

第 11 章　数字旅游商业

Chapter 11　Digital tourism business

学习目标

- 通晓数字营销的概念及其重要价值
- 掌握旅游与酒店业数字营销常用的技术
- 熟悉客户关系管理的定义与类型
- 掌握数字旅游客户关系管理的定义及主要特征
- 理解收益管理与数字技术、客户关系管理之间的关系

数字旅游商业是基于数字技术应用的旅游产品和服务交易行为的总和。在数字经济背景下，旅游商业的数字化不仅能促进旅游供应商市场竞争力的提升，还能通过数字技术的应用与客户建立新型的主客关系，不断提高企业运营管理的质量与效益。近年来，我国旅游与酒店企业都开始加大了其运营管理数字化方面的建设，包括数字旅游营销和数字客户关系管理，也包括以酒店业为核心的数字收益管理等，并以"智变""数字化"优化企业运营与业务流程的管控能力，实施旅游企业运营管理流程的数字化再造，同时促进旅游新业态、新产品和新效能的变化。

11.1　数字旅游营销

随着现代通信技术的迅速发展和广泛应用，互联网及各种数字技术被广泛用于支持、改进和优化不同的旅游商业业务流程。其中，以数字技术的应用为基础的各种创新型数字营销模式应运而生，同时，数字经济条件下的市场营销概念被重新定义。数字营销模式与传统的营销模式相比，其

成功的一个主要原因是在采集处理旅游者行为数据的基础上，不仅可以使企业更全面了解客户需求，而且还可以实时跟踪用户行为，特别是每一个采用数字营销模式的企业都可以在其活动覆盖范围内，对智慧旅游者旅游活动的参与度和商业交易数据进行实时跟踪，这为企业市场营销管理提供了前所未有的价值。近年来，全球数字营销发展迅速，其使用的方法、技术和工具愈加多样化，同时也带来了企业在设施设备和运营系统及运营管理方式等方面的深刻变化。

11.1.1　数字营销的概念

目前，关于数字营销在理论上还没有一个统一的定义，但很多学者基于数字营销的理论与实践，从多种角度提出了数字营销的定义，如表 11-1 所示。

表 11-1　数字营销的相关定义

作者与时间	定义的表述
Urban（2003）	数字营销是使用互联网和信息技术扩展和改进传统营销工具的方式
Wikipedia（2008）	数字营销以及时性、相关性、个性化和成本效益高的方式接触消费者，是利用数字分销渠道促进产品与服务销售的实践形式
Ryan 和 Jones（2009）	数字营销是基于信息技术在营销活动中进行促销的术语，具体而言是指基于信息技术了解人们的需求，以及如何使用信息技术获益的营销模式
Chaffey 和 Chandwick（2012）	数字营销将数字工具与行业和客户之间的传统沟通方式相结合，以实现公司的营销目标
Sawicki（2016）	数字营销是对广阔的数字技术世界的探索，这些技术创造了一个连接广大潜在受众的平台
Kannan（2017）	数字营销是指一种适应性的、技术支持的流程，通过该流程，公司与客户和合作伙伴合作，共同为所有利益相关者创造、沟通、交付和维持产品与服务的价值
Dastane（2020）	数字营销是指数字技术与传统营销传播相结合以实现营销的目标的模式

从上述数字营销各种定义的表述，我们可以发现，数字营销的含义主要依赖于互联网技术形成的数字化环境和主客关系的互动性。因此，数字营销是依赖于互联网技术和数字化环境，实时跟踪用户行为数据，使用现代数字营销技术工具，满足消费者需求的过程。数字营销的关键特征表现在：首先，互联网和信息技术的数字化特性，为企业提供了在数字化环境中消费者行为的全面和可详细洞察的信息。这些信息可供实时研究每个营销计划的有效性，实现对客户营销的定制化。其次，因为数字营销能够吸引更广泛的消费者，企业通过不同背景的在线媒体与消费者可进行直接的有效沟通，指导他们的购买过程，这改变了企业运营管理决策的方式。显

然，数字营销对消费者购买意愿有直接和积极的影响，数字营销有助于企业满足客户需求，提供更多的个性化服务，同时，增加企业收入，最终提升客户留存率。

11.1.2　数字营销的价值

数字营销重要的价值在于，它可以通过与消费者交流想法、意见和经验消除消费者对企业产品或品牌的误解，有效地增强企业品牌价值。数字营销通常用于旅游企业与顾客沟通和推广产品与服务过程中。它与传统营销相比，不受时间、地点和成本的限制，且网络化使企业向消费者传递信息的方式更便利和多元。数字营销通过多种互动渠道（如社交媒体、移动应用程序、博客、电子邮件，甚至搜索引擎优化程序）推销品牌，影响消费者。例如，以一种或多种形式的电子媒体向消费者展示企业广告，实现企业与消费者更紧密的沟通。这种沟通也使潜在消费者更容易通过移动技术工具查找和获取企业产品信息，并根据实时搜索结果做出购买决定。

随着互联网技术和在线营销的发展，数字旅游营销的重要价值还在于旅游企业通过数字营销为其品牌提供大量信息的同时，旅游消费者行为以及旅游供应商与旅游者之间的关系也发生了深刻变化。现在，数字旅游营销使各种旅游信息易于被旅游者搜索和获得，企业也通过不同渠道提供的大量信息接触潜在客户，这极大地改变了旅游供应商与顾客及其他利益相关者之间接触的方式。例如，在线网络渠道通常是酒店在采购过程中与利益相关企业建立关系的资产，而酒店与消费者之间的各种联系点和互动渠道的协同管理可以优化旅游消费者的体验。数字旅游营销已经成为旅游商业成功的重要影响因素。

目前，数字营销被认为是旅游行业发展的最新趋势和未来。世界旅游组织最新强调了互联网、新技术在旅游营销领域的应用，为旅游业和酒店业带来发展潜力。旅游业显然已经意识到了数字营销的优点，并努力在旅游交易或服务的具体实践中探索如何将数字营销与线下营销相结合。今天，社交媒体营销、移动营销、搜索引擎营销和电子邮件营销等营销技术已经是旅游业与酒店业数字营销使用的基本工具。

11.1.3　数字营销技术

数字营销技术是营销学的一个新概念，是指在企业市场营销数字化过程中，基于数据分析与应用的各类数字营销手段。在企业营销的实践中，各种数字营销技术的应用使企业可以通过各种网络渠道进行有效的数字营销，在理想状态下其促销的范围甚至可以覆盖到所有人，并不受任何地域或时间限制。目前，流行的数字营销技术主要包括大数据或数据驱动营销、搜索引擎营销、社交媒体营销、推荐营销、动态定价营销、语义营销、预测营销、接触点营销、营销自动化，具体内容如表 11-2 所示。

表 11-2　流行的数字营销技术及定义

类别	定义的表述
大数据或数据驱动营销	大数据或数据驱动营销技术是基于营销策略，对数字信息可记录的数据处理结果，以及数据的相应分析结果的系统性协调
搜索引擎营销	搜索引擎营销是将营销过程与搜索引擎（如百度）的搜索结果中尽可能高的排名联系起来进行的营销活动。由于谷歌在美国拥有超过 90%的市场份额，搜索引擎营销在美国又被称为谷歌营销
社交媒体营销	社交媒体营销技术是基于大数据生成的用户自身产生的个性化信息数据进行的企业产品或服务的销售过程。它可以根据个人或假定的个人需求来定制。定制可以根据个人特征和当前情境，也可以通过用户主动的"个性化"行为进行
推荐营销	数字化推荐营销是基于大量数据分析的个性化推荐方式进行的营销活动，例如，当一个网店运营商在访问者搜索其店铺中的某些产品时，简单的推荐系统已经开始运行了
动态定价营销	数字营销的动态定价技术主要是指基于大量数据进行的价格优化过程。尤其是在在线交易中，数字营销的数字化定价实现了实时价格的自动优化，即所谓的实时重新定价，以促进营销目标的实现
语义营销	语义营销技术是在线语音识别系统支持的企业与消费者之间通过数字对话进行的营销活动，如网络 3.0 作为语义网支持的实时通话
预测营销	预测营销是通过预测分析的描述来预测事件发生的概率，并以此确定营销策略的应用；这里的预测分析通常是指一种用来识别数据重复出现的模式；可以使用复杂的算法预测未来发展，例如，预测价格
接触点营销	接触点营销技术通过收集、分析和优化客户在任何网络接触点留下的数据，如网络搜索、在线购买、地理数据、付款、帖子等进行营销的范式
营销自动化	营销自动化是由软件支持的已定义的营销渠道的网络化，其目标是以成本效益和时间优化的方式规划和实施的营销活动；营销自动化的一个应用是程序化广告，即数据支持的在线广告交易的自动化

资料来源：Lies J. Marketing Intelligence and Big Data: Digital marketing techniques on their way to becoming social engineering techniques in marketing[J]. International Journal of Interactive Multimedia & Artificial Intelligence, 2019, 5(5).

目前，社交媒体营销、移动营销、搜索引擎营销和电子邮件营销等营销技术等是旅游与酒店业数字营销使用的基本工具。

1. 社交媒体营销

社交媒体的出现和普及，使旅游企业能最大限度地利用这一渠道的优势，通过实施各种各样的社交媒体营销计划，实现企业品牌竞争力的提升和增长。作为主要的社交信息平台，社交媒体对旅游商业有着深远的影响，因为社交媒体的兴起为客户提供了他们长期渴望得到的大量未经过滤的信息类型。

社交媒体营销就是企业利用社交媒体平台开发企业的在线品牌、产品和服务的过程。它实现了将企业的产品与服务信息中个性化的网络联系人个体分享的模式向日益增长的社交媒体用户之间大规模通信信任的范式的转变。社交媒体营销工具的使用使客户变得更加成熟，并帮助他们在搜索、评估、选择和购买商品和服务方面制定新的策略。就社交媒体本身而言，社交媒体创造了不同的信息交流工具，如 Facebook、Instagram、YouTube、博客、Twitter、微博、微信等。显然，社交媒体是数字营销最具影响力的渠道之一，它对大规模的公共网络传播产生了巨大的影响。人们可以在这里与其他不同的社交媒体用户分享旅行体验、服务反馈、撰写评论等。社交媒体通过扩大人们的能力，以最小的努力和成本接触到比以往任何时候都更广泛的受众，社交媒体是与消费者互动、促销、获得人气、增加客户、访问和回访的主要渠道。

社交媒体是旅游数字营销最重要和最具成本效益的平台之一，特别是基于信息的高传播速度和广度，社交媒体营销被认为是商业组织和企业家销售产品和服务的最具吸引力的数字平台。社交媒体营销不仅提供旅游产品与服务的促销内容，而且还使企业与旅游消费者可以更方便地进行对话，这为旅游企业提供了了解旅游者需求的机会，也改变了旅游者的行为方式和旅游企业的运营管理模式。由于社交媒体的动态特性创造的巨大乘数效应，通过朋友和联系人的网络化，社交媒体营销给旅游供应商带来更高的直接影响力。随着社交媒体营销产品与服务规模的日益扩大，社交媒体营销已成为旅游供应商和旅游目的地营销组织营销战略的重要组成部分之一。例如，一些国家的旅游目的地营销组织正利用社交媒体营销技术在有限的预算内接触全球受众。

2. 移动营销

智能手机等移动设备的使用和语义网（Web3.0）的发展，使网络的服务可通过语音识别进行交互，营销变得移动化。移动营销作为一个新型营销技术，它是企业和客户之间通过移动设备进行的双向营销沟通，即在适当的时间和地点，通过利用移动设备产生的各种信息，将企业与每个客户联系起来。移动营销关注的是将营销计划融入客户的消费环境，通过引入个性化的核心信息，将传统的营销组合转变为促进以客户为中心的个性化营销组合，从而更好地满足客户个人的异质需求。随着移动用户的日益增长和更多依赖移动设备生活方式的不断涌现，移动营销将逐渐成为最有效的营销手段之一。

移动营销技术的基础显然是移动设备的使用。在数字化营销时代，由于智能手机等数字移动设备通常配备 GPS（全球定位系统），这使营销人员提供基于数字位置的服务成为可能，这也标志着营销领域的巨大技术变革，又被称为营销的"移动革命"。在过去 10 年中，"移动"的定义已从描述移动电话环境迅速演变为更广泛地涵盖一系列便携式计算设备（如平板电脑、可穿戴设备和智能扬声器）及移动服务（如移动应用程序 App 和虚拟助理）的环境。随着基于位置、时间和环境信息的移动技术的出现，营销人员能够通过移动设备内置的 GPS、加速计、传感器和陀螺仪立即访问客户在各种情境下的信息。移动设备结合虚拟信息搜索和物理旅行轨迹，营销人员能够跟踪客户的虚拟移动搜索行为和离线地点（何处）的物理移动行为，并在消费者考虑不同选择和即将购买时（何时），在正确的时间进行产品与服务的促销，这为移动营销技术的应用提供了更多的机会。例如，通过大规模实地实验，研究人员研究了手机优惠券兑换和地理定位等营销技术的应用，以检验手机购物行为在手机广告和线下购物之间的协同作用。

在数字旅游活动中，丰富的顾客行为和环境的数据使数字营销人员能够制定更具适应性和个性化的定价和促销策略。个性化促销信息包含客户个人购买历史记录、偏好和时间安排等，营销人员可以根据客户的移动搜索、购物偏好和移动行为设计个性化文案和促销内容。但是由于移动用户通常与多台设备交互，营销人员需要找到有效的方法，在不同的设备上精确定位同一客户，以便进行个性化营销和预测。移动营销通过引入个性化的核心信息，针对消费者各种情境下的数据，设计更具个性化的移动营销方案，这扩展了传统的营销组合策略，也促进了以客户为中心的个性化推荐的发展。例如，消费者在哪些位置使用了他们的手机（在哪里），什么时间在搜索产品（何时）；如何搜索信息和完成购买（如何）；以及在使用移动设备时，他们是独自一人还是与他人在一起（与谁一起）等。凭借前所未有的个体化移动数据以及人工智能和深度学习算法的突出应用，营销人员可以更准确地预测客户行为并发现过去无法探索的行为模式。同时，这些数据也使营销人员了解客户的跨渠道消费行为，并通过全渠道定位提供无缝服务体验。

3. 搜索引擎营销

在旅游商业中，搜索引擎已经成为旅游者使用互联网了解旅游产品与服务信息的重要来源之一。现在，大量在线旅游者使用搜索引擎进行旅行前的规划，搜索引擎被比作"互联网的哈勃望远镜"，通过搜索引擎，旅游者能够访问在线旅游领域的数十亿个网页。搜索引擎已经成为许多旅游运营商和旅游企业营销的新"战场"。搜索引擎营销就是基于搜索网络关键字以及这些关键字的上下文的一种互联网营销形式，其开展营销的条件是了解搜索引擎用户的行为。搜索引擎营销的目标是响应用户行为，提高网站在搜索引擎结果页面中的可见性。目前，搜索引擎营销已成为旅游目的地和旅游组织进行在线宣传的重要战略工具。

但是，值得注意的是，现在许多旅游企业网站对潜在游客的可见性正在下降。例如，许多旅游企业在旅游相关查询的搜索结果中排名很低，这使用户很难通过搜索引擎直接访问这些旅游企业的网站。还有研究发现少数"大玩家"主导了相关著名网站的搜索结果，导致众多中小旅游企业的可见性下降。因此，对于旅游营销人员来说，了解旅游者如何搜索目的地信息以提高其在搜索引擎中的排名和可见性变得越来越重要。搜索引擎是信息检索者的第一信息入口，因此，搜索引擎有可能影响在线旅游者对目的地和旅游相关产品与服务的印象、意图和态度。

在需求方面，大多数旅游者依靠互联网寻找信息，通过各种关键字查询进行搜索。研究表明，消费者使用搜索引擎包括两个主要的认知。一是搜索方法。用户在搜索引擎界面中输入关键字这一简单的动作，包含用户对搜索引擎工作方式的理解，对搜索领域的认识，以及搜索任务本身的要求三个要素。二是用户评估。阅读搜索引擎生成的检索结果后，用户在搜索引擎界面和链接这些结果的网页之间来回浏览，以评估这一结果是否符合用户的需求目标。搜索查询的目标有三个：①导航目标，这些用户正在寻找特定的网页，例如，搜索酒店的主页；②信息目标，这些用户试图获取一条信息，例如，找出香港迪士尼世界的位置；③交易目标，这些用户专注于执行某些商业交易的操作。用户查询关注的内容通常是信息性、导航性和事务性的。在具体的实践中，大多数旅游查询都是旅游者关于旅行到某个地方的不同方面的信息需求的简短表达。因此，搜索引擎营销的一个条件是了解搜索引擎用户的行为，特别是他们用于搜索的关键字以及使用这些关键字的情景。

在供给方面，旅游企业或组织已将互联网作为吸引和留住游客的主要沟通渠道，而搜索引擎已经成为连接旅游者和旅游企业的最有价值的手段之一。美国旅游业协会（Travel Industry Association of America）的一份报告显示，大多数美国旅游者使用搜索引擎进行度假计划。此外，一些实证研究也支持了搜索引擎在吸引和留住游客方面的有效性。Chan 等人发现，通过付费搜索获取信息的客户比从其他线上或线下渠道获取信息的客户购买力更高，且产生了更高的客户价值，搜索引擎是企业识别高价值客户的有效选择机制。搜索引擎为旅游目的地或企业吸引潜在游客方面提供了大量机会。

目前的搜索引擎营销有多种形式，其主要的形式有三种：①基于有机搜索的技术，即搜索引擎优化，作为搜索引擎营销的一个重要组成部分，旨在获得更高的搜索引擎排名；②付费，这意味着向搜索引擎公司支付将网站包含在其有机列表中的费用；③搜索引擎广告或付费放置，意味着对搜索引擎的内容要网络付费，或在网络的一定区域购买可显示产品或服务的位置。

4. 电子邮件营销

移动设备为现有的数字营销渠道提供了一个新的平台，如电子邮件、区域显示（在移动应用程序中）或搜索工具等。电子邮件是一种企业与潜在客户建立直接沟通的数字营销工具。旅游运营商使用它与游客建立关系、宣传目的地、发送有关旅游产品的信息以及引导游客访问网站。当人们开始计划旅行，还未做出决定时，旅游运营商可以利用电子邮件营销提供大量信息来吸引客户，并通过提供新目的地的详细信息、旅游者可参与的各种活动等吸引和鼓励客户去旅游。

旅游运营商可以创建一个有效的电子邮件营销战略，通过在适当的时间向特定人员介绍可提供的最好的服务来吸引旅游者。该营销技术的应用需要对潜在客户和现有客户进行细分，定期发送包含各种旅游目的地详细信息、旅游提示、航班提醒、旅游提醒、度假交易、高分辨率照片以及旅行视频的实时通信邮件等，提高现有客户的忠诚度和潜在客户的转化率。

11.2　数字旅游客户关系

客户关系管理源于以客户为导向的理念，是以客户为中心的企业运营管理模式。客户关系管理通过会集内部运营管理功能和外部网络资源，从而为目标客户创造和交付价值，最终增加企业的利润。企业与客户之间的关系既是买卖关系、利益关系，也是伙伴关系。企业客户关系管理的主要目的是创造和留住为企业带来利润的客户。根据 80/20 帕雷托法则，企业80%的收入来自20%的主要客户，开发新客户的成本是留住老客户的两倍。因此，与客户建立良好的客户关系，进行有效的客户管理是企业提高客户忠诚度，并进一步提升业务绩效的有效途径。数字经济条件下，强大的客户管理能力是最重要的企业运营管理能力之一，它可以帮助企业利用相关的客户关系资源建立可持续的竞争优势。

11.2.1　客户关系管理的概念

客户关系管理是在关系营销理论的基础上发展而来的。数字关系营销是通过收集、存储和处理客户的结构化和非结构化数据，在开展各种类型的客户分析的基础上，维持与客户的日常沟通的策略。自 20 世纪 90 年代末以来，数字化客户关系管理系统因支持关系营销方案而得到广泛应用。长期以来，关于"客户关系管理"，很多学者对"客户关系管理"的定义进行了界定。

- 客户关系管理是一种使用专业软件或相关技术用以改进企业营销和客户服务运营流程的自动化管理系统。
- 客户关系管理是一项全面的战略和过程，旨在获取、保留及与特定客户合作，为公司和客户创造卓越价值。它涉及整合营销、客户服务和供应链职能，目标是提高交付客户价值的效率和有效性。
- 客户关系管理用于管理潜在客户和现有客户，并加强企业与客户联系的合作关系。
- 客户关系管理是一种帮助企业了解客户需求的信息管理系统。
- 客户关系管理是指基于客户生命周期，战略性地使用信息、流程、技术和人员来管理客户与企业的关系（营销、服务和支持）。
- 客户关系管理是一种涉及所有客户接触点的人员、流程和技术组合的业务战略，包括营销、销售和客户服务。

上述客户关系管理的不同定义都试图将关系营销范式吸收融合，其目标是利用关系营销战略获取客户、了解并满足客户的需求和期望，并与客户保持长期的关系。综合关于客户关系管理的定义表述，我们可以发现关于客户关系管理的含义主要有两种：一是通过客户关系管理改进企业的销售和客户服务运营流程；二是强调客户关系管理的信息技术应用，即利用智能技术等相关技术管理客户关系。数字经济条件下，数字客户关系管理的定义是以客户为导向的一种企业战略，是指通过智能技术获取信息、增加和留住客户，从而实现企业和客户的互利双赢的企业运营管理模式。据此，数字客户关系管理的主要特征是人、技术和流程的组合，成功的客户关系管理需要这三个组成要素的集成应用。

1. 人

人在客户关系管理战略中扮演着关键角色，这里的人主要指员工和客户。在数字客户关系管理模式中，人的因素至关重要。即使企业有最好的业务流程和最先进的技术，人与人之间的关系在任何运营管理中都具有决定性的影响。因此，员工和客户参与，并激励他们实现目标是很重要的。从客户的角度，企业为实现客户关系管理带来利益，并与客户建立长期关系，必须遵循与客户相关的三个关键步骤：①企业应该知道客户如何定义价值；②企业应满足客户需求和迎合其价值观，并提高客户的满意度；③企业应该努力持续保持客户对企业的忠诚度。员工方面，企业内部对员工或管理层对客户的全面承诺，以及公司员工内部文化的变革对于有效实施客户关系管理，并满足客户需求为客户提供最佳服务至关重要。

2. 技术

为了给企业提供更广泛的客户行为观察视角，数字客户关系管理要充分利用技术创新，挖掘从客户接触点提取的客户数据，创建客户的单一和全面视图，同时发现关键客户的信息并预测其购买行为模式。在实际运营管理中，利用追踪和分析客户行为的技术，①可以使企业轻松识别最佳客户，集中营销努力，并奖励那些可能经常购买的客户；②通过更好地了解现有客户，企业可以更快地响应客户，并更有效地与客户进行互动和沟通；③在整个旅游活动中不断提升客户体验，从而显著提高客户留存率。同时，互联网信息的爆炸式增长给建立客户关系带来了新的机遇，信息与通信技术工具和设备的倍增为企业提供了更多与客户互动的接触点，这些客户接触点被视为是实现客户价值最大化的机会。现在，信息技术实现了无处不在的客户沟通和大客户数据，改变了企业与客户联系的基本性质，保证了企业可以向客户提供更好、更个性化的服务，加深了服务关系，吸引了更多获利客户。

3. 流程

数字旅游客户关系管理需要基于信息技术应用，以客户为中心进行业务流程重组。例如，酒店数字客户关系管理信息技术的应用可以将酒店前台（如接待、营销和客户服务）和后台（如财务、运营、物流和人力资源）的管理功能与客户"接触点"联系起来，形成一种跨职能的、客户驱动、技术集成的业务流程，并将其最大化地覆盖整个企业。客户关系管理主要业务流程包括以下三个方面：①营销，应更新营销方法，将客户需求置于业务的中心；②销售，在客户关系管理框架内，客户和销售人员之间的关系应该是面对面的和长期的；③服务，在客户关系管理战略环境中，客户服务和服务质量变得至关重要。

11.2.2　客户关系管理的类型

根据客户与企业互动的不同方式，基于客户关系管理的不同组成部分，客户关系管理可以划分为三大类，即运营型、分析型和协作型客户关系管理。但是并非所有的客户关系管理都包含相同的元素，根据企业的性质及不同的结构和规模，客户关系管理的不同组成部分可以发生变化。

1. 运营型客户关系管理

运营型客户关系管理涉及企业业务流程的自动化程度。数字经济条件下，运营型客户关系管理被称为以应用信息技术为基础的面向客户的客户关系管理，包括销售自动化、企业营销自动化和客户服务自动化。这一定义表明了运营型客户关系管理的本质，即运营型客户关系管理是通过整合技术和业务流程，在主客互动环境中提升客户满意度。重要的是，这一概念的核心是帮助企业提高客户管理的效率。运营型客户关系管理的总体目标是在销售、营销和服务领域的数据收集、交易流程和工作流程控制方面支持一线员工与客户建立关系。其中，一线员工与客户的所有沟通信息都可以跟踪并存储在数据库中，并且可以在需要时检索。显然，这种方法的优点是有助于在多渠道沟通平台上进行各种沟通，以实施客户关系管理。例如，酒店业运营型客户关系管理可以使前台员工能够通过数字技术与客户进行实际互动，换句话说，它通过整合酒店网站、酒店呼叫中心、数据聚合系统和酒店博客，帮助员工访问客户信息，并洞察客户的实际需求。这种网络渠道整合对于运营型客户关系管理至关重要，因为它在预订过程中将客户查询、预订旅行和酒店客户互动结合在了一起。因此，酒店要成功发挥客户关系管理的功能，需要更清晰地了解客户需求。

2. 分析型客户关系管理

分析型客户关系管理的重点是出于企业战略管理的要求对客户数据进行智能挖掘，它强调了使用分析工具推动企业战略决策的必要性。在运营型客户关系管理的基础上，分析型客户关系管理使企业组织能够监测客户行为模式，从而制定营销策略。因此，分析型客户关系管理是借助互联网技术处理、解释、分析、利用和报告客户数据，在企业组织和客户之间创建更有利可图的交互模式的管理模式。分析型客户关系管理根据顾客特征与行为分析，支持企业组织的运营管理战略。简言之，分析型客户关系管理就是利用数据库和数据挖掘等统计分析工具进行客户数据分析，在此基础上，通过企业与客户稳定的关系，提升客户和组织的价值。在酒店业，分析型客户关系管理在洞察客户行为，实现客户关系管理计划的目标方面发挥着重要作用。在分析型客户关系管理框架内，酒店经理可以利用客人历史信息了解他们在入住和退房过程中的行为。此外，酒店经理还可以根据顾客对酒店的反馈分析客人需求，并相应地调整营销策略。从客户数据分析中获得的信息可以作为标准，帮助酒店以更准确的方式建模和预测未来的客户满意度。

3. 协作型客户关系管理

协作型客户关系管理允许企业与其客户进行交互和协作，包括语音技术、Web 页面、电子邮件、会议和面对面的交互。这种类型的客户关系管理为跨不同分销渠道以及组织中所有部门的信息共享和合作提供了机会。协作型客户关系管理的目标是最大限度地共享所有部门获取的相关信息，使业务战略与客户关系战略保持一致，提高客户服务质量。例如，就酒店环境而言，很明显，协作式客户关系管理是酒店与其客人之间通过各种沟通渠道进行的顺畅、一致的互动。而且，近年来各种技术基础设施的出现和发展使组织能够协调各项工作，从而更有效地为客户提供服务。

从上述三类客户关系管理系统的介绍和分析中可以发现，这三种类型的客户关系管理都是侧重某一个方面的问题。要实现企业与客户之间的联动机制，需要将三种类型的客户关系管理结合在一起，在客户关系管理实际项目中，三种类型的客户关系管理系统往往是相互补充的关系且没有明显的划分界限。

11.2.3　客户关系管理能力

客户关系管理能力主要蕴含在客户关系管理活动中，它反映了企业识别有价值的客户和潜在客户，并与其建立和维持长久客户关系，最终将这些关系转化为企业利润的能力。客户关系管理能力对企业运营管理的成功具有强大的影响力。因此，具有这种能力的企业可以通过开发新产品或追加销售来快速响应客户的实时需求，实现先发优势，促进客户忠诚度和客户满意度的提升。

客户关系管理能力反映在主要的客户关系管理活动中，如客户互动管理（如客户识别、客户获取和客户保留）、客户关系升级管理（如交叉销售和追加销售），以及客户关系赢回管理（与失去的盈利客户重新建立关系）。因此，我们可以将客户关系管理能力视为由三个部分组成的多维结构：客户互动管理能力、客户关系升级能力、客户赢回能力（如图 11-1 所示）。其中，客户互动管理能力是指用来识别、获取和留住盈利客户的技能。客户关系升级能力是指根据科学的客户数据分析，向现有客户追加销售（如销售更昂贵的物品）和交叉销售（销售更多的产品或服务）的技能。客户赢回能力是企业与失去或不活跃但盈利的客户重新建立关系的技能，因为从长远来看，这些客户的流失将对企业绩效产生巨大的负面影响。

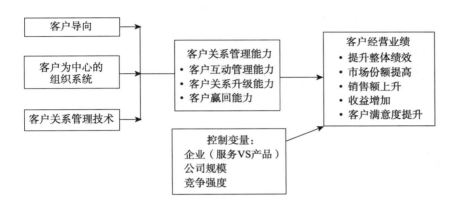

图 11-1　客户关系管理能力与能力架构

资料来源：Wang Y, Feng H. Customer relationship management capabilities: Measurement, antecedents and consequences[J]. Management Decision, 2012.

　　客户关系管理能力主要源于将客户需求视为优先事项的组织文化、促进客户关系建立的组织体系以及能够获取和分析客户信息的信息技术。因此，我们可以认为以客户为导向、以客户为中心的组织体系和客户管理技术是增强企业客户关系管理能力的三个关键因素。以客户为导向是客户关系管理项目成功实施的关键，客户导向的理念使企业能够将客户的利益放在首位，影响了企业对实施客户关系管理活动的态度，促使其更加重视建立和维护长期客户关系。因此，以客户为导向可以增强企业的客户关系管理能力，从而提高企业绩效。简言之，一家真正以客户为导向的企业更有可能拥有更高的客户关系管理能力，并建立可持续的比较优势。此外，客户关系管理活动的有效性也取决于客户关系管理如何与公司现有流程和结构相结合。企业需要将客户关系管理活动整合到企业整体运营结构中。以客户为中心的组织体系使公司能够启动客户信息共享，克服功能障碍，致力于客户关系保持和升级等以客户为中心的行动。

　　客户关系管理技术则是为了更好地管理客户关系而部署的信息技术，它包括可支持销售、营销和服务的前台应用程序；可集成和分析客户数据的数据存储和后台应用程序。因此，客户关系管理技术可以通过收集和分析有关盈利客户信息，促进企业与客户更高效和有效的互动，以及简化产品或服务定制，提高组织维持盈利客户关系的能力。所以，客户关系管理技术也是增强客户关系管理能力的重要因素。

11.2.4　数字旅游客户关系管理

　　对于激烈竞争环境中的旅游企业运营管理而言，与客户保持长期的关系至关重要。由于旅游目的地与旅游消费者之间的距离，旅游消费总是存在旅游者与旅游供应商之间切换的风险，且旅游产品特别是旅游服务产品是不透明的，这使旅游客户关系管理显得尤为重要。因此，通过使用信息和通信技术，旅游企业总是试图接近客户，以便建立长期的关系。数字旅游客户关系管理是一种基于信息技术的多渠道客户交互解决方案，通过收集和整合客户信息，了解客户行为，向旅游者提供个性化服务，从而提升旅游者忠诚度和满意度，并与其建立长期主客关系。

数字旅游客户关系管理的主要特征是注重在一对一的基础上与个人客户建立长期和独特的关系，同时，客户关系管理使企业能够为每位客户定制产品，以满足客户的个性化需求。例如，在市场竞争日益激烈的大环境中，酒店业更需要为不同的客户群提供一系列差异化高质量的产品和服务，以留住现有客户，同时努力占据新的细分市场。酒店客户关系管理就是通过不同渠道和客户周期，重点寻找、收集、整合和存储大量的客人信息，以识别和留住最赚钱的客户，提高利润较低的客户的盈利能力，并提高服务质量。显然，酒店成功实施客户关系管理战略不仅可以提高客户终身价值，而且对业务绩效和客户忠诚度及客户满意度也有显著的积极影响。目前，旅游业中关于客户关系管理的研究也大多集中在客户关系管理对客户满意度和忠诚度的作用和影响上。

数字旅游客户关系的重点是客户关系管理与信息技术的关系。随着互联网和大数据技术等信息技术的发展，不同的技术被用于提取客户信息，从而为客户提供更好的服务。大数据分析具有跟踪购买历史以及实施产品或服务的在线对话的能力。通过大数据分析旅游运营商可以更全面地理解客户的期望，并能更好地了解潜在客户。因此，具有大数据分析功能的客户关系管理系统可以开发全面的客户知识用于决策。而且随着信息技术的进步，移动和网络技术允许企业对客户、企业对企业和客户对客户的在线和移动设备（如 Twitter、Facebook）通信。这种交流为公司提供了有关个人客户的有用信息，并大大增强了口碑的力量。

现在，通过使用移动设备和社交网络平台，企业与客户沟通和从客户沟通（客户对公司和客户对客户）中学习的能力得到了显著增强，移动和网络技术加强了企业和客户之间的沟通。移动和网络平台也加强了客户与公司之间的沟通，在这些平台上，了解客户已成为关系管理的核心问题。例如，互联网上的客户互动和交易不仅为企业提供了丰富的客户购买数据，还提供了客户点击流和在线行为数据。这种互动进一步意味着客户信息不仅对服务或产品设计有用，而且，在客户关系管理过程中，服务质量得到不断的完善。服务的设计正日益从静态和聚合（如联合分析）转向演化、迭代和个性化。简言之，技术的进步意味着服务质量的提高、客户关系的加深、服务部门的扩大以及服务在整个经济中重要性的提高。

11.3　数字旅游收益管理

数字技术的发展几乎影响了所有行业的商业环境。信息技术也改变了旅游业与酒店业的格局，打破了传统的运营管理模式，产生了更复杂的基于大数据的运营管理模式。其中，信息技术的应用及其影响对于收益管理的有效应用显得越来越重要。

11.3.1　收益管理的概念

收益管理的概念始于 20 世纪 70 年代的航空业，其核心原则是最大限度地提高每个可用航空旅行座位的收益率（容量利用率）。收益管理是一种基于信息分析的管理理念，主要通过有效的价格和库存管理，使客户关系的利益和价值达到最大化。20 世纪 80 年代中期收益管理开始被应用于服务业，收益率一般被定义为每日可用库存的收入。目前，收益管理的概念广泛应用于酒店和住宿业，最早关于酒店收益管理的学术论文由 Orkin、Kimes 和 Relihan 撰写。Kimes 将酒店业收益管理定义为"以适当的价格将适当类型的容量分配给适当类型的客户，以实现收入或收益最大化的过程"。目前，这一定义仍然是引用最广泛的定义。

基于数字化的收益管理系统最早是由美国航空公司开发的半自动业务研究系统。最初，这些系统只分析少量数据，如历史和未来的每个细分市场的预订模式和预订水平等。Wang 等人将收入管理系统定义为两个嵌入式战略信息系统，一个是反应式回路，包括战术性的高度详细的数据系统和制定战略的聚合信息系统。随着人工智能的兴起和计算机软硬件的快速发展，收益管理系统在决策应用中变得更加准确、可靠和具有启发性。依托于超级计算机、云服务等先进技术，收益管理从基于规则的收益管理逐步向基于科学的收益管理过渡。在这一过程中，信息技术和数据分析被称为收益管理系统变革的两大驱动力。

从企业运营管理的层面，收益管理已成为企业组织实现利润最大化和提升客户满意度的工具。它也被定义为一种战略和动态技术，通过预测消费者行为、分析来自不同市场变量的信息，优化产品可用性和价格，以最大限度地提高利润，从而为制定定价策略和分销做出重要决策。收益管理的主要目标是在正确的时间，以正确的价格，通过正确的渠道，将正确的产品或服务出售给正确的客户。

此外，收益管理也是一种管理实践。与大多数管理实践一样，收益管理的应用在酒店和旅游业中变得更加复杂和广泛。例如，在收益管理决策中，使用特定软件的酒店比不使用特定软件的酒店更具战略优势。现代信息技术的应用有助于加强酒店财务管理，提高酒店的财务绩效，除了酒店，收益管理也被广泛应用在餐厅、水疗中心、会议中心等功能空间，甚至高尔夫球场和主题公园等其他旅游业的相关领域。

11.3.2　收益管理与数字技术

经过多年的发展，收益管理从仅仅是一种管理实践发展为企业组织的一种战略选择。根据收益管理的定义，在酒店服务业，传统的以库存为中心的收益管理目标是优化库存，即在正确的时间以正确的价格出售正确数量的房间；而现在以客户为中心的收益管理则通过分析客户数据来寻找最有价值的客户，持续且经济高效地满足客户需求。在过去 10 年中，数字技术工具（如社交媒体和基于移动设备的渠道）的快速发展深刻影响了收益管理的实施方式。现在，社交媒体为企业提供了一个很好的渠道与客户沟通，并收集他们的数据，一方面可以用于短期和长期定价；另一方面创建了一种新的销售渠道。两者都支持了收益管理中以战略为导向的理性决策。

在酒店行业内，大数据在收益管理中发挥着独特的作用。大数据有助于改善收益管理的实施流程；大数据分析为收益管理实践范式的转变提供了前所未有的机会。随着自动收益管理软件的广泛应用，收益管理可以利用大数据进行预测和定价，尤其是短期和长期预测对于成功的商业运营和竞争优势至关重要。现代旅游者在入住前、入住期间和入住后会留下越来越多的数据痕迹，数字技术进一步帮助旅游企业创建包括客人个人偏好、地理位置和消费习惯在内的个人资料。通过实时有效地使用这些数据，酒店行业可以在提升客人满意度的同时实现收入最大化。

从经济学的角度看，大数据将支持酒店业从目前实行的效率较低的三级价格歧视模式向一级完美模式转变，其中绝大多数消费者信息可由酒店提取。基于大数据的系统将能够即时动态地访问每个客户的信息，包括与预订直接或间接相关的在线活动（搜索模式、预订和购买后评估）、过去客人为酒店房间和其他产品支付的价格、客户个人信息及消费心理情况、旅行时间与交通方式、客户对过去各种营销活动的反应，以及出发地和目的地的天气等。当实时大数据信息与其他潜在客户预订请求信息相结合时，旅游企业就可以实现单独定制产品和价格组合。而收益管理由于能够更好地评估每位客人的需求、愿望和支付意愿，所以可以帮助企业实现真正最有效的运营管理目标。

11.3.3　收益管理与客户关系管理

以客户为中心的收益管理是企业收益管理的一种新范式。在实践中，基于客户关系价值的收益管理，可以克服基于交易的收益管理的局限性。

Wang 和 Brennan 开发的客户管理和收益管理集成框架通过对客户关系和收入价值的综合分析，第一个将客户管理和收益管理有机地结合起来。该框架有助于管理者做出以长期利润为目标的战略收益管理决策。收益管理方面的专业人员也广泛认识到在收益管理决策过程中识别客户价值的重要性。

根据以客户为中心的理论，收益管理依赖于以客户细分为基础的客户价值的维护。客户细分有助于了解客户需求，有助于更好地利用客户信息改善与客户的关系。有明确的目标客户的旅游企业可以更好地了解客户的需求和期望，从而提高客户满意度和忠诚度。例如在酒店业，酒店可以通过吸引新客户和留住现有客户来增加需求。客户细分更明确的酒店可以更好地了解客户的支付意愿，并通过了解客户的入住行为和期望来区分其产品和服务，从而帮助酒店通过调整房价和定制服务价格实现更高的利润。这些都反映了提高酒店收入的收益管理与客户关系管理相结合的重要性。

11.3.4　收益管理与市场预测

预测是收益管理的关键工具。如果没有准确的预测，收益管理系统信息的可用性会非常不准确。例如，由于通信技术的进步，越来越多的酒店客户通过在线预订系统预订房间。消费者可以通过比较其他酒店的价格和条件预订房间。在线预订系统中，酒店需要考虑竞争对手酒店的房间费用，将房间费用设定在最佳水平，以最大限度地提高其预期收入。在这种情况下，在线预订系统的酒店收益管理变得越来越重要，而这有赖于酒店的市场预测。如今，酒店业及其合作伙伴（如航空公司和旅行社）都在网络上推广它们的服务，全球分销系统和在线旅行代理（OTA）等专门网站提供了大量可收集的公开信息，从而生成可用于商业智能目的的大量数据，包括提供类似产品的报价比较。

理论上，预测被认为是收益管理问题研究的五个重要领域之一（其他领域是定价、拍卖、容量控制和超售）。近年来，酒店业竞争加剧和收益管理实践对需求预测提出了更高的要求，因为收益管理的目标是增加收入，这需要通过需求管理决策来实现，即通过估计需求及其特征，同时实施价格和产能控制来"管理"需求，以实现企业利润最大化和运营优化的目的。现在，人们对酒店收益管理的预测方法越来越感兴趣，因为人们已经认识到，按市场细分，及时准确的酒店每日入住率预测有助于通过定价和库存分配等需求管理决策实现收入最大化。

酒店业收益管理的需求预测可以预测未来的客户需求和客房入住率。在之前的研究中，Pereira 在特定的时间范围内（例如活动的前中后、工作日和周末），利用计量经济方法和信息技术，预测酒店客房的每个群体的需求，预测的方法包括回归、非因果时间序列模型、计量经济学方法和基于人工智能的方法等。酒店业需求预测需要考虑各种影响因素，包括季节性因素、位置、酒店属性（例如连锁酒店与独立酒店）、竞争对手的做法、活动因素、汇率等。

随着信息技术的快速发展，以及网络预订或社交媒体页面上客户在线评论的日益流行，在线客户评级和文本评论形式的电子口碑愈加受到关注。科学利用电子口碑可以有效促进收益管理的成功实施。在收益管理中，在线评论数据对于理解和感知客户需求具有一定商业价值。例如，酒店内部数据和在线评论数据的文本挖掘可以帮助酒店更好地了解客户的入住体验，从而提升相应的产品和服务。这使酒店能够更好地满足客户的期望和需求，并增加客户需求服务。具有积极在线口碑的酒店享有更好的声誉，更受客户青睐，可以提高客户的支付意愿。而且，在线评论数据的收集和分析为了解客户的预订行为提供了来源，有助于提高需求预测的准确性。这对建立在需求预测基础上的收益管理具有重要意义。

关键词汇

数字营销　数字营销技术　社交媒体营销　移动营销
搜索引擎营销　电子邮件营销　数字客户关系管理
运营型客户关系管理　分析型客户关系管理
协作性客户关系管理　数字旅游客户关系管理
数字旅游收益管理

思考题

1. 什么是数字营销？数字营销与传统营销的区别是什么？
2. 旅游与酒店业数字营销经常使用的营销技术有哪些？如何应用？
3. 数字客户关系管理的特征是什么？你如何理解？
4. 客户关系管理有哪些类型？指出各类型的分类标准或依据。
5. 你如何理解客户关系管理能力？举例说明。
6. 分别阐述数字技术和客户关系管理对收益管理的影响。

参考文献

[1] Kaur G. The importance of digital marketing in the tourism industry[J]. International Journal of Research-Granthaalayah, 2017, 5(6): 72-77.
[2] Urban G. Digital marketing strategy: Text and cases[M]. Prentice-Hall, Inc., 2003.

[3]　Chaffey, D., Chandwick, F. Digital marketing strategy, implementation and practice. Fifth edition[M]. London: Pearson education, 2012.

[4]　Sawicki A. Digital marketing[J]. World Scientific News, 2016 (48): 82-88.

[5]　Kannan P K. Digital marketing: A framework, review and research agenda[J]. International Journal of Research in Marketing, 2017, 34(1): 22-45.

[6]　Parlov N, Perkov D, Sičaja Ž. New trends in tourism destination branding by means of digital marketing[J]. Acta Economica Et Turistica, 2016, 2(2): 139-146.

[7]　Batinić I. The role and importance of internet marketing in modern hotel industry[J]. Journal of Process Management, New Technologies, 2015, 3(3): 34-38.

[8]　Lodhi S, Shoaib M. Impact of E-marketing on consumer behaviour: A case of Karachi, Pakistan[J]. IOSR Journal of Business and Management (IOSR-JBM), 2017, 19(1): 90-101.

[9]　Dastane O. Impact of Digital Marketing on Online Purchase Intention: Mediation Effect of Customer Relationship Management[J]. Journal of Asian Business Strategy, 2020(10): 142-158.

[10]　Wai K, Dastane O, Johari Z, et al. Perceived risk factors affecting consumers' online shopping behaviour[J]. The Journal of Asian Finance, Economics and Business, 2019, 6(4): 246-260.

[11]　Kim A J, Ko E. Do social media marketing activities enhance customer equity? An empirical study of luxury fashion brand[J]. Journal of Business Research, 2012, 65(10): 1480-1486.

[12]　López García J J, Lizcano D, Ramos C M Q, et al. Digital marketing actions that achieve a better attraction and loyalty of users: An analytical study[J]. Future Internet, 2019, 11(6): 130.

[13]　Satapathy, Suresh Chandra, et al. Information Systems Design and Intelligent Applications[C]//Proceedings of Third International Conference INDIA 2016, Volume 2. Springer India, 2016.

[14]　Lies J. Marketing Intelligence and Big Data: Digital Marketing Techniques on their Way to Becoming Social Engineering Techniques in Marketing[J]. International Journal of Interactive Multimedia & Artificial Intelligence, 2019, 5(5).

[15]　Klahold A. Empfehlungs systeme: Recommender Systems-Grundlagen, Konzepte und Lösungen[M]. Springer-Verlag, 2009.

[16]　Gupta G. Inclusive use of digital marketing in tourism industry[M]//information systems design and intelligent applications. Springer, Singapore, 2019: 411-419.

[17]　Hafele N. Social media marketing: Interaction, trends & analytics[J]. ICT 511 Fall, 2011, 51(3): 1-6.

[18]　S. Hays, S. J. Page, D. Buhalis, Social media as a destination marketing tool: Its use by national tourism organisations[J]. Curr. Issues Tourism, 2013(16): 211-239.

[19]　Öztaş Y B B. The increasing importance of mobile marketing in the light of the improvement of mobile phones, confronted problems encountered in practice, solution offers and expectations[J]. Procedia-Social and Behavioral Sciences, 2015(195): 1066-1073.

[20] Danaher P J, Smith M S, Ranasinghe K, et al. Where, when, and how long: Factors that influence the redemption of mobile phone coupons[J]. Journal of Marketing Research, 2015, 52(5): 710-725.

[21] Fong N M, Fang Z, Luo X. Geo-conquesting: Competitive locational targeting of mobile promotions[J]. Journal of Marketing Research, 2015, 52(5): 726-735.

[22] Tong S, Luo X, Xu B. Personalized mobile marketing strategies[J]. Journal of the Academy of Marketing Science, 2020, 48(1): 64-78.

[23] Xiang Z, Gretzel U, Fesenmaier D R. Semantic representatin of the online tourism domain[J]. Journal of Travel Research, 2009, 47(4): 440-453.

[24] Pan B, Xiang Z, Law R, et al. The dynamics of search engine marketing for tourist destinations[J]. Journal of Travel Research, 2011, 50(4): 365-377.

[25] Levene, M. An introduction to search engines and Web navigation[M]. Harlow, England ; New York: Addison-Wesley, 2006.

[26] Chan T Y, Wu C, Xie Y. Measuring the lifetime value of customers acquired from google search advertising[J]. Marketing Science, 2011, 30(5): 837-850.

[27] Berry L L. Relationship marketing of services—growing interest, emerging perspectives[J]. Journal of the Academy of marketing science, 1995, 23(4): 236-245.

[28] Peppers D, Rogers M. The one to one future: Building relationships one customer at a time[M]. New York: Currency Doubleday, 1993.

[29] Bhatia, A. Customer Relationship Management, 1st ed[M]. Don Hull, USA. 1999.

[30] Parvatiyar A, Sheth J N. Customer relationship management: Emerging practice, process, and discipline[J]. Journal of Economic & Social Research, 2001, 3(2).

[31] Greenberg P. CRM at the speed of light: Capturing and keeping customers in Internet real time[M]. Berkeley, CA: Osborne/McGraw-Hill, 2001.

[32] Kincaid J W. Customer relationship management: getting it right![M]. Prentice Hall Professional, 2003.

[33] Wang, Youcheng, Daniel R. Fesenmaier. Towards understanding members' general participation in and active contribution to an online travel community[J]. Tourism management, 2004, 25(6): 709-722.

[34] Peppard J. Customer relationship management (CRM) in financial services[J]. European Management Journal, 2000, 18(3): 312-327.

[35] Almotairi M. A framework for successful CRM implementation[C]//European and Mediterranean conference on information systems. 2009: 1-14.

[36] Sigala M. Implementing social customer relationship management: A process framework and implications in tourism and hospitality[J]. International Journal of Contemporary Hospitality Management, 2018.

[37] Rust, Roland T., Ming-Hui Huang. The service revolution and the transformation of marketing science[J]. Marketing Science, 2014, 33(2): 206-221.

[38] Fickel L. Know Your Customer: Intimacy, relationships, one-to-one-it's a giant lovefest out there[J]. CIO-FRAMINGHAM MA, 1999(12): 62-75.

[39] Goldenberg B. What is CRM? What is an e-customer? Why you need them now[C]//Proceedings of DCI Customer Relationship Management Conference,

Boston, MA. 2000: 27-29.

[40] Vila T D, Gonz á lez E A. CRM as a key element in online commercialization: Analysis of tourism search and metasearch engines[M]//Advances in Tourism, Technology and Smart Systems. Springer, Singapore, 2020: 173-188.

[41] Rababah K, Mohd H, Ibrahim H. Customer relationship management (CRM) processes from theory to practice: The pre-implementation plan of CRM system[J]. International Journal of e-Education, e-Business, e-Management and e-Learning, 2011, 1(1): 22-27.

[42] Chen, I. J., Popovich, K. Understanding customer relationship management (CRM): Peolple, process and technology[J]. Business Process Management Journal, 2003, 9(5): 672-688.

[43] Rahimi R, Nadda V K, Wang H. CRM in tourism: Customer relationship management (CRM)[M]//Digital Marketing and Consumer Engagement: Concepts, Methodologies, Tools, and Applications. IGI Global, 2018: 928-955.

[44] Ranjan, J., Bhatnagar, V. Role of knowledge management and analytical CRM in business: Data mining based framework. The Learning Organization, 2011, 18(2): 131-148.

[45] Payne A F, Storbacka K, Frow P. Managing the co-creation of value[J]. Journal of the Academy of Marketing Science, 2008, 36(1): 83-96.

[46] Wang Y, Feng H. Customer relationship management capabilities: Measurement, antecedents and consequences[J]. Management Decision, 2012.

[47] Boulding, William, et al. A customer relationship management roadmap: What is known, potential pitfalls, and where to go[J]. Journal of marketing, 2005, 69(4): 155-166.

[48] Conze, Oliver, et al. Relationship intention as a mediator between relational benefits and customer loyalty in the tour operator industry[J]. Journal of Travel & Tourism Marketing, 2010, 27(1): 51-62.

[49] Kasim A, Minai B. Linking CRM strategy, customer performance measures and performance in the hotel industry[J]. International Journal of Economics and Management, 2009, 3(2): 297-316.

[50] Wu S I, Lu C L. The relationship between CRM, RM, and business performance: A study of the hotel industry in Taiwan[J]. International Journal of Hospitality Management, 2012, 31(1): 276-285.

[51] Rahimi R, Kozak M. Impact of customer relationship management on customer satisfaction: The case of a budget hotel chain[J]. Journal of Travel & Tourism Marketing, 2017, 34(1): 40-51.

[52] Askool S, Nakata K. A conceptual model for acceptance of social CRM systems based on a scoping study[J]. AI & society, 2011, 26(3): 205-220.

[53] Sigala M. New technologies in tourism: From multi-disciplinary to anti-disciplinary advances and trajectories[J]. Tourism management perspectives, 2018(25): 151-155.

[54] Benckendorff P J, Xiang Z, Sheldon P J. Tourism information technology[M].

Cabi, 2019.

[55] Cross R G, Higbie J A, Cross D Q. Revenue management's renaissance: A rebirth of the art and science of profitable revenue generation[J]. Cornell Hospitality Quarterly, 2009, 50(1): 56-81.

[56] Donaghy K, McMahon U, McDowell D. Yield management: an overview[J]. International Journal of Hospitality Management, 1995, 14(2): 139-150.

[57] Cross R G, Higbie J A, Cross Z N. Milestones in the application of analytical pricing and revenue management[J]. Journal of Revenue and Pricing Management, 2011, 10(1): 8-18.

[58] Orkin E B. Boosting your bottom line with yield management[J]. Cornell Hotel and Restaurant Administration Quarterly, 1988, 28(4): 52-56.

[59] Kimes, S. E. The basics of yield management[J]. The Cornell Hotel and Restaurant Administration Quarterly, 1989, 30(3): 14-19.

[60] Relihan III W J. The yield-management approach to hotel-room pricing[J]. Cornell Hotel and Restaurant Administration Quarterly, 1989, 30(1): 40-45.

[61] Wang X L, Yoonjoung Heo C, Schwartz Z, et al. Revenue management: progress, challenges, and research prospects[J]. Journal of Travel & Tourism Marketing, 2015, 32(7): 797-811.

[62] Ramos C M Q, Correia M B, Rodrigues J M F, et al. Big data warehouse framework for smart revenue management[J]. Advances in Environmental Science and Energy Planning, 2015: 13-22.

[63] Rodríguez-Algeciras A, Talon-Ballestero P. An empirical analysis of the effectiveness of hotel Revenue Management in five-star hotels in Barcelona, Spain[J]. Journal of Hospitality and Tourism Management, 2017(32): 24-34.

[64] Kimes S E. Yield management: a tool for capacity-considered service firms[J]. Journal of Operations Management, 1989, 8(4): 348-363.

[65] Noone B M, Hultberg T. Profiting through teamwork: The role of the revenue management and sales functions in group revenue management[J]. Cornell Hospitality Quarterly, 2011, 52(4): 407-420.

[66] Pan B, Yang Y. Forecasting destination weekly hotel occupancy with big data[J]. Journal of Travel Research, 2017, 56(7): 957-970.

[67] Wang X L, Brennan R. A framework for key account management and revenue management integration[J]. Industrial Marketing Management, 2014, 43(7): 1172-1181.

[68] Ladhari R, Michaud M. eWOM effects on hotel booking intentions, attitudes, trust, and website perceptions[J]. International Journal of Hospitality Management, 2015(46): 36-45.

[69] Talluri K T, Van Ryzin G, Van Ryzin G. The theory and practice of revenue management[M]. Boston: Kluwer Academic Publishers, 2004.

[70] Chiang W C, Chen J C H, Xu X. An overview of research on revenue management: current issues and future research[J]. International Journal of Revenue Management, 2007, 1(1): 97-128.

[71] Pereira L N. An introduction to helpful forecasting methods for hotel revenue management[J]. International Journal of Hospitality Management, 2016(58): 13-23.

[72] Corgel J, Lane J, Walls A. How currency exchange rates affect the demand for US hotel rooms[J]. International Journal of Hospitality Management, 2013(35): 78-88.

[73] Cantallops A S, Salvi F. New consumer behavior: A review of research on eWOM and hotels[J]. International Journal of Hospitality Management, 2014(36): 41-51.

[74] Koupriouchina L, van der Rest J P, Schwartz Z. On revenue management and the use of occupancy forecasting error measures[J]. International Journal of Hospitality Management, 2014(41): 104-114.

第 12 章　智能旅游服务

Chapter 12　Smart tuorism service

学习目标

- 理解信息技术和服务革命的关系
- 掌握智能服务的定义和特征，了解智能服务的价值
- 掌握智能服务体验的概念，熟悉智能服务体验的四个维度
- 理解价值共创的概念，了解价值共创的两个主要观点
- 理解服务技术的应用对价值共创的影响

旅游产业数字化转型通过现代通信技术释放的新价值，改变了以往的旅游服务模式。随着移动通信、社交媒体和智能嵌入式设备等数字技术的进步，旅游活动的主客关系、旅游服务的内部流程和价值主张正在逐渐改变。旅游产业数字化转型显然不仅是智能技术的一次性应用，而且是整个产业供应链在人工智能、物联网和大数据等技术中获取和嵌入数字化能力的一种战略选择。它先是改变了客户的价值主张，同时因为旅游管理数字化主要涉及提供服务，因此也改变了企业服务方式和获取价值的方式。事实上，当旅游企业运营管理流程数字化时，扩展服务的机会就会显著增加；技术进步深刻地改变了旅游企业提供服务的性质，并影响了服务的创新和服务管理的模式。

12.1　信息技术与服务革命

旅游业是一个以易于数字化和以信息丰富的价值主张为特征的行业，其新技术发挥作用持续的时间长，且意义重大。信息技术和服务的变革是

同一枚硬币的两面，两者都是由技术变革驱动的。例如，在旅游管理中，服务的交易已经从传统的直接和基于接触的方式转变为远程自助和技术支持的服务方式。在服务系统中，数字化能力已是服务交易的关键促成因素，技术已经成为价值创造、服务创新和系统重组的关键资源。在服务科学的研究中，数字化和服务变革之间的互动是非常紧密的。数字技术的使用促进了各种类型的服务智能化和服务创新。因此，数字化与服务创新的整合对服务业具有重要意义。

今天，旅游消费者生活在一个数字化的世界中，互联网、大数据技术、电子商务和移动商务等数字服务以及其他各种技术工具的使用，使数字技术融入人们的日常生活，极大地提高了服务质量和旅游体验。旅游业的数字化转型表明，越来越多的旅游供应商通过提供智能旅游服务以保持竞争力。目前，人工智能和机器人的集成应用无处不在，并出现在各种旅游活动场景中，包括住宿、航空和餐饮行业。数字化极大地改变了旅游业，将其转变为一个"智能"部门，一个完全沉浸在工业 4.0①范式中的创新和技术先进部门。因此，当我们走向旅游 4.0②时，我们会问：旅游的背后是什么？

智能技术广泛应用的价值体现在传感器、大数据、新型连接和信息交换的技术（例如物联网、无线通信或射频识别技术以及近场通信）可以带来的技术、经济和社会的进步。在旅游产业的发展领域，智能技术的应用对旅游者出行前、出行中和出行后行为的影响越来越大，它将传统旅游者转变为智能旅游者。这首先是因为移动世界和智能手机的出现，同时还得益于旅游企业内部运营管理流程的数字化，特别是在分销和技术生态系统层面，旅游企业能够通过网站和应用程序，为不同的游客准备实时优惠和旅游服务。例如，在数字技术的辅助下，客人只需使用智能手机就可以获得数字钥匙进入自己的房间，直至结账离开酒店，他们可以在不与任何人接触或互动的情况下完成所有这一切。

显然，数字智能技术的出现和兴起推动了服务业的发展，甚至是服务业的革命。首先，基于信息技术的服务方式和范围都得以扩展。智能服务不仅仅是一个想法或更先进技术的简单使用，因为智能服务不仅涉及更多的数据，还涉及更快的数据收集、集成和分析，以及更快更好地向客户提供个性化服务，从而增强其服务体验。信息技术的进步，主要是大数据、云计算、移动和网络技术——从根本上改变了服务的性质，促使服务提供商提供更好、更个性化的服务，加深了客户关系，提高客户盈利能力，如图 12-1 所示，通过信息技术的加强迭代、多途径的客户沟通，企业有越来

---

① 工业 4.0 是德国政府在 2013 年提出的概念，之所以称为工业 4.0 主要是相对前三次工业革命而言。其核心是智能制造，共有智能工厂、智能生产和智能物流三大主题。

② 旅游 4.0 是指我国旅游业从 2015 年开始进入的新的发展阶段。旅游的发展动力从开放驱动、资源驱动、资本（要素）驱动转变到（科技）创新驱动，其特征表现为平台化、国际化、网络化、智能化。

越多的机会向客户提供个性化服务，而且整体的服务环境也愈加重视客户服务的异质性。

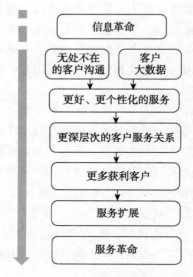

图 12-1　信息技术和服务扩展

资料来源：Rust R T, Huang M H. The service revolution and the transformation of marketingscience[J]. Marketing Science, 2014, 33(2): 206-221.

　　此外，服务开始成为一个动态并持续优化的过程。随着时间的推移，个性化的客户信息也变得越来越可用，结合数字旅游活动场景，旅游服务过程变成了一个动态过程，在此过程中企业不断地调整和优化其服务，如图 12-2 所示。对于旨在以盈利为目的，提高客户体验价值的旅游服务供应商来说，重点不应局限于利用数字技术来确保更有效的服务设计和实施，而是利用数字技术从根本上提升客户满意度。旅游企业还应利用此类技术来推动综合战略实施，认识与客户接触的重要性，与他们积极互动，获取客户想法，并为改善他们的整体体验提出建议。同时，旅游服务供应商可以利用数字技术推动客户参与，以实现提高客户体验价值、客户保留率和

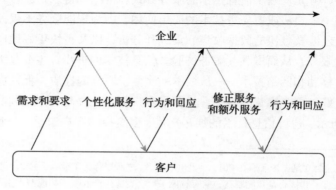

图 12-2　动态服务场景

资料来源：Rust R T,Huang M H.The service revolution and the transformation of marketingscience[J]. Marketing Science, 2014, 33(2): 206-221.

改进组织绩效的目标。实现这些目标需要旅游服务供应商与客户互动，运用客户生成的信息对旅游服务的设计和交付进行微调，使旅游服务在客户心中留下深刻的印象。当客户对旅游服务具有较高的体验价值时，他们不仅会被激励重新购买或认可来自同一供应商的服务，而且还会在之后分享他们的服务体验，为旅游服务提供商打造积极的口碑。

12.2　智能服务的特征

近年来，服务行业高度关注智能服务的发展与推进。例如，随着基于智能手机的移动值机和无钥匙进入酒店房间的引入，在酒店业出现了可以替代住宿服务、行李服务或客户服务助理的机器人。目前许多餐馆也正在使用专门的应用程序或设备用于通知顾客等待时间和进行顾客管理。这些实例有一个共同点，即使用智能技术与服务设备，结合周围环境进行实时数据收集，以提供智能服务。在这个新的数字环境中，旅游者和服务供应商（如旅游景区、酒店、航空公司等）之间的互动性质发生了重大变化。技术的注入显著提升了服务体验，并最终促进旅游服务提供商与客户之间关系的发展。

鉴于智能服务的潜力，许多学者指出需要探索和定义智能服务的概念及其影响客户体验的方式。随后，除了"远程服务""e-"和"远程"等其他术语外，"智能"一词成为又一个流行词。为了能够充分理解智能服务的特征，我们必须强调传统服务、电子服务和智能服务之间的主要区别，如表 12-1 所示。

表 12-1　传统服务、电子服务和智能服务之间的主要区别

属性	传统服务	电子服务	智能服务
空间	物理空间	数字空间	物理—数字空间
核心技术	无	网站	设备和传感器、智能手机、应用程序与物联网
互动的本质	客户与服务供应商之间；客户与客户；客户与客户服务	客户与电子服务供应商之间；客户与客户；客户与客户服务	客户与服务供应商，客户与客户；客户、客户服务与服务机器/设备/传感器到机器/设备/传感器（接触点到接触点）
服务提供	开/关（取决于可接触性）	全天候服务	服务特定情境的响应及智能服务
体验内核	面对面的	在线的	交互性的本质带来了新的个性化和无缝的客户体验

资料来源：Kabadayi S, Ali F, Choi H, et al. Smart service experience in hospitality and tourism services: A conceptualization and future research agenda[J]. Journal of Service Management, 2019.

注释：物理—数字空间指的是物理和数字媒体合并在一起以提供服务的空间。

　　智能服务与传统服务类似,都是一方与另一方进行的经济活动,但同时智能服务也具有额外的、差异化的特征。结合上述传统服务、电子服务和智能服务之间的主要区别,我们可以提出智能服务的定义,即智能服务是通过集成技术和智能使用数据实现的个性化和主动的服务。这些数据可以根据不断变化的客户反馈和环境,在特定时间或地点预测和满足客户需求。智能服务的主要特征包括以下几点。

1. 智能化

　　它是指服务中集成技术和数据的智能使用。智能化服务的第一个要求是它是数据驱动的,并与技术系统相结合。这需要强大的硬件和软件系统,将服务连接到互联网或其他电子渠道,以促进服务供应商和客户以及服务本身之间的交互。此外,为了获取特定情况下的客户数据,智能服务还依赖于通过内置控制或反馈设备进行数据交换。智能服务的一些组件包括基于智能组件的中间件或“智能软件”、使用多代理技术、基于位置的服务和透明移动数据进行的通信互动。

2. 预测性

　　预测客户需求是智能服务的主要功能。通过使用收集的数据预测需求,向客户提供满意的服务,并在问题出现之前满足客户预期需求。例如,如果酒店知道顾客喜欢什么饮料,酒店房间的冰箱里就会储存这些饮料。由于冰箱与酒店运营部门相连,能在需要重新补货时发出信号,因此酒店客人房间内永远有客户喜欢的饮料。此外,酒店设置的红外传感器检测到客人在房间内而不适宜提供客房服务时,会及时阻止清洁服务人员进入房间。类似地,餐馆根据客户过去的用餐情况,掌握了客户的用餐喜好,会在客户即将到访时准备好客户喜欢的食物。因为智能服务是积极主动的,它们可以防止令人不快的意外,从而为客户提供较高的服务价值和满意度。而且智能服务还可以根据其他类似客户数据预测未来的需求,向客户提供连他自身都没有意识到可能会喜欢的服务或者新产品。

3. 适应性

　　智能服务能够根据不断变化的客户和情景进行服务调整。例如,客人运动后饮用的饮料可以根据其通过智能手表、跟踪器采集的体温和生命体征进行服务调整。智能服务保证了服务提供商能够实时调整服务选项以适应不断变化的环境,还可以提升服务提供商和客户进一步共同创造价值的机会。例如,酒店房间中的传感器测量客人的体温,预测所需的房间温度并进行相应调整。但是,如果客人觉得房间太冷或太热,他可能会要求更合适的温度。“适应性”会表示出在下一次,除了测量同一位客人的体温外,该功能背后的智能技术还将检索客户前一天的反馈,并将温度调整到客户想要的水平。因此,智能服务的适应性包括一系列活动,如技术和流程,旨在通过提供和实现共同创造机会来改善客户服务。

　　综合上述分析我们可以发现,实现智能服务需要不同技术或设备的互连、同步以及协同和智能使用,而不是单个和单独的设备和数据。旅游服务提供商必须认识到这些技术设备在客户寻求实现其所需体验价值的方式中所起的重要作用,因此旅游服务提供商应该抓住并利用数字技术的机会与客户互动,以提高客户的体验价值。

12.3　智能服务的价值

　　顾客价值是他们在判断、选择、获得、使用和处置产品或服务时对收益和成本进行评估的结果。智能服务可感知的价值是影响客户对智能服务态度最重要的因素之一,也是服务体验的重要组成部分。智能服务和智能服务体验可以为客户和服务供应商创造不同类型的价值。

12.3.1　为客户创造价值

　　智能服务对客户的价值首先是便利价值。便利价值这里主要是指时间、购买决策和享受服务的便利性。对许多旅游者来说,旅游出行主要的烦恼就是排队等候特定的服务,比如机场的登机手续、护照检查、酒店登记等。智能服务可以通过使用面部识别、虹膜扫描或指纹等技术来节省顾客时间,从而减少甚至消除等待时间。例如,酒店的机器人管家在客人到达酒店餐厅之前就根据他过去的喜好为其点早餐,就可以节省客人等待早餐的时间。便利价值也意味着客户购买决策的便利性。智能技术根据客户偏好,可以为客户提供更有倾向的消费选项,加快旅游者购买决策的过程。例如,酒店房间中的智能设备根据用户的个人偏好资料,仅推荐酒店附近很少的餐厅选项,从而使客户决策过程变得简单和省时。另外,智能服务可以随时提供服务,这也使客户感受到更便利的服务。

　　是否适宜和愉快是智能服务的另一个价值——适宜价值。它一般指智能服务是否符合旅游者个人需求,当智能服务是个性化的并且符合个人需求时,它是合适的,这是所需的个性化服务的结果。然而,个性化或根据个人需求定制服务,也并不一定会带来适宜性,除非个性化服务符合对应用户的需求。在智能服务中,由于算法、机器学习和人工智能等技术,智能服务能够定制服务以满足个人特定的需求,但这些智能服务主要依赖于数据的可靠性和算法的有效性。智能服务体验价值的特点也是从智慧技术的使用中获得享受的。智能服务可以执行各种烦琐的任务,如旅游计划与组织、旅行与航班预订、住宿与餐饮服务、交通和购物自助服务等。客户大可不必担心这些任务的稳定性,客户唯一要做的就是更好地享受服务,并专注于做他们喜欢的事情。

　　除了便利和适宜价值,智能服务还可以为客户提供其他类型的价值。

当智能服务在正确的时间和地点针对特定情况主动为客户提供相关的高质量信息时，信息价值就产生了。例如，根据客户过去游览的旅游景点，向客户智能推荐他/她从未到访过的类似景点的开放和关闭情况。这样的信息不仅节省了客户的时间，而且由于定制信息的相关性，减少了信息过载的可能性。身份价值是使用智能服务可以创造的另一种价值。这种服务可以成为向公众展示个人身份、地位和形象的一种方式。当酒店和餐厅的工作人员认出他们并记得他们的个人喜好时，客户会感觉受到了尊重和认可。当酒店和旅游业中的智能服务促进具有相似特征和偏好的客户之间的社会互动时，就可以创造社会价值。

12.3.2　为服务供应商创造价值

与顾客价值类似，智能服务和智能服务体验也可以为服务供应商创造价值。主要有关系价值、效益价值和市场价值。

1. 关系价值

无论是员工提供服务还是智能技术提供服务，个性化推荐和服务产品都会创造关系价值。关系价值使服务提供商能够与客户建立更好的关系，因为智能服务提供了积极的客户体验。无论何时何地，在无缝体验中提供客户所需的服务，不仅提高了客户对服务供应商的满意度，而且从长远来看，他们对服务供应商保持忠诚的幅度也会增加。同时，因为基于数字技术向客户推荐个性化服务会更有效，这促使智能服务供应商与客户建立持久的情感纽带。在当今竞争日益激烈的酒店业环境中，这种更深层次的关系可以为服务供应商提供关键的竞争优势。

2. 效益价值

智能服务及其提供的体验也会增加旅游供应商的经济效益和财务收益，并产生更有效的增量购买，因为这些服务更适合其客户的个人需求。此外，此类积极体验也会增强客户的二次消费意愿，从而使客户对服务供应商有持续的终身价值。除了增加收入，智能服务还可以帮助供应商降低成本。采用智能服务的酒店公司因为能够更好地预测客人的需求，在提供服务方面更高效。

3. 市场价值

智能服务和智能服务体验在很大程度上依赖于对现有信息和客户数据的使用。通过与智能服务的互动，客户可以提供更多关于他们何时、何地以及使用服务的有价值的数据。例如，智能服务使用的传感器可以提供有关跟踪和存储客户偏好和行为的实时数据以及跟踪和存储客户偏好和行为的能力，这些数据有助于服务提供商了解市场和洞察客户需求。

12.4　智能旅游服务体验

　　旅游者服务体验的个性化是旅游服务供应商吸引和留住客户的关键。服务体验不是单一的或静态的，而是在一个开放的服务环境中演变的，例如在家里（家人、朋友）、旅行期间（互联网、旅行社）和目的地（居民、住宿）。服务体验的实质是客户对与服务和服务供应商的任何直接或间接接触的主观反应。在这一过程中，客户是通过消费服务而不是购买产品来寻求体验的。最近的研究成果显示，智能手机和智能可穿戴设备等智能设备的使用对服务具有重要性。通过智能技术和设备的应用，客户可以体验到与传统服务和电子服务显著不同的智能服务。尽管智能服务也关注服务和服务供应商与客户之间的互动，但智能服务强调服务供应商、客户与智能技术应用（通过无线技术互连的对象、设备和传感器）之间的互动，服务互动（内部和内部）和交付渠道的互动。

　　由于服务业的动态性，旅游服务体验在不断演变和进步。从客户的角度来看，智能技术的进步具有将传统服务体验转化为智能服务体验的特征，以提升顾客体验的潜力。智能技术不仅可以与数字对象相关联，而且还能够与其他设备连接。因此，"智能服务"无疑是现代通信技术在服务管理方面的一次飞跃。例如，通过使用具有感知、计算、通信和具有控制能力的智能设备，智能服务创建了一个公共网络。智能服务因为促进了旅游供应商与客户的实时互动，并充当了他们之间的媒介，从而促进了服务的优化和自主服务，最终形成了完全不同的客户体验。

　　因此，智能旅游服务体验是以智能技术为中介，特别是基于使用智能设备的旅游服务体验。它是客户对智能服务的主观反应，由客户授权、无缝体验、准确服务交付、隐私和安全性以及整体享受程度构成。为此，许多学者讨论了智能客户体验的技术维度。由于智能服务体验涉及客户与智能技术及其认知、情感和行为要素的直接互动，智能服务体验具有授权、无缝体验、准确服务交付、隐私和安全四个维度。

1. 授权

　　客户对消费体验而非产品与服务的追求促使服务供应商寻找替代价值，特别是将先进技术整合到服务交付过程中，以提供共同创造的价值体验。在这一过程中，客户扮演着核心角色，而智能服务在服务提供商与客户的关系中发挥着重要作用。智能服务使客户能够更多地参与服务提供过程，并提高其权力和控制能力。被授权参与消费过程的客户，已经允许企业通过使用智能服务以更个性化的方式让他们参与服务过程。在这种情况下，授权是指数字技术的进步促使智慧旅游者在服务环境中，与旅游服务供应商、旅游服务、服务交付、其他客户和智能技术的不同使用者进行交互，并实现独特的智能服务体验。

2. 无缝体验

智能服务的集成促进了服务的无缝体验。随着新技术的不断开发及在不同服务环境中的应用，新型服务的交互正在出现，并将传统体验转变为更加新颖和增强的体验。智能旅游服务利用旅游者行为的实时数据，通过提供特定情境下基于位置的交互信息，增强其旅游活动场景的现场体验。此外，根据收集的数据预测客户的需求，旅游服务供应商能够详细了解客户的旅程，并确定他们面临的问题，提出进一步消费的实时建议。因此，旅游服务供应商可以直接通过客户与其交互时必须使用的各种接触点提供无缝的智能服务体验。客户也可以利用他们的偏好来选择加入或退出智能服务的过程，并在无缝体验带来的增强服务体验中实现个性化的优质服务体验。

3. 准确服务交付

服务过程中，密切的人际接触是服务业的重要特征。技术进步极大地改变了旅游服务供应商的服务理念以及服务产品的开发和服务交付的方式。企业战略性地采用智能技术已成为实现准确服务交付的一个组成部分。在智能服务中，旅游者被认为是共同创造服务体验的关键参与者，而不是接受预先设计的服务体验。智能服务通过其拥有的众多设备感知、计算、通信和控制过程的能力促进旅游者不同程度的自主决策，以在正确的时间、正确的空间提供正确的服务。这种准确的服务交付在创造客户的智能服务价值体验方面发挥着重要作用。

4. 隐私和安全

由于智能服务能够洞察旅游者的需求、偏好和行为，这使旅游服务供应商能够将给予旅游者的个性化和定制化体验作为提供智慧服务的一个整体目标。然而，旅游企业为了从个性化智能服务中获益，客户必须愿意并允许旅游服务供应商访问其个人信息，这也导致了个性化—隐私悖论。因此，当企业在做出高水平的自动化决策或能够访问顾客个人敏感信息（健康、行为、财务）时，智能服务可能会被认为是有风险的，这已经引起了旅游者对数据安全和隐私侵犯的关注。

12.5　智能服务的价值共创

价值共创是一个较新的概念，由 Ramaswamy 在 1993 年和 Prahalad 在 2000 年先后提出，他们将其定义为"企业和客户共同创造价值"。据此，Prahalad 和 Ramaswamy 从企业竞争视角揭示了新环境下由企业与消费者角色转变导致的企业经营理念与经营模式的转变，并且认为企业与消费者共同创造价值是企业构建新的战略资本和塑造新的核心竞争力的全新战略方向。

12.5.1　价值共创的概念

价值共创是指通过创造一个体验环境，让每个成员都高度参与其中，从而使消费者能够共同构建自己独特的个性化体验的过程。价值共创作为企业与客户互动交流及产品或服务合作创新的过程，可以提高客户对企业提供服务的满意度，并增强客户的个性化价值体验。目前关于价值共创的观点主要有两种，一种是 Prahalad 和 Ramaswamy 提出的基于消费者体验的价值共创理论，另一种是 Vargo 和 Lusch 提出的基于服务主导逻辑的价值共创理论。

1. 基于消费者体验的价值共创

价值共创本质上是以顾客体验为基础，企业与客户共同创造消费者的体验价值，其顾客和企业互动过程是价值共创的核心。顾客体验视角的价值共创强调在顾客体验中顾客与企业互动而共同创造价值。而顾客互动及个性体验是价值共创实现的特有因素。在价值共创过程中，企业和顾客通过互动共创个性化体验的同时，顾客参与企业价值创造各环节，企业提供价值共创的体验环境，它是一个企业互动全方位的价值共创过程。

首先，企业和顾客共同创造顾客体验贯穿于企业服务的全部过程中，在这一过程中，顾客可以在产品和服务中重新创造自身体验。显然，共创体验高度依赖个体，个体的特性将会影响共同创造的过程，没有个体的参与，企业将不能创造任何价值。因此，共创体验是顾客与企业共同创造价值的基础，企业应当为顾客提供实现个性化体验的新环境。其次，企业与顾客互动是共同创造价值的基本方式，价值共创通过顾客和企业之间的异质互动而形成。因此，价值共创是超越传统供需关系中介的顾客和企业的互动与合作。

从智能服务意义上讲的价值共创是指以服务系统为基础，通过服务系统内部和服务系统外部资源整合的互动，共同创造价值。服务系统通过人、技术和价值主张三个要素连接系统内外部服务的资源，并相互分享信息以实现价值共创。

2. 基于服务主导逻辑的价值共创

所有的经济交换，就其实质而言，都是"服务对服务"的经济交换，而所有的经济都是服务经济。在服务主导逻辑下，服务成为交换的普遍形式，而不是特定形式，价值共创正是建立在服务交换普遍性的基础上的。在价值共创系统中，消费者作为资源整合者，通过整合利用各方资源来共创价值，价值随着消费者的消费和互动活动而持续动态形成。对于消费者来说，价值形成是与消费情境和消费需求相关的个性化共同创造的过程；

同时，生产者努力使自己置身于消费者的使用情境，为消费者共同创造价值提供便利和帮助。可见，在服务主导逻辑下，价值的共同创造过程发生在消费者使用消费产品或服务之时，共创价值是生产者通过提供产品或服务与消费者通过消费产品或服务共同创造的价值的总和。在具体的过程中，消费者和企业为了创造各自所需的价值而投入自己的资源，通过互动和合作来实现资源交换，在为自己创造价值的同时也为对方创造价值，如图 12-3 所示。

图 12-3　企业与消费者的共创过程
资料来源：武文珍, 陈启杰. 价值共创理论形成路径探析与
未来研究展望[J].外国经济与管理, 2012, 34(6): 66-73.

在价值共创过程中，企业和消费者作为价值创造的两个主体遵循两种不同的逻辑，即生产者逻辑和消费者逻辑。基于生产者逻辑的价值共创是企业以价值创造为出发点，在价值共创过程中与消费者进行互动，努力创造与消费者共创价值的机会，并根据企业战略和资源来安排、组织、管理和评估价值共创活动。而基于消费者逻辑的价值共创则是消费者以自身利益为出发点，利用企业提供的资源和其自身拥有的资源和技能，通过互动把消费者价值创造过程与企业的价值创造过程连接起来、相互渗透融合。消费者与企业在持续的资源交换、互动、对话和合作中完成价值共创。企业在价值共创系统中扮演提出价值主张、通过与消费者互动共同创造价值、提供价值共创支持系统三种角色。具体而言，企业根据消费者的需求提出价值主张，在消费者接受其提出的主张之后，与消费者形成共同的价值创造目标，并通过资源交换和互动与消费者实现价值共创。为保证价值共创能够顺利进行，企业还必须提供价值共创支持系统，包括基础设施等硬件以及组织结构、规章制度、文化、氛围等软件，以帮助和支持消费者实现价值共创。这两种价值共创逻辑实质上是一个过程的两种不同视角，是不同价值创造主体基于自身价值追求对价值共创过程的诠释，两种逻辑统一于价值共创行为。

12.5.2　价值共创中技术的变化和应用

随着技术的进步，客户越来越多地通过使用各种创新性技术服务参与到价值共创过程中，与服务提供商合作设计和提供服务。共创一般发生在客户参与度较高时，对客户具有内在的吸引力，因为他们觉得这很方便，并且可以更好地控制服务结果，或者享受共创任务和共创服务的价格折扣优势。这些不断增长的各种创新性技术服务的使用也进一步证明了客户在智能服务共创过程中的重要作用。同时，各种先进技术的采用正在逐渐改变技术在服务过程中的角色，并进一步在价值共创互动中引入了越来越多的技术自主性、自动化和代理。技术在价值创造中的角色从工具转变为"参与者"。

大数据和互联网技术使产品和服务呈现数字化、网络化和智能化特征，广泛嵌入系统的智能互联产品从根本上重塑了产业竞争和产业边界，颠覆了价值创造主体之间传统的互动方式。数字技术的应用正通过互联系统和智能机器由客户和供应商共同创造价值。例如，社交媒体、数字渠道和移动应用程序为消费者提供了来自支持共同创造过程的企业的即时响应（即时满足性质）。显然，社交媒体和移动技术的出现促进了动态服务的提供和客户信息的灵活性，创造了服务的个性化体验。社交媒体允许消费者以更个性化的方式直接与企业互动，并共同创造个人体验。同时，企业也利用社交媒体作为实时互动渠道，与客户共同创造价值，并发展成真正的顾客参与。由于社交媒体的交互性和实时性，消费者对即时满足的需求已经被激发。这就要求企业既要积极主动，又要及时做出反应，在了解客户需求的同时也要不断适应智能服务技术应用。

智能技术的广泛应用促使企业战略逐渐从商品主导逻辑转向服务主导逻辑，从面向供应商的角度转向面向客户的角度。服务企业寻求通过先进技术确定客户需求并提高服务绩效。新的商业模式正在涌现，并通过将人与人的关系转变为人与技术的关系来创造价值。服务主导逻辑主张价值从企业转移到客户，服务优先于核心产品的经济交换。根据服务主导逻辑，服务过程中无形性、交换过程和关系是"核心"。而且客户的作用不应局限于产品和服务的接受者，他们还应该被视为服务的共同创造者。共创被视为新兴的"服务主导逻辑"，是整合能力的自然方式。一方面，它帮助服务企业开发新的服务理念；另一方面，它通过满足客户需求提升客户满意度。

12.5.3　智能旅游服务体验共创

信息化时代，消费者正在努力追求最佳的服务体验价值，并愿意花更多的钱来立即获得他们期望的价值。因此，快速的服务响应和服务开发的时间灵活性逐渐成为企业竞争力的关键因素。实施实时数据驱动战略的企业将更具竞争优势，并能带来更好的商业成果。由于数字设备无处不在，以及数字服务和社交媒体的互动性，客户希望自己的需求"现在"就得到企业的认可和即时满足。他们还希望轻松获取实时信息、个性化建议、旅游消费替代方案和即时客户服务。随着各种智能技术在服务环境中的应用，消费者正在创造属于自己的难忘体验。

体验经济时代，旅游景区不再只是风景画，而更像是游客参与演出的电影，不仅为游客搭建对话与互动的平台，还为游客构建个性化体验环境，其角色逐渐演变为"体验环境提供者""平台搭建者"和"价值促进者"。旅游和酒店业的体验性和动态性使人们越来越期望参与到情境化和高度个性化的服务中来。人们期望企业能够与其建立联系，提供个性化产品和服务，或者在适当的时候能够通过社交渠道实时参与整个过程。

随着时代的发展，顾客作为消费者不再只是"消费"服务，而是越来越多地参与到自己的服务体验共创过程中。客户的个人偏好与天气、交通或季节等外部因素相结合，可以提供实时共同创造价值所需的上下文信息。同时这种行为也为企业提供了宝贵的客户信息，企业可以根据客户特定的实时需求创建和开发高度个性化的服务，并为客户提供更高的体验价值。通过共同创造卓越的客户体验，可以促进企业在竞争激烈的市场中脱颖而出。因此，旅游企业，一方面必须聚焦顾客价值创造以获得持续竞争优势；另一方面又要设法促成顾客与品牌的契合以提升品牌绩效、获取竞争优势。

一些学者将服务体验共创定义为"与服务环境内外的其他参与者的人际互动，影响参与者对服务要素的主观反应或解释"。服务体验共创包括过去、现在和未来的生活或想象体验，并可能发生在客户和服务提供商、其他消费者或其他参与者之间的互动中。由于智能服务、价值共创和服务体验共创的本质是不同参与者之间无处不在的互动，因此我们把旅游服务提供商和智能旅游者通过各种智能技术的互动创造价值的过程称为"智能体验共创"。智能服务是个性化、动态和基于质量的服务解决方案，通过现场智能和技术、环境和社会背景数据分析（部分实时）为服务提供商和客户双方提供便利，并在从战略发展到智能服务改进的所有阶段，在客户和服务提供商之间共同创造价值。

关键词汇

智能　电子服务　智能服务关系价值　授权　无缝体验
智能服务体验　价值共创　智能旅游服务体验

思考题

1. 如何理解信息技术和服务革命的关系？
2. 列举并解释智能服务的主要特征。
3. 分别从客户和服务供应商的角度阐述智能服务的价值。
4. 简析数字技术的应用对价值共创的影响。
5. 试从消费者角度阐述服务体验价值共创。

参考文献

[1] Westerman, George, et al. Digital Transformation: A roadmap for billion-dollar organizations. MIT Center for Digital Business and capgemini Consulting 1, 2011: 1-68.

[2] Iansiti M, Lakhani K R. Digital ubiquity: How connections, sensors, and data are revolutionizing business[J]. Harvard Business Review, 2014, 92(11): 19.

[3] Opute A P, Irene B N, Iwu C G. Tourism service and digital technologies: A value creation perspective[J]. African Journal of Hospitality, Tourism and Leisure, 2020, 9(2): 1-18.

[4] Akaka M A, Vargo S L. Technology as an operant resource in service (eco) systems[J]. Information Systems and E-business Management, 2014, 12(3): 367-384.

[5] Lerch C, Gotsch M. Digitalized product-service systems in manufacturing firms: A case study analysis[J]. Research-technology Management, 2015, 58(5): 45-52.

[6] Adeola O, Evans O. Digital tourism: mobile phones, internet and tourism in Africa[J]. Tourism Recreation Research, 2019, 44(2): 190-202.

[7] Pencarelli T. The digital revolution in the travel and tourism industry[J]. Information Technology & Tourism, 2020, 22(3): 455-476.

[8] Gretzel U, Sigala M, Xiang Z, et al. Smart tourism: Foundations and developments[J]. Electronic Markets, 2015, 25(3): 179-188.

[9] Femenia-Serra F, Neuhofer B, Ivars-Baidal J A. Towards a conceptualisation of smart tourists and their role within the smart destination scenario[J]. The Service Industries Journal, 2019, 39(2): 109-133.

[10] Wang D, Xiang Z, Fesenmaier D R. Adapting to the mobile world: A model of smartphone use[J]. Annals of Tourism Research, 2014(48): 11-26.

[11] Sari E B. Reflections of industry 4.0 to management of service enterprises: Smart hotels[J]. International Journal of Contemporary Tourism Research, 2018, 2(2): 33-40.

[12] Rust R T, Huang M H. The service revolution and the transformation of marketing science[J]. Marketing Science, 2014, 33(2): 206-221.

[13] Danaher P J. Customer heterogeneity in service management[J]. Journal of Service Research, 1998, 1(2): 129-139.

[14] Larivière B, Bowen D, Andreassen T W, et al. Service Encounter 2.0: An investigation into the roles of technology, employees and customers[J]. Journal of Business Research, 2017(79): 238-246.

[15] Wünderlich N V, Heinonen K, Ostrom A L, et al. Futurizing smart service: Implications for service researchers and managers[J]. Journal of Services Marketing, 2015.

[16] Marinova D, de Ruyter K, Huang M H, et al. Getting smart: Learning from technology-empowered frontline interactions[J]. Journal of Service Research, 2017, 20(1): 29-42.

[17] Roy S K, Balaji M S, Sadeque S, et al. Constituents and consequences of smart customer experience in retailing[J]. Technological Forecasting and Social Change, 2017(124): 257-270.

[18] Porter M E, Heppelmann J E. How smart, connected products are transforming competition[J]. Harvard Business Review, 2014, 92(11): 64-88.

[19] Kabadayi S, Ali F, Choi H, et al. Smart service experience in hospitality and tourism services: A conceptualization and future research agenda[J]. Journal of Service Management, 2019.

[20] Rese A, Schreiber S, Baier D. Technology acceptance modeling of augmented re-

ality at the point of sale: Can surveys be replaced by an analysis of online reviews?[J]. Journal of Retailing and Consumer Services, 2014, 21(5): 869-876.

[21] Lemon K N, Verhoef P C. Understanding customer experience throughout the customer journey[J]. Journal of Marketing, 2016, 80(6): 69-96.

[22] Sugathan P, Ranjan K R. Co-creating the tourism experience[J]. Journal of Business Research, 2019(100): 207-217.

[23] Tussyadiah I P. Toward a theoretical foundation for experience design in tourism[J]. Journal of Travel Research, 2014, 53(5): 543-564.

[24] Wang C, Harris J, Patterson P G. Customer choice of self-service technology: The roles of situational influences and past experience[J]. Journal of Service Management, 2012.

[25] Atzori L, Iera A, Morabito G. The internet of things: A survey[J]. Computer Networks, 2010, 54(15): 2787-2805.

[26] Guo B, Zhang D, Wang Z, et al. Opportunistic IoT: Exploring the harmonious interaction between human and the internet of things[J]. Journal of Network and Computer Applications, 2013, 36(6): 1531-1539.

[27] Gregory J. The Internet of Things: Revolutionizing the retail industry[J]. Accenture Strategy, 2015: 1-8.

[28] Neuhofer B, Buhalis D, Ladkin A. Smart technologies for personalized experiences: A case study in the hospitality domain[J]. Electronic Markets, 2015, 25(3): 243-254.

[29] Neuhofer B, Buhalis D, Ladkin A. A typology of technology-enhanced tourism experiences[J]. International Journal of Tourism Research, 2014, 16(4): 340–350.

[30] Amichai-Hamburger Y. Internet empowerment[J]. Computers in Human Behavior, 2008, 24(5): 1773-1775.

[31] Lee J H, Phaal R, Lee S H. An integrated service-device-technology roadmap for smart city development[J]. Technological Forecasting and Social Change, 2013, 80(2): 286-306..

[32] Barrett M, Davidson E, Prabhu J, et al. Service innovation in the digital age[J]. MIS Quarterly, 2015, 39(1): 135-154.

[33] Vargo S L, Lusch R F. Service-dominant logic: Continuing the evolution[J]. Journal of the Academy of Marketing Science, 2008, 36(1): 1-10.

[34] Buhalis D, Amaranggana A. Smart tourism destinations enhancing tourism experience through personalisation of services[M]//Information and communication technologies in tourism 2015. Springer, Cham, 2015: 377-389.

[35] Lee J M, Rha J Y. Personalization–privacy paradox and consumer conflict with the use of location-based mobile commerce[J]. Computers in Human Behavior, 2016(63): 453-462.

[36] Keh H T, Pang J. Customer reactions to service separation[J]. Journal of Marketing, 2010, 74(2): 55-70.

[37] Prahalad C K, Ramaswamy V. Co-opting customer competence[J]. Harvard Business Review, 2000, 78(1): 79-90.

[38] Prahalad C K, Ramaswamy V. Co-creation experiences: The next practice in value creation[J]. Journal of Interactive Marketing, 2004, 18(3): 5-14.

[39] 武文珍，陈启杰. 价值共创理论形成路径探析与未来研究展望[J]. 外国经济与管理, 2012, 34(6): 66-73.

[40] Vargo S L, Lusch R F. Evolving to a new dominant logic for marketing[M]//The service-dominant logic of marketing. Routledge, 2014: 21-46.

[41] Maglio P P, Vargo S L, Caswell N, et al. The service system is the basic abstraction of service science[J]. Information Systems and e-Business Management, 2009, 7(4): 395-406.

[42] Payne A F, Storbacka K, Frow P. Managing the co-creation of value[J]. Journal of the Academy of Marketing Science, 2008, 36(1): 83-96.

[43] Cova B, Salle R. Marketing solutions in accordance with the SD logic: Co-creating value with customer network actors[J]. Industrial Marketing Management, 2008, 37(3): 270-277.

[44] Kelley S W, Skinner S J, Donnelly Jr J H. Organizational socialization of service customers[J]. Journal of Business Research, 1992, 25(3): 197-214.

[45] 刘少艾, 卢长宝. 价值共创: 景区游客管理理念转向及创新路径[J]. 人文地理, 2016(4).

[46] 张红喜, 魏卫, 刘琼, 等. 多主体参与旅游价值共创研究综述——基于微观, 中观, 宏观视角[J]. 管理现代化, 2019, 39(3): 118-121.

[47] Lieb R. Real-time Marketing: The Ability to Leverage Now-Webinar[J]. Retrieved April, 2014(29): 2017.

[48] Buhalis D, Foerste M. SoCoMo marketing for travel and tourism: Empowering co-creation of value[J]. Journal of Destination Marketing & Management, 2015, 4(3): 151-161.

[49] Sashi, C. Customer Engagement, Buyer-Seller Relationships, and Social Media[J]. Management Decision , 2012, 50 (2), 253-272.

[50] Dabholkar P A. Consumer evaluations of new technology-based self-service options: An investigation of alternative models of service quality[J]. International Journal of Research in Marketing, 1996, 13(1): 29-51.

[51] 简兆权, 令狐克睿, 李雷. 价值共创研究的演进与展望[J]. 外国经济与管理, 2016, 38(9): 3-20.

[52] Hanna R, Rohm A, Crittenden V L. We're all connected: The power of the social media ecosystem[J]. Business Horizons, 2011, 54(3): 265-273.

[53] Sundbo J. Introduction to the experience creation[M]//Creating experiences in the experience economy. Edward Elgar Publishing, 2008: 1-12.

[54] Pine, J. B., Gilmore, J. H. The Experience Economy: Work is a Theatre and Every Business a Stage[M]. Cambridge: Harvard Business School, 1999.

[55] Forrester. The Evolution to Real-time Customer Experience[M]. Cambridge: Forrester, 2017.

[56] Patel N. The psychology of instant gratification and how it will revolutionize your marketing approach[J]. Entrepreneur (June 24).

[57] Lee S M, Lee D H. Untact: A new customer service strategy in the digital age[J]. Service Business, 2020, 14(1): 1-22.

[58] Skålén, P., Gummerus, J., von Koskull, et al. Exploring value propositions and service innovation: A service-dominant logic study[J]. Journal of the Academy of Marketing Science, 2014, 43(2): 137-158.

[59] Jaakkola, E., Helkkula, A., Aarikka-Stenroos, L. Service experience co-creation: Conceptualization, implications, and future research directions[J]. Journal of Service Management, 2015 26(2): 182-205.

[60] Roy S K, Singh G, Hope M, et al. The rise of smart consumers: Role of smart servicescape and smart consumer experience co-creation[J]. Journal of Marketing Management, 2019, 35(15-16): 1480-1513.

[61] Dreyer S, Olivotti D, Lebek B, et al. Focusing the customer through smart services: A literature review[J]. Electronic Markets, 2019, 29(1): 55-78.

[62] 石培华. 构建国家旅游创新体系, 加快推进中国旅游 4.0 战略[J]. 旅游学刊, 2015, 30(11): 13-14.

[63] 童昌华. 中国旅游4.0: 中国旅游业发展进入跨界融合新时代[J]. 当代旅游(高尔夫旅行), 2017(11): 28-29.

第 13 章　数字旅游数据管理

Chapter 13　Date management of digital tourism

学习目标

- 掌握大数据的定义和主要特征
- 熟悉大数据的主要来源和主要分类标准或依据
- 了解大数据的主要采集方法
- 熟悉数据处理的定义和数据处理的主要方法
- 掌握大数据分析的一般方法
- 理解推进大数据安全治理现代化的主要对策

　　数字旅游数据管理，从数据采集、数据分析到数据风险与安全的控制，贯穿于数字旅游活动管理的全过程。随着现代通信技术的快速发展，旅游活动与管理的大数据应用越来越普遍。面对如此巨大的数据量，无论是从形式上还是从内容上，都已无法用传统的方式进行数据采集、存储、操作、管理与分析。本章阐述的数字旅游数据管理就是寻找旅游数据来源，确定数据量，选择正确的数据采集与分析方法及确保数据安全管理的过程。

13.1　数据来源与采集

　　　　随着计算机科学和互联网技术的飞速发展，特别是智能手机等数字设备的普及，我们的经济与社会生活被越来越多的"数据"包围。"智能"社会推动人们的生活方式向信息化与数字化快速转变，更加快了生活中数据的创建速度和使用范围。大规模的数据被生成、记录、存储和积累，一个"大数据"的新时代已呈现在我们面前。

13.1.1　什么是大数据

现实生活中，"数据"似乎无处不在，但是，什么是大数据？已有的研究表明，"大数据"一词首次出现在 Bryson 等的论文中，但他们并未就大数据进行任何描述或定义。在学术研究领域，这一专业术语的流行最初主要是在计算机学界。尽管学术界不断展示出对大数据的一些新的认识，但大数据的定义至今未有一个统一的定论。

在实践领域，大数据则是一个动态定义，不同行业根据其应用的不同对其有不同的理解，其衡量标准也随着技术的进步而改变。简单地说，大数据就是数量庞大的数据，它允许管理者使用先进的方法进行更全面的分析运用。美国著名的 IT 咨询公司 Gartner 这样定义大数据："大数据是大量、高速、多样化的信息资产，需要通过具有成本效益的创新信息处理形式，以增强其洞察力，以及运用于决策制定流程的自动化。"美国技术基金会认为："大数据是描述大量高速、复杂和可变性数据的术语，需要先进的技术去获取、存储、分发、管理和分析。"

此外，还有很多学者从数据特征、数据处理与数据分析的角度来定义大数据，其主要的观点如表 13-1 所示。

表 13-1　关于大数据的几种不同定义

作者	年份	大数据定义
Snijder 等	2012	大数据是使用现有的数据管理工具和传统的数据处理应用程序很难及时捕获、处理和管理的数据集
Chen 等	2012	大数据主要是描述庞大（从 TB 到 EB）、复杂的（从传感器到社交媒体数据），需要先进的技术存储、管理、分析和可视化的数据集
Chris 等	2012	大数据是描述规模与复杂性比较大的数据集合，这很难使用现有标准分析软件进行分析和处理
Kaisler 等	2013	大数据是超出技术有效存储、管理和处理能力的数据
Batty	2015	大数据一直存在，现在的海量数据是大数据的新形式，需要新技术来存储、处理和解释
Chen Preston 等	2015	大数据是高容量（大规模）、高速度（移动/流式）和类型多样（如数字、文本、视频等）的信息资产
Marine-Roig 等	2015	大数据指的是信息的大量积累以及操纵这些大数据集的系统
Hashem 等	2015	大数据是一组需要从多样化、复杂和大规模的大型数据集中发现隐藏价值的新形式集成技术

随着理论研究与实践的不断深入，众多学者给大数据的定义，描述了不断变化的大数据的特征。Laney 在 2001 年 *META Group* 发表的研究报告中阐述了大数据的三个特征，又称为"3V"特征，即容量（volume）、多样性（variety）和速度（velocity）。这意味着，大数据就是通过高速（velocity）的采集与分析，从大容量（volume）的多样性（variety）数据中经济地提取有价值的信息资产。大数据的"3V"特征得到了学术界的广泛认可。为

了强调大数据具有信息资产的性质，进而又提出了与大数据这一突出特征一致的新定义：大数据是一种信息资产，其特点是数量大、速度快、种类多，需要特定的技术和分析方法才能转化为价值。

上述大数据特征的描述也是存在争议的。有学者认为，数据大容量和数据类型多样性并不是大数据的关键特征，大数据产生的速度和数据的无穷尽才是其关键属性。Beyer 和 Laney 在上述定义基础上更新了大数据的特征含义，增加了另一个特征"V"，即真实性。

此外，又有学者认为大数据的信息可能是混乱、嘈杂和包含不确定性，甚至是错误的；并且大数据具有可变性，数据表示的含义会因其产生的不同场景而不同。因此，Oracle 引入了大数据的价值属性，他认为大数据尽管通常具有相对"低价值密度"的特点，但经过分析处理后能获得较高的价值。

综上所述，大数据一般具有"5V"特征，即体量大（volume）、速度快（velocity）、种类多(variety)、真实性（veracity）和价值高（value）。

1. 体量大

采集分析的数据信息体量规模大是大数据的一项重要特征。在大数据应用的环境下，大数据体量大通常表现为记录和存储数据所需的存储空间大。大数据通常需要 TB（2 字节）或 PB（2 字节）的存储空间，这远远超过普通台式计算机所能提供的存储空间，因此大数据通常存储在云端的多个服务器和位置。现在，随着数据量的不断扩大，现有的度量单位已经不足以表示大数据的体量。大数据体量大还表现在人类日常生活在社交媒体、手机、汽车、信用卡、传感器等数字设施设备使用过程中产生的大量数据信息，其应用的关键是经过分析处理从外界收集到的规模庞大且非结构化的数据，并对具体现象做出判断的过程，因此，数据规模的大小一定程度上会影响分析结论的准确性。

2. 速度快

速度快一般被认为是大数据的关键属性，而数据信息的快速流动和更新是大数据与传统数据的主要区别之一。传统数据大多为偶尔性采样，大数据则是持续性生成。大数据的速度快，一种是指数据的生成频率快，即数据可以持续实时生成；另一种是指数据处理、记录和发布的频率快。在某些情况下，记录数据时，系统会实时更新，新数据也会实时发布，即两者之间只有小部分延迟。显然，信息增长速度快、时效性强是大数据的基本特点。因此，确保系统收集的数据尽可能接近实时数据是大数据分析应用的基本要求。

3. 种类多

数据信息种类繁多和来源多样化构成大数据又一个重要特征。现在，依据丰富的大数据源提供了多种多样的数据类型，远超过去的传统数据，而大数据与传统数据的一个主要区别是结构化交易数据是否可以向非结构化行为数据转变。随着全球数字经济的快速发展，数据的结构类型越来越丰富，主要包含结构化、半结构化和非结构化数据，具体表现为网络日志、音频、视频、图片、地理位置信息以及从不同应用场景收集的信息等。结构化数据来自扫描仪或传感器数据，包括记录、文件和数据库；非结构化数据包括文本数据（如来自博客和短信）和非文本数据（如来自视频、图像和音频记录等）。非结构化数据大多来自社交媒体中个人与朋友或家人共享的个人和行为信息，半结构化数据包含各种类型的软件，可以为非结构化数据带来秩序。

4. 真实性

数据的真实性是指数据的质量和保真性。大数据的真实性决定了数据分析结论的质量和可信度，任何通过虚假数据分析得出的结论都是错误的。因此，对数据真实性的追求是确保大数据应用的基本要求。

就数据真实性而言，数据在数据集中可能是信号，也可能是噪声。噪声是无法转换为信息与知识的，因此它们没有价值；相对应地，信号则能够被转化成有用的信息并且具有价值。信噪比越高的数据，真实性越高。从可控的行为中获取的数据（例如通过网络消费注册获得的数据）常常比通过不可控行为（例如发布的博客等）获取的数据拥有更少的噪声。数据的信噪比独立于数据源和数据类型。

5. 价值高

数据的价值是指数据对用户的有用程度。在数字化时代，人们每天都通过数字设施设备的使用产生大量数据信息，但富有价值的信息在海量信息数据中的密度较低。在规模庞大的数据库中寻找有价值的信息难度相对较高，所以在进行数据分析前需要清除不重要和不相关的数据，以便剩余的数据是有用的和有价值的。价值特征直观地与真实性特征相关联，真实性越高，价值越高。同时，因分析结果具有时效性，价值也依赖于数据处理的时间。

13.1.2　数据来源

2021 年，中国互联网络信息中心发布了第 48 次《中国互联网络发展状况统计报告》。报告显示，截至 2021 年 6 月，我国网民规模达 10.11 亿，互联网普及率达 71.6%。全国有 10 亿用户接入互联网，形成了全球最为庞大和生机勃勃的数字社会。今天，每个人不仅是信息的接收者也是信息的产生者。随着数据规模量急剧增长，不同的数据不仅在内部生成，而且还以前所未有的速度从公共、专有和购买的不同渠道生成。大数据来源越来越广泛，包括互联网点击、移动交易、社交媒体用户生成的以及通过传感器网络或商业交易（如销售查询和购买交易）生成的内容。

1. 一般的数据来源和分类

（1）按产生数据的主体划分，一般的数据来源主要有以下几种。

①大规模的企业系统。主要包括企业资源规划系统、客户关系管理系统、供应链管理系统和其他企业系统产生的数据。

②在线社交系统。包括微博和微信等主要社交网络平台上用户生成的各种数字轨迹。

③移动设备。全球有近50亿部手机，用户所采取的每一个操作都可能被追踪并进行地理标记。

④物联网。新兴的传感器使生态系统中的物体相互连接，并和人类连接起来，在此过程中产生了大量数据。

⑤开放数据/公共数据。包括天气、交通、地图、环境和住房在内的各类易获得的开放数据或者公共数据。

（2）按数据的获取来源划分包括以下两种。

①内部数据。内部数据来自公司的业务运营，主要指从员工、客户、供应商等的业务互动中获得的内部生成数据。

②外部数据。外部数据主要指来自社交网站等互联网来源的数据。

（3）从数据规模角度划分包括以下五种。

①公共数据。主要是指政府、部门或者下设机构持有的数据，如交通数据、能源使用数据、医疗保健数据等。基于保护隐私的前提，这些数据只有在一定的限制条件下才能使用。

②私有数据。主要指私人公司、非营利性组织和个人持有的数据，包括消费者交易数据、组织供应链使用的射频识别标签数据、公司物品和资源的变动数据、个人网站浏览数据和手机使用产生的数据等。

③废弃数据。主要指被动收集的数据、非核心数据或原始收集数据中价值不高的数据，如使用手机或网络时后台程序产生的数据及个人日常购买、与他人互动时被动产生的数据。

④网络社区数据。主要是指将非结构化数据尤其是文本数据转换为体现网络社会趋势的动态网络数据，如消费者评论、网络游记、投票按钮等。

⑤自量化数据。指个人通过量化个人行动和行为披露的数据类型，如通过监测运动腕带获得的数据被上传到移动电话应用程序后，就可以被追踪合聚了。

2. 旅游活动与管理数据来源

随着互联网技术的不断发展，旅游活动信息流程与交易的主要部分都是以电子方式处理的，因此旅游者在旅游活动中留下了大量的数字痕迹。通过对现有文献研究，与旅游活动和管理有关的大数据主要有以下三个来源。

（1）来自用户，主要是用户在社交媒体网络上产生的在线评论文本及照片、音频、视频等。

（2）来自设备，主要为伴随物联网的蓬勃发展，已经开发并使用的多种传感器设备。它们产生了大量的时空大数据（如 GPS 数据、移动漫游数据、蓝牙数据等）。

（3）来自各种网络操作，包含旅游活动中的一系列网络操作，如网络搜索、网页访问、在线预订和在线购买等，产生了相应的网络搜索数据、网页访问数据、在线预订数据等。

还有部分学者出于不同的研究目的，对旅游活动中的数据源进行了不同的划分。Reif 和 Schmücker 为研究旅游潜力和追踪游客时空行为将大数据源划分为六个主要来源，如表 13-2 所示。

表 13-2　大数据主要来源

数据来源	种类	数据类型
移动通信	设备数据/网络数据	被动移动数据、WiFi、GPS 自动定位数据
传感器可穿戴设备	设备数据/网络数据	蓝牙数据、无线射频识别数据、指示、NFC、生理传感器
照相机/激光器/卫星	网络数据	闭路电视、卫星图像/气象数据
商业流程生成的数据	网络数据	金融消费、目的地卡票、预订引擎
网站	网络数据	开放数据、网站搜索、点击量
社交媒体	用户生成数据/网络数据	脸书、推特、博客、照片数据

资料来源：Reif J, Schmücker D. Exploring new ways of visitor tracking using big data sources: Opportunities and limits of passive mobile data for tourism[J]. Journal of Destination Marketing & Management, 2020, 18.

在旅游中，也有研究者根据网络使用数据生成来源的差异，将网络数据源划分为四类：搜索引擎数据、网页流量数据、社交媒体数据和多源数据，如图 13-1 所示。

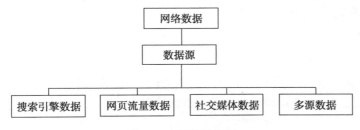

图 13-1　网络数据源

资料来源：Li X, Law R, Xie G, et al. Review of tourism forecasting research with internet data[J]. Tourism Management, 2021, 83.

13.1.3　数据采集

大数据的价值不在于存储数据本身，而在于如何挖掘数据中蕴含的信息价值，只有采集足够多的数据，才有可能挖掘出大数据背后的信息价值。

大数据采集一般是通过一系列数据采集技术实现的，按数据获取方式及技术的不同，大数据采集分为设备数据采集、互联网数据采集、App 移动端数据采集。

（1）设备数据采集。常用的采集手段有条形码、二维码、智能卡和各类传感器等。例如，公路卡口设备获取车流量数据，智能电表获取用电量，通过各类监控设备获取人、动物和物体的位置和轨迹信息等。目前已经开发出专门用于数据采集的数据采集器，例如智能数据采集器和WiFi 探针/采集插件等。这些设备体积小巧，安装方便，极大地方便了数据的获取。

（2）互联网数据采集。互联网数据采集是利用各种网络爬虫爬取社交网络的交互数据、移动互联网数据和电商数据等，或者通过网站公开 App 等方式获取数据信息。常用的互联网数据采集软件有 Splunk、Sqoop、Flume、Logstash、Kettle 及各种网络爬虫等（如 Heritrix Nutch）。爬虫程序的原理就是模拟人在浏览器上的操作，让网站误认为爬虫是正常访问者，然后获取数据。但是随着《中华人民共和国数据安全法》（以下简称《数据安全法》）从 2021 年 9 月 1 日正式实施，利用爬虫获取数据的方法不再适用，因为《数据安全法》规定，任何组织、个人收集数据，应当采取合法、正当的方式，不得窃取或者以其他非法方式获取数据。

（3）App 移动端数据采集。App 是获取用户移动数据的一种有效方法，App 中的 SDK 插件可以将用户使用的 App 的信息汇总给指定服务器，即使用户在没有访问时，也能获知用户终端的相关信息，包括安装应用的数量和类型等。对于企业生产经营数据或学科研究数据等保密性要求较高的数据，可以通过与企业或研究机构合作，使用特定系统接口等相关方式采集数据。

13.2   数据处理与分析

数据处理与分析是一个通过数据处理与分析发现一些事物深层的知识、模式、关系或是趋势的过程。数据处理与分析要有能力针对大量来自不同信息源的数据，通过数据处理分析的过程，建立起旅游活动与管理的关系与模式。仅就数据分析而言，一方面，大数据分析旨在产生新的实时的见解，并在一定程度上弥补传统的统计、调查和档案等静态数据资源分析的不足；另一方面，数据分析的总体目标是为了做出更好的决策，旨在通过使用先进技术分析大数据，以发现有用信息（如隐藏模式、未知相关性等），从而帮助企业的职能部门或跨专业流程做出更好的决策。因此，数据处理与分析是使用运行在强大支持平台上的分析算法来发现隐藏在大数据中的潜力的过程，如隐藏模式或未知关联。

从大数据中提取见解或有用价值的整个过程可分为五个阶段，如图 13-2 所示。这五个阶段构成了两个主要的子流程：数据处理和数据分析。数据处理涉及数据的获取和为数据分析做准备的信息预处理流程以及支持技术；数据分析则是指用于分析和获取大数据价值的方法与技术。

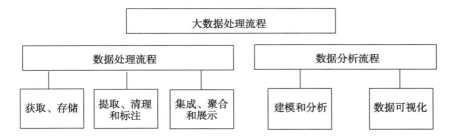

图 13-2　大数据处理流程

资料来源：Labrinidis, A., Jagadish, H. V. (2012). Challenges and opportunities with big data[J]. Proceedings of the VLDB Endowment, 5(12): 2032–2033.

13.2.1　数据处理

数据处理是通过数据清理、提取、转换和融合等将数据转换为正确形式处理的基本步骤。数据处理是数据分析的前提，也是必不可少的一个过程。在数据处理过程中，数据的准确性、完整性、一致性是决定数据处理质量的三个重要因素。但现实中采集的数据往往呈现相反的情况，例如，初始数据大多是包含噪声和不完整的数据，且呈现多种格式，需要使用数据处理技术来提高后续数据分析的准确性和效率，它能使数据适应每个数据算法提出的要求。数据处理的一般方法包括数据清洗、数据集成、数据变换和数据归约。

1. 数据清洗

数据清洗是进行数据处理的首要方法，指通过填充缺失的数据值以及光滑噪声识别或删除离群点，纠正数据不一致，从而达到纠正错误、确立标准化数据格式、清除异常与重复数据的目的。数据缺失是大数据处理中常见的问题，产生的原因包括机械原因和人为原因。例如，由于数据存储问题或机械故障而导致某个时间段的定时数据未能完整采集，或是由于人的刻意隐瞒、主观失误等原因造成采集到无效数据等。填充缺失数据，通常采用忽略元组、人工填写缺失值和用同样样本的属性均值填写缺失值等方法来处理。

数据噪声通常被定义为在数据测量的变量中出现的随机误差。在具体测量中，散点图等基本统计方法通常可用于识别异常值。如果属性值属性是数值的，则可考虑使用多元线性回归方法来估计其属性值的趋势。

2. 数据集成

数据集成是指将合并的来自多个数据源的数据存放在一个一致的数据存储（如数据仓库）中。在这一数据处理过程中，当匹配来自不同来源的数据时，数据冗余、不一致和重复等是数据集创建过程中难以规避的问题。

冗余问题是指当一个数据属性可以从另一个数据属性或数据属性集派生时，该属性就是冗余的。其中，维度或属性名称的不一致也会导致冗余。冗余问题通常会导致数据集增大，这意味着后续分析建模时间也会增加，并且还可能会导致所获得模型的过度拟合。在具体的处理过程中，数据的冗余问题可以使用相关性分析检测。

数据的重复不仅浪费了算法的空间和计算时间，而且还可能导致数据的不一致性。由于输入过程中的错误，某些属性值（例如标识符值）的差异可能会产生重复，与简单地扫描数据集以查找重复实例相比，这些重复更难检测。

3. 数据变换

数据变换是将数据转换成适合处理的形式，数据变换涉及的主要内容有以下五个方面。①数据平滑。数据平滑可以去除源数据集中的无关数据，并处理遗漏数据和清洗脏数据，即消除噪声数据。②数据聚集。数据聚集是对数据进行汇总和聚集。③数据规范化。数据规范化是指数据特征的缩小转换，在一个数据集的特征中，最大值和最小值之间通常存在很大的差异，例如 0.01 和 1000。当执行规范化时，值的大小和比例会明显降低。规范化对于某些分类算法特别有用。④数据概化。数据概化是使用概念分层，用高层次概念替换低层次"原始"数据。⑤属性构造。属性构造是基于其他属性创建一些新属性。

4. 数据归约

数据归约是从数据库中选取，并建立使用者感兴趣的数据集合，然后从数据集合中过滤掉一些无关、有偏差或重复数据的过程。数据归约的主要方法有四种。①维归约，通过删除不相关的属性（或维）减少数据量。②数据压缩，应用数据编码或变换，得到源数据的归约或压缩表示。③数值归约，数值归约通过选择替代的、较小的数据表示形式来减少数据量。④离散化和概念分层，通过收集并用较高层次的概念替换较低层次的概念来定义数值属性的离散化。

在具体的数据处理过程中，数据预处理针对不同的研究目的一般采用不同的预处理方法。在处理在线文本数据时，采用数据清洗方法用于检测和删除在线文本数据中不准确或无用的记录，如拼写错误、停止词、非目标语言和低频词。采用数据清洗方法可以确定旅游活动的照片是由目的地居民发布还是游客发布的，从而筛选出有价值的旅游相关信息。在对网页上的游客评论和旅游博客进行识别处理时，运用数据清洗方法，可识别不同的文本字段、锚文本和主要内容块，以及通过删除 HTML 标记将网页中的广告、版权声明等噪声清除，保留用户生成的内容。

数据过滤的目的是消除由不良信号引起的噪声点，例如对在线图片数据进行处理时，可将数据转换为用于聚类分析的格式化类型。而在处理设备数据时，可以从原始数据中删除 GPS 接收低的无意义点，以探索游客真实活动行为。通过对原始蓝牙数据进行处理，如消除噪声或纠正错误，可以研究访客精确的时空移动。

13.2.2　数据分析

大数据分析使企业决策有了科学依据，而不是仅仅依赖过去的经验或者直觉。根据分析结果的不同，大致可以将大数据分析归为四类，即描述性分析、诊断性分析、预测性分析和规范性分析。不同的分析类型需要不同的分析技术和分析算法。

（1）描述性分析。描述性分析是最常见的分析方法，它通过探索历史数据并描述客观事物发生了什么，是对已经发生的事件进行问答和总结。描述性分析中使用的具体分析算法包括分类、聚类、相关规则挖掘、模式发现和描述数据规律的可视化分析等。

（2）诊断性分析。诊断性分析旨在寻求发现一个已经发生事件的发生原因。这类分析基于描述性数据分析结果，利用诊断分析工具让数据分析师进一步通过数据获取与某一事件相关的信息，最后得出事件发生的具体原因。诊断性分析是基于信息分析处理系统的多维数据进行的，相比描述性分析，诊断性分析提供了更加有价值的信息，但同时也要求更加高级的训练集，常常需要从不同信息源收集数据。

（3）预测性分析。预测性分析一般用于预测事件未来发生的概率和趋势。通过预测性分析，信息得到增值。预测性分析一般是通过预测模型来完成，预测模型通常使用各种可变数据来实现预测。与描述性分析和诊断性分析相比，预测性分析更有价值，同时也要求更高级的训练集。

（4）规范性分析。规范性分析建立在预测性分析的结果之上，是对"发生了什么""为什么会发生"和"可能发生什么"进行的分析。分析结果用于规范需要执行的行动，帮助用户决定应该采取什么措施。规范性分析通常不会单独使用，而是在前面方法都完成之后，最后需要完成的分析。规范性分析比其他三种分析的价值都高，要求更高级的训练集甚至专门的分析软件和工具。

13.3　数据分析的一般方法

大数据分析结合了传统统计分析技术和人工智能分析技术开展数据

分析。大数据分析的一般方法有统计学方法、机器学习和自然语言处理等。

13.3.1 数据分析的统计学方法

统计分析是用以数学公式为手段的统计方法来分析数据。在处理大数据时，统计分析的重点应该是效应大小和解释的方差，而不是关系的常规 p 值。大数据分析并不一定意味着数据越多越好，常用的统计学方法的数据分析模型有两类。

（1）计量经济预测模型。计量经济模型，即用模型解读数据。向量回归、时变参数和误差修正模型等先进技术的大量采用提高了计量经济预测模型的性能。这些动态模型可以捕捉消费者偏好的时间变化，并包含因果变量，从而提高了模型的解释力。

（2）时间序列预测分析。时间序列分析是根据序列中的先前数据进行外推，以预测未来趋势。根据模型的复杂性，时间序列预测方法可进一步细分为基本子类和高级子类。基本子类包括朴素模型、简单移动平均和单指数平滑模型。高级子类包含双指数平滑、趋势调整指数平滑、自回归滑动平均和基本结构时间序列模型方法等。

虽然时间序列方法是旅游需求预测的有用工具，但该方法并没有构建任何基于强调游客决策过程的经济理论。因此，它们不仅不能用来分析游客的行为，也无法帮助决策者评估其战略和政策的有效性。与之相比，计量经济学方法不依赖外推，而是寻求在旅游需求和一组解释变量之间找到依赖关系。旅游预测可以作为这些解释变量未来取值的函数，这种方法允许预测不同的情景。

13.3.2 机器学习的方法

机器学习是使用计算机算法，通过经验自动改进基于数据的行为的一种技术，它通常被认为是人工智能领域的一部分。机器学习可以通过对数据进行分类或预测事件结果来解决不同类型的问题。机器学习算法主要包括人工神经网络、深度学习、决策树模型、线性回归、逻辑回归、聚类、朴素贝叶斯算法等多种算法。

1. 人工神经网络

人工神经网络是受人脑功能结构启发而构建的模式识别算法，人工神经网络模型克服了多元回归分析对非线性阈值函数计算的限制，是旅游需求预测中应用最广泛的人工智能方法。如有学者基于人工神经网络预测了西班牙旅游城市短期酒店的入住率。Palmer 等人使用人工神经网络预测了巴利阿里群岛的旅游支出，并显示出人工神经网络是有效且灵活的旅游预测工具。Tsaur 等人研究调查了商务旅游者对国际酒店忠诚度的决定因素，将人工神经网络的结果与逻辑回归模型的结果进行比较后发现，人工神经网络在该情景下的预测效果优于回归模型。此外，人工神经网络也被用于旅游研究中的市场细分。

2. 深度学习

深度学习是人工神经网络的最新分支，它具有"梯度下降"，即反向传播的优点，通过反馈给网络单元，并在模拟期间调整权重来优化误差项，从而进行分析预测。深度学习技术提供了一种特征工程机制，可以用最少的专业知识和人力来提取有区别的特征。随着人工智能的不断发展，深度学习技术被认为是旅游需求预测模型的一种有前途的替代方法。Rob Law 等人采用深度学习的方法，研究了中国澳门特别行政区每月游客的到达量，结果表明，深度学习方法明显优于支持向量回归和人工神经网络模型。

3. 决策树模型

决策树是监督学习的另一种方法，是顺序决策中非常常见的技术。决策树是一种图形说明，它利用分支方法来表示基于特定条件决策的所有可能结果。决策树涵盖了机器学习的分类中最常用的分类问题，其在数据探索和寻找更少的数据清洗方面很有用。但过度的拟合问题是决策树具有挑战性的问题之一。例如，在旅游的实际研究中，Shapova 等人应用决策树来预测返回日本旅游的游客数量。决策树方法允许使用非常大的数据集和多达 150 个变量的模型来预测游客返回的概率，并根据统计数据的显著性对这些变量的重要性进行排序。

4. 线性回归和逻辑回归

线性回归的方法描述了一个事物属性的变化对另一个事物属性的影响，并具体阐释了对这两个属性的理解。Karen L.等人就使用线性回归模型来检验消费者评论、管理层回应和酒店绩效之间的关系。逻辑回归是一种广义线性回归分析算法，常用于分类任务。当具有不成熟属性，并且存在一个或多个自治属性时，我们使用逻辑回归。逻辑回归的目标是找到最合适的模型来描述二分法特征和一组自主属性之间的关系。逻辑回归算法主要包括二元、多元、有序、混合和条件逻辑回归等。

5. 聚类

数据聚类是基于某种相似性度量（如欧几里得距离）来识别多维数据中的自然分组或聚类的过程。它根据样本围绕一个或多个特征分组来提取知识，并识别观测空间中的可能模式。聚类技术的主要优点是观测值不需要标记（每个观测值都不需要关联任何类别），这意味着在数据预处理方面节省了大量资源。K 均值算法是一种无监督的迭代算法，用于对输入的未标记数据进行聚类，是聚类的经典算法，也称 K 均值聚类算法。

6. 朴素贝叶斯算法

朴素贝叶斯是最简单的分类器，利用遵循贝叶斯概率定理的相同元素分组，是基于贝叶斯概率定理对内容中的自然词进行主观分类的算法。Ning 和 Xiang 用贝叶斯分类器对旅游目的地照片进行分类，选择出了最能代表目的地形象的照片用于目的地宣传。

13.3.3   自然语言处理

自然语言处理（natural language processing，NLP）是一个研究领域重点探索如何使用计算机来理解和塑造自然语言文本，从而使其对不同的应用程序有用。NLP 本身是一种计算方法，它包含了一系列技术，这些技术为信息检索系统提供了一个简单的接口，同时以不同的方式构造文本，以便更容易地提取底层信息。用于社会分析的一些有趣的 NLP 技术包括情感分析（也称为意见挖掘）、潜在语义分析、潜在狄利克雷分配（latent Dirichlet allocation，LDA)、TF-IDF（术语频率—反向文档频率）和单词嵌入。

潜在语义分析由 Dumais 等人引入，旨在从文本样本中提取主要的潜在文本意义和概念。与用于分析在线酒店客人评论的其他自然语言处理技术相比，潜在语义分析在统计性、客观性、降噪特性和量化文本相似性方面的能力更强，且在分析常见的"潜在"或隐藏的语义结构等方面具有先天优势。Xu 和 Li 应用潜在语义分析提取出来了引起顾客满意或不满意的决定因素。

LDA 是主题建模最常用的方法，使用 LDA 进行主题建模可以从大量非结构化文本大数据中发现潜在主题。相对于以前的文本分析方法，LDA 可以在几乎不需要人工干预的情况下完成文本分析的许多步骤，甚至可以标记维度，更适合处理大型和非结构化的在线评论，从而产生更现实的意义。

文本分析是专门通过数据挖掘、机器学习和自然语言处理技术去挖掘非结构化文本价值。文本分析的原则是将非结构化文本转化为可以搜索和分析的数据，通过文本分析可以帮助企业更好地理解大量文本信息。大部分学者主要利用文本分析技术分析用户评论，为各部门、企业和消费者做出更好的决策。

13.4   数据安全与风险

现代社会，关于数据泄露的报道屡见不鲜，公众对于网络安全的担忧日益严重。随着互联网和移动技术在日常生活中的广泛应用，社交网络、物联网和服务平台上的数据不断产生，数据量在与日俱增的同时，大数据遭到的恶意攻击行为也呈现上升趋势。目前，在大数据领域，安全和隐私方面的挑战和风险无处不在。然而，关于安全风险和隐私保护尚未有一个完美的解决方案。因此，要想解决大数据安全和隐私问题，需要先搞清楚大数据目前面临的主要风险和挑战是什么。

根据数据分析的过程，本书将获取大数据相关信息和知识的过程分为三个阶段，分别为数据采集、数据储存和数据处理与分析。其实，从安全角度来看，每个阶段都面临着威胁和安全风险。

13.4.1　数据采集阶段的风险

随着各种信息技术和数字技术设备的应用和普及，社交网络迅速扩张，大数据的来源愈加多样和复杂，数据采集也面临风险。由于大多数用户偏好通过社交媒体主动生成和共享数据内容，使社交网络成为大数据的关键来源。巨大的用户信息的互联性和共享特征，使社交网络大数据中的安全和隐私泄露风险问题日益突出。例如，用户在社交媒体上随意发布包含个人信息的照片、视频和位置等内容，恶意攻击者可能会利用这些信息来牟利。总体上，社交网络信息有两个重要的隐私安全和风险问题：一是如何在保护用户隐私的同时有效地使用社交数据；二是如何保证社交数据的真实性。这两个问题是能否成功采集与应用社交网络大数据的关键。

移动设备也是获取大数据的主要来源。然而，移动设备中的应用程序是网络威胁的重要来源。随着手机在全球的普及，移动设备的使用量呈指数级增长，企业或个人也越来越担心移动应用中潜在的网络攻击。移动设备内可供选择的移动应用程序种类繁多，每种应用程序都有不同程度的安全和隐私泄露风险。因此，企业必须了解用户使用的哪些移动应用程序可能会给企业带来风险。此外，移动应用程序的安装一般通过请求权限收集用户信息，但这些应用程序是否存在在用户不知情或未经同意的情况下，擅自收集超过未经授权的个人信息以及收集的数据是否存在被企业滥用的情况呢？这都增加了用户隐私信息泄露的风险。

由于数据类型的多样性，采用加密方法的传统安全技术不再适用于所有类型的大数据采集源，特别是对于非结构化数据，如 Word 和 Excel 文档、电子邮件、图像、音频和视频等多媒体对象。因为这些数据的性质敏感，可能还包含个人身份信息和知识产权，这些常规方法采集必然会引发隐私和安全风险。此外，数据采集速度较高，以至于当数据流入存储器时，很难实时监控流量，特别是点击流数据通常由在线广告商、零售商等收集，造成了较大的隐私泄露风险。

总体而言，由于上述问题，大数据在采集获取时可能成为高级持续威胁（advanced persistent threat，APT）的载体。当 APT 代码隐藏在大数据中时，很难被实时检测到。黑客可以利用其漏洞攻击数据源、目的地和所有连接，还有可能会通过启动僵尸网络导致更大规模的攻击。因此，在数据采集阶段，在大数据的实时处理环境中实施数据安全和隐私政策非常重要。

13.4.2　大数据存储的风险

大数据存储是指数据存储器收集并维护从各种数据源获取数据的过

程。其主要目的是帮助组织的内部和外部利益相关者在未来需要时检索所需信息。大数据存储的主要挑战在于，数据存储磁盘可能会受到攻击（复制、窃取或损坏），或者会发生未经授权的访问。大数据存储中，数据匿名化、分区与交换是保护存储数据安全的有效技术。随着大数据规模的日益庞大，容量维度对服务器基础设施影响越来越大。传统的数据库正面临着存储空间不足的问题，需要使用分布式、云和其他外包大数据服务器等替代存储系统来应对大数据存储容量和速度的不断增长。结构化、非结构化和半结构化数据从各种渠道以较高波动性积聚在大数据存储中，包括在线销售交易、客户反馈、社交媒体消息、电子邮件、营销信息以及与企业运营直接或间接相关的各种其他日志。当多方在同一数据存储器上进行操作时，可能会对数据的完整性造成破坏。因此，建立新的数据访问控制机制是十分必要的。

13.4.3　大数据分析的风险

大数据分析过程是发挥数据价值的重要阶段，由于各种因素的影响，大数据分析过程也面临隐私泄露的风险。一般数据分析过程主要有三个步骤：①数据准备，根据分析模型的要求识别、清理和格式化数据；②采用分析模型；③输出分析信息，提供数据见解。这些步骤中的每一步都面临着安全和隐私挑战，归纳起来主要有四个方面。

第一，大数据分析结果的价值取决于数据的可靠性。如果数据来源不可信或在存储系统中被篡改，数据分析结果将导致错误结论。

第二，进行大数据分析时会对数据采用匿名化处理，但匿名化数据并不是万无一失的，在数据分析过程中同样可能会泄露用户隐私。

第三，大数据分析通常会利用机器学习和其他智能算法来处理特定环境下的海量数据。在此过程中由于这些算法中是否隐藏恶意代码的不确定性可能会带来受到黑客攻击的风险。

第四，大数据分析结果在可视化展示时易受到被篡改的风险。当进行数据分析结果的可视化展示时，如果没有执行适当的安全和隐私政策，任何有权访问可视化工具的人只要点击一下就可能改变数据分析结果。

综上所述，攻击者的目标就是利用大数据生命周期三个阶段中存在的漏洞，以特定目标或任意目标侵犯数据的完整性、可用性和隐私，给个人或企业信息安全带来了很大的风险。

13.5　数据安全与隐私保护

大数据保护的关键是遵守安全服务的三个目标，即机密性、完整性和可用性。机密性意味着对大数据保密，建立一套限制规则，以限制对机密数据的访问，确保只有经过授权才能够访问、使用或查看数据。完整性，一方面是检测大数据是否遭到恶意修改，另一方面是确保大数据上任何计算的结果正确且与输入一致。为了保持数据完整性，需要解决的挑战除了访问授权的管理外，还包括确保数据及其源的可靠性、建立检测和防止数据丢失的机制、在不影响可用性的情况下消除重复数据等。可用性意味着授权用户和实体必须能够访问数据，即防止恢复硬件和软件错误、人为错误以及可能导致数据不可用的恶意访问。人们通常通过应用多个数据复制来满足数据的可用性，然而复制又会导致数据完整性问题，因此需要依赖消除重复数据来确保数据的一致性。

数据安全和隐私保护技术策略是在大数据安全保护的基础上，结合大数据生命周期的三个阶段提出的，包括数据溯源保护策略、数据加密和访问控制保护策略、数据挖掘保护策略、区块链技术保护策略。

13.5.1 数据溯源保护和数据加密策略

数据溯源保护策略，即通过调整数据来源技术应对大数据采集阶段的安全和挑战。在传统的计算系统中，数据溯源的基本方法是标记法，通过对数据标记来记录数据在数据库中的查询与传播历史。除数据库溯源以外，溯源技术还包括 XML 数据、流数据与不确定数据的溯源技术。数据溯源技术也可用于文件的溯源与恢复，例如文献通过扩展 Linux 内核与文件系统，创建了一个数据起源存储原型系统，可以自动搜集起源数据。数据采集涉及来自互联网、云、社交媒体和物联网网络的各种数据源。虽然大型传感数据流具有新颖的加密方案，但从数据采集阶段就有可能发生攻击，因此记录这些数据源的元数据（如数据来源、用于传播的过程以及中间计算）是有必要的。而调整数据来源技术可以在大数据的数据采集阶段有效地使用数据分析技术来检测异常，但是收集元数据来源必须遵守隐私法规。

数据加密和访问控制策略，即在大数据存储系统中采用先进的加密技术和访问控制方案。目前正在探索同态、基于属性和图像加密等方案，以确保敏感私有数据在云和其他大数据存储和服务平台中得到保护。同态加密允许对数据进行某些操作。在不解密加密数据的情况下，同态加密方案的计算效率和可扩展性需要提高。基于属性的加密技术被认为更适合于云环境中私有数据的端到端安全保护，因为只有当用户密钥的一组属性与加密数据的属性匹配时，才能解密加密数据。

13.5.2 数据挖掘保护策略

数据挖掘保护策略是适应大数据分析中的数据挖掘技术，智能地执行访问控制、身份验证和事件日志的行为挖掘。数据挖掘技术可以识别大数据中的漏洞和风险，并预测潜在威胁，是用来防止潜在的恶意攻击的技术。角色挖掘算法可根据用户访问记录自动提取信息、生成角色并自动优化，以便高效地为海量用户提供个性化数据服务。在大数据环境中，无法精准限制用户访问数据权限，因此通常采用风险自适应的访问控制方法。风险的定义和量化是相当困难的。基于用户行为特征，大数据系统可以通过分析内部网、互联网、社交平台和物联网以及电子邮件服务器有关的事件日志，运用数据挖掘技术检测出异常行为或异常模式。

在行为挖掘中，进行趋势分析，可以通过异常情况预测威胁，并且可以测量模式接近度，定义数据集之间的关系，即通常用于测量模式接近度，即根据两个数据集的属性定义它们之间的接近度。很明显，一组数据集之间的距离值越小，它们属于同一个集群的可能性越大。两个数据集 x_i 和 x_j 上的最常用的距离函数 d_{ij} 与 p 属性是 m 阶赋范向量空间中的 Minkowski 距离度量，用于计算模式邻近度，如下式所示。

$$d_{ij} = \sqrt[m]{\sum_{k=1}^{p} \left(x_{ik} - x_{jk} \right)^m}$$

当 $m=2$，Minkowski 距离是常用的欧几里得距离度量，如下式所示。

$$\text{dist}(x_i - x_j) = \left\| x_i - x_j \right\| = \sqrt{\sum_{k=1}^{p} \left(x_{ik} - x_{jk} \right)^2}$$

当数据集呈现紧凑或孤立的簇时，欧几里得函数效果较好。对服务器/网络日志、事件历史数据和社交媒体数据的异常数据集和正常数据集之间距离的相似性度量进行训练，研究模式接近度来预测威胁，可以增强大数据安全性。

13.5.3 区块链技术保护策略

区块链技术保护策略是指基于区块链的分布式可信系统进行大数据安全和隐私保护。区块链技术已被证明是可信交互和信息交换的新模式，它消除了中间方，并通过复制信息和验证过程支持网络中双方之间的直接通信。区块链是一种共享账本技术，确保业务网络中的任何参与者都能适当地查看记录系统。在区块链系统中，所有的交易都是各方都同意网络验证的交易，因此是安全的和可验证的。区块链技术适用于需要进行一致性、不变性和来源信任的应用程序。总的来说，它非常适合保护各种组织的大数据安全。

区块链代表一个分散的点对点网络，可看作一份具有决策和行动的历史档案。区块通过交易列表保留数据，并通过包含前一个区块标题的每个区块链接在一起，从而形成具有固有加密过程的区块链。在大数据环境中，数据库中的每个数据项或记录都是一个包含交易细节的区块，包括交易日期和前一个区块的链接。数据的完整性由区块链技术维护，遭到损坏的数据无法进入区块链。此外，区块链允许用户更安全地共享数据，从而防止网络犯罪和数据泄露。但是，目前我们还需要考虑与区块链技术相关的一些问题：不可逆性——当用户的私钥丢失时，加密数据可能无法恢复；适应性挑战——企业需要调整技术，将其整合到现有的供应链系统中，这可能需要一个大的变革管理和学习曲线。同时，运用区块链技术也有一些局限性，如运行区块链技术会带来很高的运营成本，因为它需要专业的开发人员、强大的计算能力，以及更新资源以克服其存储局限性；而且，虽然区块链技术极大地解决了大数据的安全挑战，但它并不能抵御威胁。如果攻击者渗透了网络的大部分，则有丢失整个数据库的风险。

13.6　大数据安全治理

随着信息技术的不断发展，数据安全已经成为事关国家安全和经济社会发展的重大问题，不仅影响国家安全，而且影响公众利益和公民个人权益。大数据作为数字经济时代重要的生产要素，数据安全治理显得尤为重要。

13.6.1　大数据安全治理的全球现状

目前，在世界范围内，针对大数据安全治理的现状，全球各国和经济共同体都制定了应对大数据安全问题的对策，主要包括强化对个人信息的立法保护、建立数据监管机制、强调国家数据主权、培育和建设开放的公共数据生态等。

（1）强化对个人信息的立法保护。对于涉及隐私的敏感个人数据，各国都加强了立法保护。世界上许多国家都有某种合法的拦截计划。总体而言，形成了两种立法模式，即基于隐私权的美国模式和基于人格权的欧盟模式。具体而言，美国模式的特点是分散立法和部门监管，重点是对信息使用和行业利益的监管。欧盟模式的特点是统一立法，加强个人对自身信息的控制，以及严格的惩罚机制。

（2）建立数据监管机制。对于影响公众社会的工业数据、政务数据、科研数据等公共数据，世界各国政府充分认识到数据共享的战略意义，并在确保国家安全、公共安全和社会稳定的前提下提出了开放数据倡议。我国的《中华人民共和国数据安全法》于 2021 年 9 月 1 日生效，明确要建立一个国家级的评估、报告、信息共享、监测和预警的系统性机制。

（3）强调国家数据主权。随着各国对数据资源的竞争日益激烈，数据主权正面临严峻挑战。美国在跨境数据流方面有一项自由的政策，这使Facebook、Twitter 和 YouTube 等互联网平台公司在数据流方面拥有先发优势。相反，欧盟采取了非常严格的监管措施，如白名单和标准合同。法国是西方国家中第一个对关键基础设施运营商实施新网络安全规则的国家。

2020 年 9 月，中国外交部发布了《全球数据安全倡议》，提出全球数字治理应坚持多边主义、安全与发展、公平与正义三项原则。其他一些国家和地区，如日本和新加坡，已经颁布了个人数据保护法律。

（4）培育和建设开放的公共数据生态。目前，国际社会认为公共数据具有巨大的价值，各国迫切需要建立一个适当的、开放的公共数据生态，以为公众服务。目前英国已经建立了一个跨部门信息共享的政府知识网络系统，并基于中央—地方垂直管理模式，在国家一级协调、管理、收集和发布数据。另外，新加坡推出了一个国家 IT 项目，旨在为政府信息交流和共享提供一站式信息服务。

13.6.2　大数据安全治理的现代化

在提出应对数据安全对策的基础上，在世界范围内，世界各国都在大力推进大数据安全治理现代化，主要措施可归纳为两个方面。

1. 构建数据安全综合防御技术体系

为提升大数据平台的安全防御能力，引入用户和组件身份认证、细粒度访问控制、数据操作安全审计、数据脱敏等隐私保护机制，从机制层面防止未经授权的数据访问和泄露。为此，更多关注大数据平台组件配置和运行中的安全问题并加强对紧急安全事件的响应能力是平台的必要选择。完善数据分类和分级监管体系，按照分类和分级管理保护数据，可以最大限度地释放数据价值，又能同时保护数据安全和个人隐私。数据分类体系应从提高监管效率的角度出发，对不同类型和等级的数据采取不同的监管措施和法律要求。与此同时，企业将根据数据安全保护、数据流和数据法规遵从性的行业实践，开发分类和分级系统。

在完善数据分类和分级监管体系的基础上，还应完善数据安全标准体系和评估体系。制定数据安全相关标准体系需要统筹规划，积极研发通用和专用数据安全标准。加强与数据安全相关的检测和评估，推动和实施跨境数据流的安全评估。建立大数据平台和大数据服务安全评估体系，制定大数据安全技术标准和评估标准，推广第三方评估机构、人员资质认证等配套管理制度。

2. 提高防范和化解网络安全风险的能力

防范和化解网络安全风险是一个系统的、复杂的、长期的过程，必须以长远的眼光和全局为基础。从社会主体体系和社会客体体系两个方面采取行动，全面化解网络安全风险，维护国家安全和社会稳定，维护和促进数字经济发展，保护公民合法权益。可采取的措施主要有以下几方面。

（1）数据安全的主要治理机构应发挥作用，履行网络安全的主体责任，打击危害网络安全的违法犯罪行为，严惩失职违法行为，通过强大的法律威慑力防范和化解网络安全风险。

（2）完善网络安全防控体系。充分发挥现有安全评估、风险评估、分级防护体系的整体效能，提高信息技术产品和系统隐患排查能力。

（3）提前建立风险预警和应急响应机制。探索基于区块链、安全多方计算等的新技术模式，加快建立数据实体间的数据安全集成和连接机制，构建数据生命周期安全保障机制，建立多层次协同数据大脑，为应对网络安全风险提供数据驱动的决策依据。

（4）数据传输阶段要确保过程加密。过程加密重点是要确保数据流程安全可靠。对于浏览痕迹信息，重点在于数据溯源和数据协议，并设置必要的加密技术保障传输安全；对于关联敏感信息，政府应制定跨境、跨部门的数据流动安全制度，采用差分隐私保护和区块链等技术手段，确保数据传输有迹可循；对待独立敏感信息，政府应严厉打击非法传输个人隐私信息的行为。

13.6.3　数据安全治理的支撑体系

除了数据自身角度的安全治理对策，构建完善的数据安全治理支撑体系也非常重要。一方面，要加强数据安全顶层设计，制定国家数据安全保护战略，从国家安全和国家战略资源的高度定位数据安全，加强数据战略协调。另一方面，从行业和用户角度出发，完善通信、金融、旅游等重点行业关键数据和用户信息流动监管政策，制定相关行业标准和规则，提升用户自身的信息保护意识。

1. 建立大数据安全保护的行业监管与标准

大数据时代的个人信息就像个人的财产。然而，企业为了获得自身利润，出于某些商业目的将用户的私有信息存储在云上，从而导致用户的隐私和信息受到侵犯和泄露。此外，大数据的一些固有特性与隐私、安全和福利问题密切相关，企业使用大数据时可能会忽视客户利益，存在剥削消费者的潜在行为，有的企业甚至会欺骗消费者。而且大数据的使用属于监管灰色地带，监管机构缺乏，因此，在政府有效监督的基础上，建立大数据安全保护的行业监管机构和标准迫在眉睫。例如，应该实现行业标准化流程，坚持权利与义务对等的原则，自觉建立健全行业自律机制和数据访问机制。政府也应尽快制定行业规范，加大对泄露个人隐私行为的惩罚力度等，对信息收集方做出严格的限制。面对互联网公司侵犯个人隐私的现状，应要求相关企业定期公开收集个人信息的过程，加大审查力度，直接接受用户监督。从长远来看，企业应当具备保护个人隐私的前瞻性目光，主动承担数据安全的社会责任，这将是其获得用户青睐与信任、实现长期良性发展的最佳选择。

2. 加强隐私教育，培养保护意识

当前我国公民对于个人隐私的保护意识不够，具体表现在两个方面。其一，习惯并依赖于互联网服务，重披露、轻保护，没有对个人数据隐私予以足够的重视；其二，或许人们意识到了隐私保护的重要性，但并不愿意为保护隐私做出让步。要改变这种主体意识缺乏的现状，大数据时代的个人隐私保护宣传、数据隐私观念教育与相关技能培训至关重要。当公民网络素质、保护意识和防范能力集体提升，个人隐私信息保护成为一种国民自觉意识和整体氛围时，会大大降低治理难度。除了要加强大数据安全保护教育外，对于大数据安全方面的人才培养也非常重要，建议政府部门建立适应数据安全特点的人才管理体系，打破机构边界，实现人才有序高效的流动；突出信息技术前沿方向和重点领域，加快培养数据安全领军人才。

3. 促进数据安全和隐私方面的法治

要从根本上解决个人隐私权保护问题，关键在于依靠法律法规约束。仅仅依靠大数据安全技术进行数据保护还远远不够，必须制定保护隐私的法律法规和基本政策。我国对于数据安全方面，近年来先后出台实施的有关法律法规有《中华人民共和国网络安全法》《中华人民共和国数据安全法》《中华人民共和国个人信息保护法》等，对实现我国数字经济健康发展、依法保障数据安全等方面具有重要意义，也体现了国家严格规范敏感个人信息处理及对待侵犯的惩处态度和力度。尤其是在 2021 年 9 月 1 日正式施行的《中华人民共和国数据安全法》，提出了对数据全生命周期各环节的安全保护义务，明确了数据管理者和运营者的数据保护责任，并加大了对数据安全违法行为的处罚力度，使数据安全变得有法可依。

出台法律法规的目的不仅是保护信息数据安全，更核心的意义是规范行业依法合理利用数据。如何在保障数据安全的前提下实现大数据的合理利用和流通共享是当下要解决的问题，国家层面需要推出的是与促进数据共享开放、保障数据安全和保护公民隐私配套的相关政策和法规，扩大现有法律的调整范围，加快制定数据所有权法律，明确大数据所有权的界限，并对公共数据实施有效的监督管理，不断完善数据互操作的技术规范和标准，等等。

关键词汇

大数据　大数据采集技术　数据预处理　数据清洗　数据集成数据变换　数据归约　大数据分析

思考题

1. 什么是大数据？其关键特征是什么？
2. 根据不同的分类标准或依据，试从多个角度分析大数据的来源。
3. 如何采集旅游活动中的大数据？举例说明。
4. 你认为数据的处理过程重要吗？说明理由。
5. 大数据的处理方法有哪些？如何分析文本大数据？

6. 大数据面临的主要风险有哪些？你如何看待大数据带来的风险？

7. 阐述大数据时代数据安全与隐私保护的对策。

参考文献

[1] Bryson S, Kenwright D, Cox M, et al. Visually exploring gigabyte data sets in real time[J]. Communications of the ACM, 1999, 42(8): 82-90.

[2] Snijders C, Matzat U, Reips U D. Big Data: Big gaps of knowledge in the field of internet science[J]. International Journal of internet science, 2012, 7(1): 1-5.

[3] Chen H, Chiang R H L, Storey V C. Business intelligence and analytics: From big data to big impact[J]. MIS Quarterly, 2012: 1165-1188.

[4] Laney D. 3D data management: Controlling data volume, velocity and variety[J]. META Group Research Note, 2001, 6(70): 1.

[5] Kaisler S, Armour F, Espinosa J A, et al. Big data: Issues and challenges moving forward[C]//2013 46th Hawaii international conference on system sciences. IEEE, 2013: 995-1004.

[6] Batty M. Data about cities: Redefining big, recasting small[C]//Paper delivered for the data and the city workshop. National University of Ireland, Maynooth. 2015.

[7] Chen D Q, Preston D S, Swink M. How the use of big data analytics affects value creation in supply chain management[J]. Journal of Management Information Systems, 2015, 32(4): 4-39.

[8] Marine-Roig E, Clavé S A. Tourism analytics with massive user-generated content: A case study of Barcelona[J]. Journal of Destination Marketing & Management, 2015, 4(3): 162-172.

[9] Hashem I A T, Yaqoob I, Anuar N B, et al. The rise of "big data" on cloud computing: Review and open research issues[J]. Information Systems, 2015(47): 98-115.

[10] Gandomi A, Haider M. Beyond the hype: Big data concepts, methods, and analytics[J]. International Journal of Information Management, 2015, 35(2): 137-144.

[11] Marr B. Big data: The 5 vs everyone must know[J]. LinkedIn Pulse, 2014, 6.

[12] Kitchin R, McArdle G. What makes Big Data, Big Data? Exploring the ontological characteristics of 26 datasets[J]. Big Data & Society, 2016, 3(1).

[13] Grover V, Chiang R H L, Liang T P, et al. Creating strategic business value from big data analytics: A research framework[J]. Journal of Management Information Systems, 2018, 35(2): 388-423.

[14] Baesens B, Bapna R, Marsden J R, et al. Transformational issues of big data and analytics in networked business[J]. MIS Quarterly, 2016, 40(4).

[15] Zhao J L, Fan S, Hu D. Business challenges and research directions of management analytics in the big data era[J]. Journal of Management Analytics, 2014, 1(3): 169-174.

[16] Fuchs M, Höpken W, Lexhagen M. Big data analytics for knowledge generation in tourism destinations——A case from Sweden[J]. Journal of Destination Mar-

keting & Management, 2014, 3(4): 198-209.

[17] Li J, Xu L, Tang L, et al. Big data in tourism research: A literature review[J]. Tourism Management, 2018(68): 301-323.

[18] Reif J, Schmücker D. Exploring new ways of visitor tracking using big data sources: Opportunities and limits of passive mobile data for tourism[J]. Journal of Destination Marketing & Management, 2020(18).

[19] Li X, Law R, Xie G, et al. Review of tourism forecasting research with internet data[J]. Tourism Management, 2021(83).

[20] Kotsiantis S B, Kanellopoulos D, Pintelas P E. Data preprocessing for supervised leaning[J]. International Journal of Computer Science, 2006, 1(2): 111-117.

[21] Labrinidis A, Jagadish H V. Challenges and opportunities with big data[J]. Proceedings of the VLDB Endowment, 2012, 5(12): 2032-2033.

[22] Zhou L, Pan S, Wang J, et al. Machine learning on big data: Opportunities and challenges[J]. Neurocomputing, 2017(237): 350-361.

[23] Zhang J, Dong L. Image monitoring and management of hot tourism destination based on data mining technology in big data environment[J]. Microprocessors and Microsystems, 2021(80).

[24] García S, Luengo J, Herrera F. Data preprocessing in data mining[M]. Cham, Switzerland: Springer International Publishing, 2015.

[25] Birenboim A, Reinau K H, Shoval N, et al. High-resolution measurement and analysis of visitor experiences in time and space: The case of Aalborg zoo in Denmark[J]. The Professional Geographer, 2015, 67(4): 620-629.

[26] Stange H, Liebig T, Hecker D, et al. Analytical workflow of monitoring human mobility in big event settings using bluetooth[C]//Proceedings of the 3rd ACM SIGSPATIAL International Workshop on Indoor Spatial Awareness. 2011: 51-58.

[27] Xiang Z, Schwartz Z, Gerdes Jr J H, et al. What can big data and text analytics tell us about hotel guest experience and satisfaction?[J]. International Journal of Hospitality Management, 2015(44): 120-130.

[28] Peng B, Song H, Crouch G I. A meta-analysis of international tourism demand forecasting and implications for practice[J]. Tourism Management, 2014(45): 181-193.

[29] Guerra-Montenegro J, Sanchez-Medina J, Laña I, et al. Computational Intelligence in the hospitality industry: A systematic literature review and a prospect of challenges[J]. Applied Soft Computing, 2021.

[30] Bigné E, Oltra E, Andreu L. Harnessing stakeholder input on Twitter: A case study of short breaks in Spanish tourist cities[J]. Tourism Management, 2019(71): 490-503.

[31] Palmer A, Montano J J, Sesé A. Designing an artificial neural network for forecasting tourism time series[J]. Tourism Management, 2006, 27(5): 781-790.

[32] Tsaur S H, Chiu Y C, Huang C H. Determinants of guest loyalty to international tourist hotels——A neural network Approach[J]. Tourism Management, 2002, 23(4): 397-405.

[33] Ahani, Ali, et al. Market segmentation and travel choice prediction in Spa hotels through TripAdvisor's online reviews[J]. International Journal of Hospitality

Management, 2019(80): 52-77.

[34] Phillips, Paul, et al. The interactive effects of online reviews on the determinants of Swiss hotel performance: A neural network analysis[J]. Tourism Management, 2015(50): 130-141.

[35] Law R, Li G, Fong D K C, et al. Tourism demand forecasting: A deep learning Approach[J]. Annals of Tourism Research, 2019(75): 410-423.

[36] Shapoval V, Wang M C, Hara T, et al. Data mining in tourism data analysis: Inbound visitors to Japan[J]. Journal of Travel Research, 2018, 57(3): 310-323.

[37] Al Shehhi M, Karathanasopoulos A. Forecasting hotel room prices in selected GCC cities using deep learning[J]. Journal of Hospitality and Tourism Management, 2020(42): 40-50.

[38] Xie K L, Zhang Z. The business value of online consumer reviews and management response to hotel performance[J]. International Journal of Hospitality Management, 2014(43): 1-12.

[39] M. Omran, A. Engelbrecht, A. Salman. An overview of clustering methods[J]. Intell. Data Anal, 2007(11): 583-605.

[40] Deng N, Li X R. Feeling a destination through the "right" photos: A machine learning model for DMOs' photo selection[J]. Tourism Management, 2018(65): 267-278.

[41] Blazquez D, Domenech J. Big Data sources and methods for social and economic analyses[J]. Technological Forecasting and Social Change, 2018(130): 99-113.

[42] Dumais S T, Furnas G W, Landauer T K, et al. Using latent semantic analysis to improve access to textual information[C]//Proceedings of the SIGCHI Conference on Human factors in Computing systems, 1988: 281-285.

[43] Xu X, Li Y. The antecedents of customer satisfaction and dissatisfaction toward various types of hotels: A text mining Approach[J]. International Journal of Hospitality Management, 2016(55): 57-69.

[44] Guo Y, Barnes S J, Jia Q. Mining meaning from online ratings and reviews: Tourist satisfaction analysis using latent dirichlet allocation[J]. Tourism Management, 2017(59): 467-483.

[45] Anagnostopoulou S C, Buhalis D, Kountouri I L, et al. The impact of online reputation on hotel profitability[J]. International Journal of Contemporary Hospitality Management, 2019.

[46] Talha M, Abou El Kalam A, Elmarzouqi N. Big data: Trade-off between data quality and data security[J]. Procedia Computer Science, 2019(151): 916-922.

[47] Wu Y, Huang H, Wu N, et al. An incentive-based protection and recovery strategy for secure big data in social networks[J]. Information Sciences, 2020(508): 79-91.

[48] Liu Q, Bhuiyan M Z A, Hu J, et al. Preface: Security & privacy in social big data[J]. Journal of Parallel and Distributed Computing, 2020(141): 59-60.

[49] Hayes D, CAppa F, Le-Khac N A. An effective Approach to mobile device management: Security and privacy issues associated with mobile Applications[J]. Digital Business, 2020, 1(1).

[50] ALI, Shaukat, et al. Privacy and security issues in online social networks[J]. Future Internet, 2018, 10.(12): 114.

[51] Burger, Annetta, et al. Computational social science of disasters: Opportunities and challenges[J]. Future Internet, 2019, 11(5): 103.

[52] B. A. Kumar, S. Maninder. Data mining-based integrated network traffic visualization framework for threat detection[J]. Neural Computing and Applications, 2015(26): 117-130.

[53] Skok G. Establishing a legitimate expectation of privacy in clickstream data[J]. Mich. Telecomm. & Tech. L. Rev., 1999(6): 61.

[54] C. Liu, C. Yang, X. Zhang, et al. External integrity verification for outsourced big data in cloud and IoT: A big picture[J]. Future Gener. Comp. Sy., 2015(49): 58-67.

[55] Kumar N, Vasilakos A V, Rodrigues J J P C. A multi-tenant cloud-based DC nano grid for self-sustained smart buildings in smart cities[J]. IEEE Communications Magazine, 2017, 55(3): 14-21.

[56] Z. Yan, W. Ding, V. Niemi, et al. Two schemes of privacy-preserving trust evaluation[J]. Future Gener. Comput. Sy., 2016(62): 175-189.

[57] Venkatraman S, Venkatraman R. Big data security challenges and strategies[J]. AIMS Math, 2019, 4(3): 860-879.

[58] Lo'ai A T, Saldamli G. Reconsidering big data security and privacy in cloud and mobile cloud systems[J]. Journal of King Saud University-Computer and Information Sciences, 2021, 33(7): 810-819.

[59] Gao M, Jin C Q, Wang X L, et al. A survey on management of data provenance[J]. Chinese Journal of Computers, 2010, 33(3): 373-389.

[60] Muniswamy-Reddy K K, Holland D A, Braun U, et al. Provenance-aware storage systems[C]//Usenix annual technical conference, general track. 2006: 43-56.

[61] Y. Zhe, M. Philip, R. Michael. Anomaly Detection Using Proximity Graph and PageRank Algorithm[J]. IEEE T. Inf. Foren. Sec., 2012(7): 1288-1300.

[62] G. Zhou, D. Zhang, Y. Liu, et al. A novel image encryption algorithm based on chaos and line map, Neurocomputing, 2015(169): 150-157.

[63] Kibiwott K P, Zhao Y, Kogo J, et al. Verifiable fully outsourced attribute-based signcryption system for IoT eHealth big data in cloud computing[J]. Mathematical Biosciences and Engineering, 2019, 16(5): 3561-3594.

[64] W. Xindong, Z. Xingquan, W. Gong-Qing, et al. Data Mining with Big Data[J]. IEEE T. Knowl.Data En., 2014(26): 97-107.

[65] M. Benjamin, S. B. Michelle, T. B. Nadya. Eigenspace Analysis for Threat Detection in Social Networks[C]//14th International Conference on Information Fusion, (2011), 1-7, IEEE.

[66] S. Hota. Big Data Analysis on YouTube Using Hadoop And Mapreduce[J]. International Journal of Computer Engineering In Research Trends, 2018(5): 98-104.

[67] G. Remya, A. Mohan. Distributed Computing Based Methods for Anomaly Analysis in Large Datasets[J]. International Journal of Advanced Research in Computer and Communication Engineering, 2015(4): 427-430.

[68] Restuccia F, Kanhere S D, Melodia T, et al. Blockchain for the internet of things: Present and future[J]. arXiv Preprint arXiv:1903.07448, 2019.

[69] D. Yaga, P. Mell, N. Roby, et al. Blockchain Technology Overview[J]. National Institute of Standards and Technology, U.S. Department of Commerce, 2018: 1-27.

[70] Brown, P. Privacy in an age of terabytes and terror[J]. Sci. Am. 2008, 299 (3), 46-47.

[71] Sun L, Zhang H, Fang C. Data security governance in the era of big data: Status, challenges, and prospects[J]. Data Science and Management, 2021(2): 41-44.

[72] 祝阳, 李欣恬. 大数据时代个人数据隐私安全保护的一个分析框架[J]. 情报杂志, 2021, 40(1): 165-170.

[73] 丁红发, 孟秋晴, 王祥, 等. 大面向数据生命周期的政府数据开放的数据安全与隐私保护对策分析[J]. 情报杂志, 2019, 38(7): 151-159.